权威·前沿·原创

皮书系列为
“十二五”“十三五”国家重点图书出版规划项目

工业和信息化蓝皮书

BLUE BOOK OF INDUSTRY AND INFORMATIZATION

数字经济发展报告
（2018~2019）

ANNUAL REPORT ON THE DEVELOPMENT OF DIGITAL ECONOMY (2018-2019)

主　编／尹丽波
国家工业信息安全发展研究中心

社会科学文献出版社
SOCIAL SCIENCES ACADEMIC PRESS (CHINA)

图书在版编目（CIP）数据

数字经济发展报告．2018－2019 / 尹丽波主编．--
北京：社会科学文献出版社，2019.6
（工业和信息化蓝皮书）
ISBN 978－7－5201－4576－3

Ⅰ．①数…　Ⅱ．①尹…　Ⅲ．①信息经济－经济发展－
研究报告－中国－2018－2019　Ⅳ．①F492

中国版本图书馆 CIP 数据核字（2019）第 054699 号

工业和信息化蓝皮书
数字经济发展报告（2018～2019）

主　　编 / 尹丽波

出 版 人 / 谢寿光
责任编辑 / 宋　静

出　　版 / 社会科学文献出版社・皮书出版分社（010）59367127
　　　　地址：北京市北三环中路甲 29 号院华龙大厦　邮编：100029
　　　　网址：www.ssap.com.cn
发　　行 / 市场营销中心（010）59367081　59367083
印　　装 / 三河市东方印刷有限公司

规　　格 / 开 本：787mm × 1092mm　1/16
　　　　印 张：20　字 数：299 千字
版　　次 / 2019 年 6 月第 1 版　2019 年 6 月第 1 次印刷
书　　号 / ISBN 978－7－5201－4576－3
定　　价 / 128.00 元

本书如有印装质量问题，请与读者服务中心（010－59367028）联系

工业和信息化蓝皮书编委会

《数字经济发展报告（2018～2019）》
课 题 组

课题编写 国家工业信息安全发展研究中心

组　　长 尹丽波

副 组 长 黄　鹏　高晓雨

成　　员 殷利梅　郑　磊　王一鹤　方元欣　路广通
王梦梓　李　潇　牛玮璐　李　端

主编简介

尹丽波　国家工业信息安全发展研究中心（工业和信息化部电子第一研究所）主任、党委副书记，高级工程师。工业信息安全产业发展联盟理事长、工业大数据分析与集成应用工业和信息化部重点实验室主任。长期从事网络信息安全和信息化领域的理论与技术研究，先后主持工业转型升级专项、国家发改委信息安全专项等重要研究课题，作为第一完成人获部级奖励 3 项。

国家工业信息安全发展研究中心

国家工业信息安全发展研究中心（工业和信息化部电子第一研究所），前身为工业和信息化部电子科学技术情报研究所，成立于1959年。经过60年的发展与积淀，中心在工业信息安全、两化深度融合、工业互联网、大数据、人工智能、物联网、军工电子和工业经济等诸多领域具有较强的优势积累和持续能力，逐渐形成软硬协同的业务体系。多年来，中心积极参与国家重大战略、规划、政策编制，为行业主管部门、科研机构、高等院校和行业企业提供专业咨询和技术服务。国家工业信息安全发展研究中心还是两化融合服务联盟、工业信息安全产业发展联盟等的发起单位和依托单位。

国家工业信息安全发展研究中心将深入贯彻习近平新时代中国特色社会主义思想，以服务于新时代制造强国和网络强国建设为使命，以保障工业领域信息安全、推进信息化和工业化深度融合为主攻方向，致力于成为支撑国家战略决策的高端智库和服务产业创新发展的权威机构。

序　言

习近平总书记指出，新一轮科技革命和产业变革正在重构全球创新版图、重塑全球经济结构，要推进互联网、大数据、人工智能同实体经济深度融合，做大做强数字经济。当前，新一代信息通信技术创新步伐不断加快，以前所未有的广度和深度与经济社会交汇融合，创新活力、集聚效应和应用潜能加速释放。我们要深刻学习领会习近平总书记重要指示精神，把握科技革命和产业变革的大趋势，洞察工业和信息化发展的内在规律，提升应对新情况新问题新挑战的能力，推动工业和信息化领域高质量发展。

一是新一代信息技术与实体经济深度融合，制造业数字化转型引领全球产业变革。

全球范围内，新一轮工业革命正蓬勃兴起，以互联网、大数据、人工智能为代表的新一代信息技术加速向制造业渗透融合，新技术、新模式、新业态层出不穷，推动实体经济特别是制造业加快数字化转型步伐。发达国家纷纷制定制造业数字化转型战略，《德国工业 2030 战略》明确指出新一代信息技术与制造业融合发展是大势所趋，《先进制造业美国领导力战略》则提出推动融合型技术产品发展。据 IDC 数据，近年来，全球制造业数字化转型投入持续攀升，2018 年达到 3330 亿美元。

我国长期以来持续推进信息化和工业化融合，新一代信息技术与制造业融合发展步伐不断加快，在提升技术产业创新能力、激发制造业“双创”活力、培育新模式新业态等方面成效日益显现。进入新时代，我国经济正在由高速增长阶段转向高质量发展阶段，中央经济工作会议将推动制造业高质量发展作为七项重点工作的首要任务，强调要坚定不移建设制造强国。2019 年政府工作报告提出，打造工业互联网平台，拓展“智能 +”，为制造业转型升级赋能。我们必须牢牢把握信息化带来的千载难逢的机遇，立足实体经济特别是制造业这一立国之本、强国之基，将制造业数字化转型作为推动我国科技跨越发展、产业优化升级、生产力整体跃升的战略支点，全面推进新一代信息技术与制造业全要素、全产业链、全价值链的深度融合，加速制造业迈向全球价值链中高端，加快制造强国和网络强国建设。

二是全球数字经济发展迈入全面推进新阶段，围绕国际规则制定的探讨日益频繁。

全球数字经济继续蓬勃发展，成为带动新兴产业发展、推动传统产业转型、实现包容性增长和可持续发展的重要驱动力。相关数据显示，全球数字经济规模增至近 13 万亿美元，数据增长率维持在 40% 左右。领先国家聚焦新一代信息技术进行战略布局，打造数字经济核心竞争力。2018 年，OECD 调研的 38 个经济体全部制定了国家数字化战略、议程或规划。与此同时，全球数字经济发展迈入规则探讨和针对大数据、人工智能和信息安全等建章立制的重要时期。在国际多边对话与合作平台上，各经济体充分探讨新技术新应用带来的机遇及其在增强公共服务效用、提升社会福利水平的积极作用。2018 年 APEC 会议以“把握包容性机遇，拥抱数字化未来”为主题，探讨数字经济发展和包容性二者之间的关系。2019 年 G20 大阪峰会依然关注数字经济推动可持续发展问题，重点讨论共享数字化转型机遇。

党的十九大指出，要推动互联网、大数据、人工智能和实体经济深度融合。在十九届中央政治局第二次集体学习时，习近平总书记再次强调，要构建以数据为关键要素的数字经济，推动实体经济和数字经济融合发展。在习近平新时代中国特色社会主义思想指引下，我国数字经济蓬勃兴起，迈入发展的快车道。我们要准确把握发展大势，发挥经济大国、数据大国的叠加优势，以更高站位、更大格局、更宽视野共同推动我国数字经济做大做强，打造经济高质量发展新动能。

三是信息技术产业发展格局存在不确定性，新兴技术领域竞争日趋激烈。

信息技术产业是全球研发投入最集中、创新最活跃、应用最广泛、辐射带动作用最大的领域，是国际技术创新的竞争高地。美国、英国、德国、日本等信息技术发达国家长期占据产业价值链高端。普华永道思略特《2018年度全球创新1000强报告》显示，全球创新1000强企业中，北美企业数量分别在软件和互联网、计算机与电子产品两个行业中占据61%和38%，前10名中共计有6家，处于绝对的领导者地位。与此同时，亚洲等其他地区的创新不断加快。美国国家科学基金会在《2018科学与工程指标》报告中强调，世界科技创新格局正呈现多极化发展趋势。随着中国、印度、韩国和其他亚洲经济体的快速发展，全球整体科技能力日益提升。以人工智能、5G为代表的新一代信息技术正处于创新突破的新一轮“黄金时期”。在海量数据、深度学习算法和高性能计算力的联合驱动下，人工智能技术引发的智能化变革成为未来生产力提升和经济发展的重要驱动力，将持续创造新市场、新业态、新机会，全面重塑传统行业发展模式和竞争格局。凭借强大的赋能作用，人工智能已成为当前国际竞争的新焦点。

我国信息技术产业经历了从无到有、由小到大的转变，实现了持续快速发展。特别是党的十八大以来，党中央国务院高度重视信息技术产业补短板、强基础、抓创新，不断推动产业高端化、融合化、国际化发展，产业内生发展动力日益增强，成为驱动企业创新发展的新引擎、促进经济增长的新动能。但我国信息技术整机产品世界领先与底层核心技术自主可控缺失并存，产品供应链的安全问题凸显。在当前日益复杂严峻的国际形势下，我们要强化核心技术和关键产品攻关、新模式新业态培育、传统产业数字化转型、新型基础设施建设等，全方位推动我国实体经济高质量发展。

四是开放互联和技术进步带来新的安全风险，工业控制系统面临严重威胁。

伴随现代制造业数字化、网络化、智能化快速发展，工业信息安全越来越受到各国尤其是发达国家的高度重视，成为网络空间安全的一大焦点领域。全球范围内工业设备联网数量持续增长，越来越多的生产组件和服务与互联网相连接，云计算、大数据等技术在工业领域加速融合应用，催生新的技术架构、运营模式，也不断产生安全新漏洞和攻击点。工业控制系统、智能设备、物联网等安全漏洞数量居高不下。大规模高强度安全事件屡有发生，网络钓鱼和勒索病毒攻击精准指向制造、航空、冶金、采矿、能源等重点领域工业企业，攫取经济利益，盗取知识产权，工业信息安全成为各国政府持续高度关注的重大安全领域。美国、欧盟、新加坡等国家和地区以关键信息基础设施安全防护为切入点，聚焦能源、电力等重要工业领域，进一步提升和细化安全防护要求，优化工业网络等基础设施。

习近平总书记指出，“没有网络安全就没有国家安全”“坚持总体国家安全观。统筹发展和安全，增强忧患意识，做到居安思危，是我们党治国理政的一个重大原则”。工业信息安全作为国家安全体系的有机组成部分，事关经济运行、社会稳定和国家安全。我们必须充分认识工业信息安全的极端重要性，围绕工业互联网、工业云、工业大数据等产业发展需求，以应用为牵引，推动工业信息安全技术创新突破、企业做大做强、安全产业规模持续增长，大力提升工业信息安全保障能力，不断开创工业信息安全新局面。

工业和信息化领域是国际竞争的战略高地，新热点新形势新问题不断出现，亟须进行前瞻性和系统性地研究。值此新中国成立70周年之际，国家工业信息安全发展研究中心推出2018～2019年度“工业和信息化蓝皮书”，对数字经济、工业信息安全、集成电路产业、人工智能、新兴产业等工业和信息化重点领域的最新动态、重点问题、发展趋势进行了详细探讨。相信读者们能够从书中汲取经验，不断探索，共同推动工业和信息化快速健康发展，为制造强国和网络强国建设作出新的更大贡献。

是为序。

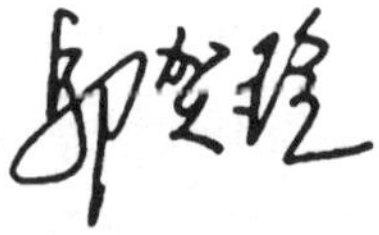

中国工程院院士

摘 要

数字经济正在开启一次重大的时代转型，带动人类社会生产方式的变革、生产关系的再造、经济结构的重组、生活方式的巨变。发展数字经济已经成为全球共识，是各国的共同机遇。

2018 年以来，全球加快数字经济总体战略布局，聚焦制造业数字化转型、公共服务数字化变革和人工智能等新一代信息技术的更新迭代，在数字基础设施、产业数字化转型、数字产业化、新模式新业态、数字政府、数字经济治理等数字经济重要领域均取得了显著进展，热点、亮点事件频出。同时，我们也看到，数字鸿沟依然存在，人们的数字素养亟待提升，数字经济税收变革已经在热烈讨论中，数据治理体系正在加速构建，未来，数字溢出效应将继续推动全球经济增长，5G、人工智能、物联网等新型基础设施将进一步融合发展，数字化时代劳动力市场或将重塑。

自 2009 年开始，国家工业信息安全发展研究中心每年编写发布《世界信息化发展年度报告》，取得了较好的反响。2019 年，为了顺应数字经济发展的全球共识，我们基于之前积累的经验首次推出《数字经济发展报告（2018 ~ 2019）》。本报告在全面跟踪各国（地区）数字经济发展情况的基础上进行综合研究，重点讨论 2018 年数字经济领域相关的战略、技术、产业的发展情况，分析重点国家（地区）数字经济发展呈现的特色和亮点，并对热点领域进行了专题研究，具有很强的综合性、系统性和前瞻性。

本报告分为四个部分，共计 15 篇文章。总体结构如下：第一部分，总报告；第二部分，分报告；第三部分，国家和地区篇；第四部分，专题篇。本报告是对全球数字经济进行研究的综合性年度报告，可供数字经济领域的主管领导、专家学者、研究人员参考借鉴。

目 录

Ⅰ 总报告

Ⅱ 分报告

Ⅲ 国家和地区篇

Ⅳ 专题篇

Ⅴ 附录

皮书数据库阅读使用指南

总 报 告

General Reports

B.1 2018年数字经济发展形势及展望

课题组*

摘 要： 2018年，发达国家和发展中国家在进行数字经济战略布局时更加有的放矢，聚焦制造业数字化转型、公共服务数字化变革、人工智能等新一代信息技术的更新迭代等方面。具体而言，信息基础设施继续扩域增量，围绕5G、物联网、IPv6等领域的竞争加速，工业机器人和5G技术成为数字产业发展新增长点，制造业数字化转型成为竞争焦点，基于平台的新模式、新业态引领创新驱动，数字化转型推动政府更智慧更高效，数字经济治理体系仍在探索阶段，围绕数据和个人隐私保护的规则制定取得新的发展。2019年，随着数字技术的不断更新迭代，以及各行业将数字技术融入各自的生产流程中，数字经济的溢出效

* 课题组成员：高晓雨、殷利梅、郑磊、王一鹤、方元欣、路广通、王梦梓、李潇、牛玮璐（国家工业信息安全发展研究中心）。

应将更加明显，经济效益也将随之提升。5G、人工智能、物联网等新型基础设施将呈现融合发展态势，先进制造业与现代服务业融合发展则是大势所趋。随着数字经济的深入发展，其极有可能催化国际税收规则的变革，新型数字鸿沟也将日益扩大，数字化时代劳动力市场或将重塑。

关键词： 5G　制造业数字化转型　数据治理　溢出效应

以互联网、大数据、人工智能为代表的新一代信息技术正在加速与实体经济融合，带动数字经济的广度和深度不断扩展，新模式、新业态持续涌现。数字经济正在深刻改变经济的发展动力、发展方式，重塑经济发展的基本格局。

一　2018年数字经济发展形势

（一）各国数字经济战略布局有的放矢，聚焦制造业数字化转型、公共服务数字化变革和人工智能等新一代信息技术的更新迭代

1. 全球加快数字经济总体战略布局

面对数字经济带来的巨大机遇，越来越多的国家加强数字经济战略布局，力求在该领域获取竞争优势。2018 年 3 月，俄罗斯政府拨款约 5200 万美元用于支持《俄罗斯联邦数字经济计划》，力争在数字经济监管标准、人才培养、科研能力建设、信息安全和信息基础设施建设等方面实现长足发展。6 月，欧盟委员会发布“欧洲地平线”（Horizon Europe）计划（第九框架计划），提出新一轮研发与创新框架，计划成立欧盟创新理事会（EIC），投入 106 亿美元实施数字欧洲计划，投入 35 亿美元完善欧洲设施数字化连接服务以支持数字单一市场的建立。此外，荷兰政府发布《荷兰数字化战

略：为数字化未来做好准备》（*Dutch Digitalization Strategy*：*Getting the Netherlands Ready for the Digital Future*），旨在帮助企业、消费者和公共部门充分实现社会和经济的数字化转型，战略包含24个目标，主要聚焦于开发和应用高质量的数字技术、开展数字化技能培训、维护网络安全和数字时代公民的基本权利。12月，澳大利亚工业、科学和技术部（DIIS）发布《澳大利亚科技未来》（*Australia's Tech Future*），提出建立一个强大、安全、包容的数字经济体系，培养全民数字技能，并对数字经济包容增长、政府数字化转型、信息基础设施和网络安全等多个领域提出相关举措。中国政府高度重视数字经济建设和发展，2018年以来，从中央到地方出台多项政策支持数字经济发展，《国家信息化发展战略纲要》《“十三五”国家信息化规划》等政策文件，明确了数字中国建设路线图，确立了数字中国建设的目标、重点任务和重大布局，形成了数字中国建设的总纲。共有超过34%的省份出台了数字经济文件，约有25%的省份拟制定或出台相关法律或者政策文件，数字经济发展顶层框架和实现路径逐渐清晰，发展环境持续优化。

2. 各国积极推动制造业数字化转型

当前新兴技术更新迭代迅速，数字技术与制造业的融合成为全球经济增长的关键驱动力。美国国际战略研究所（CSIS）2018年3月发布的《美国机器智能国家战略报告》（*A National Machine Intelligence Strategy for the United States*）预计，到2021年机器智能软件、硬件和服务在全球经济中的价值将接近580亿美元。10月，美国发布了《先进制造业美国领导力战略》（*Strategy for American Leadership in Advanced Manufacturing*），提出利用工业机器人、大数据、云计算和人工智能等新一代信息技术来推动制造业的数字化转型，加强本国制造业供应链的实力，巩固美国在数字经济发展高地的领导地位。《日本制造业白皮书》明确指出以互联工业为制造业发展的战略目标，强调“通过连接人、设备、系统、技术等创造新的附加值”。英国设立了7个先进制造研究中心，力求在数字化、精确医药、未来城市、新能源汽车等领域把握科技制高点，同时政府进一步支持“创新英国”（Innovate

UK）项目，计划于2020～2021年额外投入61亿美元用于先进制造业研发，推进关键数字技术在制造业领域的应用与发展。我国同样高度重视推动制造业数字化转型，2018年是我国工业互联网全面实施之年。从年初政府工作报告到年末中央经济工作会议，加快发展工业互联网的决策部署不断升级。2月，国家制造强国建设领导小组下设工业互联网专项工作组，将发展工业互联网的战略部署再加码。6～8月，工业和信息化部连续发布《工业互联网发展行动计划（2018～2020年）》《工业互联网平台建设及推广指南》《工业互联网平台评价方法》《推动企业上云实施指南（2018～2020年）》，工业互联网政策密集发布，支持力度空前。

3. 政府数字化转型成为重要方向

美国、英国、澳大利亚等国均积极推动政府改革，将数字化转型作为政府发展的重要战略方向。2018年3月，美国发布的《总统管理议程》（*President's Management Agenda*）强调，现代信息技术将成为政府提供公共服务的支柱，并提出对各联邦机构进行IT现代化改造，对政府官员进行数字化技能培训等。6月，美国白宫公布《面向21世纪的政府解决方案：改革计划与重组建议》（*Delivering Government Solutions in the 21st Century*），再次重申必须使用数字技术建立一个现代高效的政府。11月，澳大利亚数字化转型管理局发布了《数字化转型战略》（*Digital Transformation Strategy*），详细阐述政府围绕数字或IT的计划，旨在2025年实现电子政务全民可及。英国进一步推进《英国政府转型战略（2017～2020年）》（*Government Transformation Strategy 2017－2020*），继续提升国家电子政务水平，加强数字政府平台建设，着力打造政府在线身份认证、在线支付和在线通知三大平台，并预计2020年实现2500万英国公民拥有在线身份识别。此外，我国也高度重视政府数字化转型，国务院通过下发《进一步深化"互联网＋政务服务"推进政务服务"一网、一门、一次"改革实施方案》《关于加快推进全国一体化在线政务服务平台建设的指导意见》，就深入推进"互联网＋政务服务"，加快建设全国一体化在线政务服务平台，全面推进政务服务"一网通办"做出部署。

4. 人工智能已成为全球关注焦点

美国、欧盟、日本等发达国家和地区都将发展人工智能作为核心战略之一。2018 年 4 月，英国发布《产业战略：人工智能领域行动》（*Industrial Strategy*：*Artificial Intelligence Sector Deal*），支持人工智能创新以提升生产力，并宣布对人工智能行业进行 10 亿英镑的联合投资，以确保英国在人工智能领域的国际竞争中处于领先地位。5 月，美国组建人工智能特别委员会，支持建设国家人工智能研发生态系统（National AI R&D Ecosystem），加大联邦政府在人工智能发展与应用方面的支持力度。7 月，德国联邦政府内阁通过了《联邦政府人工智能战略要点》（*The Strategy Paper about its Goals in Artificial Intelligence*），旨在进一步扩大人工智能基础研发和拓展应用领域。12 月，欧盟委员会任命的人工智能高级专家小组（AI HLEG）发布了人工智能开发和使用的道德草案《可信赖人工智能的道德准则草案》（*Draft Ethics Guidelines for Trustworthy AI*），提出了可信赖人工智能应具备两大要素，一是掌握强健且可靠的技术；二是尊重基本权利、规章制度与核心价值观，以确保道德底线。围绕这两大要素，草案制定了“可信赖人工智能”的框架，为人工智能系统提供了具体实施和操作层面上的指导。人工智能也是我国重点发展领域之一，习近平总书记在中共中央政治局第九次集体学习时强调，要深刻认识加快发展新一代人工智能的重大意义，加强领导、做好规划、明确任务、夯实基础，促进其同经济社会发展深度融合，推动我国新一代人工智能健康发展。

（二）数字基础设施扩域增量，5G、物联网、IPv6建设竞争加速

1. 各国固定宽带覆盖率稳步提升

欧盟审计院发布报告显示，欧盟宽带覆盖率整体有所改善，几乎所有成员国都实现了宽带覆盖，但是农村地区覆盖率较低，28 个成员国中有 14 个国家的农村地区宽带覆盖率低于 50%。工业和信息化部的数据显示，截至 2018 年 11 月，我国固定宽带家庭用户数累计达到 40528 万户，与 2017 年末相比净增 5674 万户。在宽带网速方面，根据 M – Lab 发布的全球宽带网速

排名，新加坡是全球网速最快的国家，平均网速为60.39Mbps，美国在榜单中排名第40，欧洲国家网速普遍较快，在前20名中占据15席，在亚洲国家中，日本排名第一，平均网速为28.94Mbps，中国宽带网速排名较为靠后，排在第141位（见表1）。在网络资费方面，欧洲大部分国家的上网成本在35~40美元/月，美国网络资费分为不同的价位，50Mbps的宽带服务价格为39.99美元/月，100Mbps的宽带服务价格为64.99美元/月。中国网络资费价格处于全球较高水平，上网成本为32.4美元/月，排名第40。我国政府和电信运营商在网络提速降费方面继续努力，三大运营商持续积极落实提速降费工作。

表1　2017年6月至2018年5月全球宽带网速排名

排名	国家	平均网速(Mbps)	下载5G电影平均用时
1	新加坡	60.39	00:11:18
2	瑞典	46.00	00:14:50
3	丹麦	43.99	00:15:31
4	挪威	40.12	00:17:01
5	罗马尼亚	38.60	00:17:41
6	比利时	36.71	00:18:36
7	荷兰	35.95	00:18:59
8	卢森堡	35.14	00:19:26
9	匈牙利	34.01	00:20:04
10	泽西岛	30.90	00:22:06
141	中国	2.38	04:47:07

资料来源：M－Lab。

2. 移动宽带覆盖率、速率均持续增长

《世界互联网发展报告2018》显示，截至2018年6月底，全球移动用户数达到78.4亿户，4G用户渗透率达到38%。韩国移动网络覆盖率位居第一，其次是日本、以色列、澳大利亚等国家。覆盖率最差的地区集中在印度、伊拉克、乌克兰等移动通信产业不太发达的地区。在4G网络速度方面，OpenSignal发布的最新使用情况统计报告显示，韩国是目前移动网络速度最快的国家，达到41Mbps；而第二名新加坡的移动网络速度为31Mbps；第三名为匈牙利，速度为26Mbps。近10年间，我国实现了4G的跨越式发展，建成了全球规模最大的4G网络，4G已经进入成熟期。工业和信息化部的数据显示，截至2018年11月，移动互联网用户数累计达到138608万户，相比2017年末增加了11454万户。根据宽带发展联盟的报告，截至2018年第三季度，移动宽带4G网络平均下载速度是21.46 Mbps，与2017年同期相比提升了39.3%。

3. 世界各国加紧5G建设

美国最大通信运营商AT&T于2018年12月推出全球首个5G移动网络，12个城市首批实现5G网络商用服务，全美2亿人的5G网络服务将在2019年上半年实现。日本主要移动通信运营商NTT DoCoMo、Softbank以及KDDI表示将从2019年起部分提供5G服务，从2020年起提供面向一般用户的5G服务。英国的5G建设起步较晚，2017年英国政府才将5G提升到国家战略高度，英国移动网络运营商EE正在部署5G，计划2019年在16个城市开通5G站点。韩国SK Telecom、LG U+和KT公司计划2019年第一季度在3.5GHz和28GHz频段上推出5G商用服务。中国5G商用技术水平已达到世界前列，中国支持5G通信的基站数是美国的10倍，并且中国增载5G的费用也比美国便宜约35%。美国在5G的建设竞赛中正被中国超过，中国的5G建设开始在全球产生影响力。

4. 物联网发展稳步推进

美国国家情报委员会（NIC）发表的《2025年对美国利益潜在影响的关键技术》（*Disruptive Civil Technologies: Six Technologies with Potential Impacts on US Interests out to 2025*），将物联网列为六种关键技术之一。欧盟的物联网战略也不甘落后，欧盟是世界范围内第一个系统提出物联网发展和管理计划的机构，《欧盟物联网行动计划》（*Internet of Things—An Action*

Plan for Europe）的颁布确保欧洲在构建物联网的过程中起主导作用。日本的物联网发展欲与欧美国家一争高下，在“i-Japan”战略中，强化了物联网在交通、医疗、教育和环境监测等领域的应用。我国工业和信息化部印发的《关于全面推进移动物联网（NB－IoT）建设发展通知》指出，计划到2020年，物联网实现全国普遍覆盖，基站规模达到150万个。中国三大运营商也在积极发展物联网建设，中国移动已实现348个城市NB－IoT连续覆盖和全面商用；中国电信率先建成了全球最大的NB－IoT网络，实现城乡全覆盖，NB－IoT基站40余万个；中国联通在2018年5月也宣布实现物联网全国覆盖，并已完成30万个NB－IoT基站升级工作。此外，百度、阿里巴巴、腾讯等互联网巨头公司也正在加速物联网布局，我国物联网建设呈现

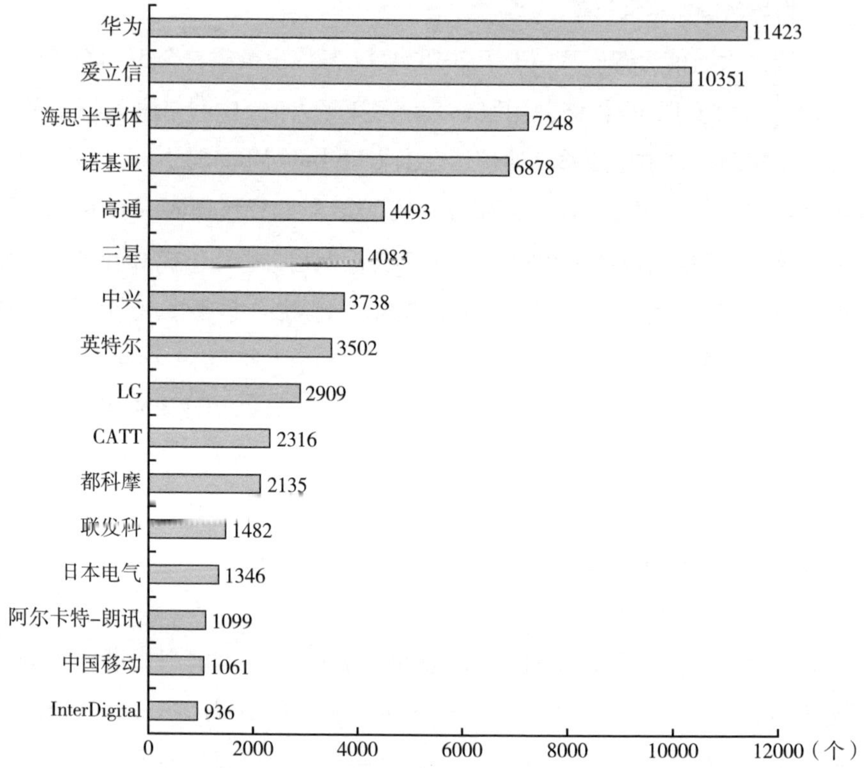

图1　2018年5G标准技术贡献排名

资料来源：IPlytics。

百花齐放的局面。

5. 我国 IPv6普及稳步推进

IPv6 是互联网发展不可逾越的阶段，对比国际先进国家，我国的 IPv6 终端占比相对落后。截至 2018 年 10 月，全球 IPv6 用户率排名前十的国家分别为比利时、印度、美国、德国、希腊、瑞士、乌拉圭、卢森堡、英国、日本。美国 IPv6 用户达到 1.22 亿户，用户比例超过 42%，其中 Verizon Wireless 和 T - Mobile USA 公司的 IPv6 用户数均超过 70%，AT&T 公司的 IPv6 用户数超过 50%。Facebook、Google、Twitter、YouTube、Linkin 等主流的商业网站全面支持 IPv6。中国的 IPv6 业务发展普及任重而道远，根据 2018 年 11 月国家下一代互联网产业技术创新战略联盟发布的《支撑中国 IPv6 规模部署——中国 IPv6 业务端到端贯通用户体验监测报告》，我国移动宽带 IPv6 普及率为 6.16%，IPv6 覆盖用户数 7017 万户，IPv6 活跃用户数 718 万户；固定宽带 IPv6 普及率为 0.65%，IPv6 覆盖用户数 240 万户，IPv6 活跃用户数 233 万户。我国持续推动 IPv6 的规模部署，规范 IPv6 地址分配与追溯机制，提升 IPv6 安全保障能力，推动 IPv6 的全面应用。根据中国互联网络信息中心发布的第 43 次《中国互联网络发展状况统计报告》数据，截至 2018 年 12 月，我国 IPv6 地址数量为 41079 块/32，较 2017 年底增长 75.3%，IPv6 保有量稳步提升，应用前景广阔。

（三）数字产业发展势头强劲，机器人、5G 技术产业急速扩张

1. 云计算产业发展强劲

根据 Gartner 报告，2017 年全球云服务市场规模达 2602 亿美元，同比增长 18.5%，2018 年公共云服务市场将继续呈现高速发展态势。其中，云应用服务（SaaS）实现年增长 21.6%，达到 586 亿美元；云管理和安全服务的增长率达到 22.5%，云应用基础架构服务（PaaS）也表现出强劲的发展势头，达到 26.7% 的增长率。这种强劲的发展势头反映了传统 IT 服务正在向云端服务转变，企业越来越倾向于追求数字化商业战略。市场研究公司 Synergy Research Group 的最新数据显示，截至 2018 年第三季度，亚马逊云

在全球处于领先地位，微软和谷歌分别排在第二位和第三位，阿里巴巴排第四位。亚马逊、微软和谷歌在公共云市场中的主导地位更为明显，仅亚马逊就占据了全球40%的市场份额，其连同微软和谷歌占据的市场总额近65%。目前，我国占亚太地区市场总量的1/3以上，尽管如此，亚马逊在亚太地区的市场份额仍然居首位，阿里云其次（见表2）。

表2　2018年第三季度全球公有云区域市场排名

排名	全球	北美地区	欧洲和中东非地区	亚太地区	拉丁美洲
1	亚马逊云	亚马逊云	亚马逊云	亚马逊云	亚马逊云
2	微软	微软	微软	阿里巴巴	微软
3	谷歌	谷歌	谷歌	微软	谷歌
4	阿里巴巴	Salesforce	IBM	谷歌	Salesforce
5	IBM	IBM	Salesforce	腾讯	IBM

资料来源：Synergy Research Group。

2. 多国积极发展大数据产业

大数据发展浪潮席卷全球，目前全球数据量的增长速率维持在40%左右，预计到2020年全球的数据总量将达到40ZB。市场规模方面，Statista估计，2018年全球大数据市场规模将达到420亿美元，至2027年全球大数据市场规模将持续增长（见图2）。全球各经济社会系统采集、处理、积累的数据增长迅猛，大数据产业市场规模逐步扩大，各国积极布局。美国希望利用大数据技术实现科研教学、环境保护、工程技术、国土安全、生物医药等多领域突破。其中，具体研发计划涉及美国国家科学基金会、国家卫生研究院、国防部、能源部、国防部高级研究计划局、地质勘探局等6个联邦部门和机构。欧盟目前在大数据方面的活动主要涉及研究数据经济、资助大数据和开放数据领域的研究和创新活动、实施开放数据政策、促进公共资助科研实验成果和数据的使用及再利用等四个方面。日本方面，据日本矢野经济研究所预测，2020年日本大数据市场规模有望超过920亿美元。多家机构综合预测，估计2018年我国大数据市场规模达到280亿元，未来五年（2018～2022年）年均增长率约为27.3%。

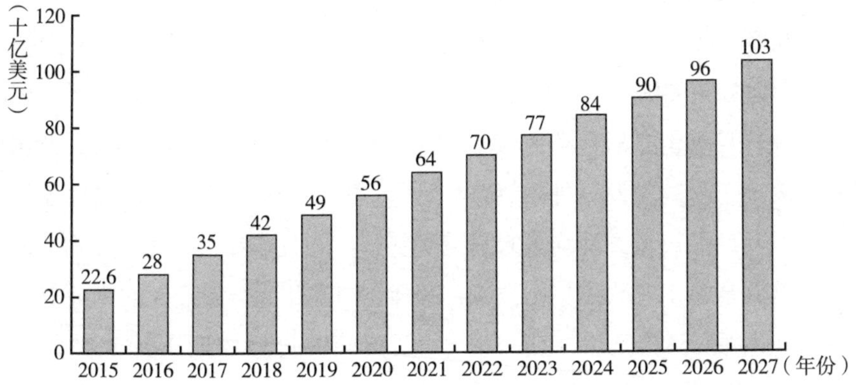

图 2　2015 ~ 2027 年基于收入的全球大数据市场规模及预测

注：2018 ~ 2027 年数据为预测数据。

资料来源：Statista。

3. 工业机器人成为电子信息制造业发展新趋势

Technavio Research 数据显示，预计 2018 ~ 2022 年，全球电子制造服务市场的复合年均增长率将接近 4%。预计到 2022 年，全球电子产品制造服务市场将超过 5560 亿美元。机器人和工业自动化减少了对人工的依赖，其凭借高生产率、高灵活性、高精度和高质量等特点，将成为未来几年电子制造服务（EMS）的一个新兴趋势，随着工业机器人技术的逐渐成熟，应用场景不断拓展，全球工业机器人的需求将持续增加。国际机器人联合会（IFR）预计，未来三年内全球工业机器人年销量将保持近 15% 的增长率，2018 年全球工业机器人总销量将达到 40 万台，到 2020 年将超过 50 万台。波士顿咨询集团（BCG）报告显示，预计到 2025 年全球将有 120 万台工业机器人投入使用。亚洲依然是全球扩张速度最快的工业机器人市场，预计在 2020 年将突破 35 万台。国际机器人联合会数据显示，到 2019 年，全球工厂将安装 140 多万台新型工业机器人。欧洲、美洲工业机器人市场的增长较为平稳，增速保持在 10% 左右。预计到 2020 年，欧洲工业机器人销量将达到 8.3 万台，美洲将达到 7.3 万台，我国工业机器人保有量将达到 60 万台。目前，欧、美、日凭借既有技术优势占据市场绝大份额，瑞士 ABB、德国库卡、日本发那科以及安川电机被并称为工业机器人“四大家族”，占据全球工业机器人本体超过50%的市场份额。

4. 各国软件和信息服务业强势发展

全球软件和信息服务业连续三年保持6%左右的高速增长势头，我国的增长速度高于全球平均水平，为14.2%。美国在核心技术、标准体系、知识产权以及产品市场方面均具有显著优势，其软件产品占全球市场份额超过60%。欧洲掌握工业软件核心技术，2018年11月，全球最大的企业管理软件供应商德国SAP公司，宣布以80亿美元的价格收购美国软件供应商Qualtrics，以助其推动云业务增长。亚洲方面，IDC研究表明，日本强劲的市场增长预计在2017年后继续保持。韩国数据产业发展迅速，2017年市场规模约4亿美元，预计到2020年将达到9亿美元。但就数据分析技术而言，韩国由于技术基础薄弱，可能会继续从海外进口技术和服务。

5. 5G技术为电信行业注入新动力

2018年全球电信行业保持了上年的增长势头。第五代无线网络（5G）技术已进入商用部署关键阶段，为通信行业注入新动力，新移动时代即将开始，5G技术将对整个移动生态系统以及经济社会发展产生巨大影响。IHS Markit估计，到2035年，5G在全球创造的潜在销售活动将达12.3万亿美元，并将跨越多个产业部门，约占2035年全球实际总产出的4.6%。就美国而言，德勤估计，5G技术将给美国GDP带来超过1500亿美元的增长，提供就业机会超过37万个。目前，美国、中国、日本、德国、韩国、英国和法国等7个国家处于5G发展的前沿。其中，美国和中国有望主导5G研发与资本性支出，IHS Markit预计，两国将分别投入1.2万亿美元和1.1万亿美元。美国的投入约占全球5G投入的28%，中国约占24%。

（四）制造业数字化转型成为竞争焦点，工业互联网平台催生工业数字经济萌芽

1. 2018年制造业数字化转型领跑全行业

全球正处在从工业经济向数字经济转型过渡的大变革时代，随着技术创

新、客户需求以及外部环境因素的加速变化，数字化技术和实体经济的结合越来越紧密，带来整个经济环境和经济活动的根本变化。各行各业都在加速推进数字化转型，以工业4.0、工业互联网等理念驱动的制造业数字化转型成为全球竞争焦点。IDC的数据显示，2018年全球制造业数字化转型支出领跑全行业，高达3330亿美元。在这场数字化转型浪潮中，亚太地区成为引领者。在普华永道思略特2018年全球数字化运营调研的受访企业中，19%的受访亚洲制造企业已经成为数字化冠军，而美洲仅有11%，在欧洲、中东和非洲地区，该数字跌至5%。亚洲地区涌现出一批热衷数字化技术的年轻管理人员，加之薪酬与生产成本的飙升迫使亚洲企业将主要运营流程数字化以保持竞争力，因此，亚洲企业快速推出数字化产品和服务，速度远超全球其他地区的同行。

2. 物联网技术成为推动制造业数字化转型的重中之重

智能制造是由许多技术的出现和成熟所驱动的，包括高性能计算（HPC）驱动的计算机辅助设计（CAD）和工程（CAE）软件、云计算、物联网、高级传感器技术、3D打印、工业机器人、数据分析、机器学习，以及更好地实现机器与机器（M2M）联通的无线连接。这当中，最重要的是将传感器和软件连接到物联网。在工厂环境下，物联网指的是在生产设备中使用传感器（如机器人、压模、制动器、3D打印机、数控机器等），以及它们制造的产品（如喷气发动机、燃气轮机、放射设备、车辆等），以实现关于设备或产品运行状态和情况的实时信息流。美国信息技术创新基金会（ITIF）预测，物联网的应用预计在2025年将在全球范围内产生1.2万亿~3.7万亿美元的价值，有助于生产率提高25%以上。比如，美国通用电气公司（GE）在纽约斯克内克塔迪（Schenectady）建造了价值1.7亿美元的制造工厂，为手机信号塔和发电厂等设备制造了大量电池。在这个超过18万平方英尺的制造空间内，遍布着超过1万个联网的传感器，用于实时采集温度、湿度、气压和机器操作数据。这确保了GE能够监控生产过程，必要时进行实时调整，提高生产效率，节约成本。

3. 工业互联网平台赋能数字化转型日益成为共识

工业互联网平台是基于云计算的开放式、可扩展的工业操作系统。工业互联网平台作为制造业数字化、网络化和智能化发展的基础，概念一经提出，立即在全球引发了极大关注，再次掀起了新一代信息技术与制造业融合的探索与实践热潮。目前，业界已基本形成“智能终端（边缘）+云架构平台+工业APP”的工业互联网平台技术架构。不同类型的企业所擅长的领域也有所不同，以航天科工、中船工业、三一重工、海尔、美的、富士康等为代表的制造行业龙头企业孵化出工业互联网平台，形成了面向第三方提供平台服务能力；以华为、徐工信息、宝信、石化盈科、浙江中控、华龙讯达、浪潮等为代表的系统解决方案服务商，正在基于长期服务行业的经验，积极向平台解决方案服务商转型；以东方国信、用友、金蝶、索为等为代表的软件企业，基于平台架构加速软件云化发展，强化工业机理模型的开发部署；以用友、金蝶、浪潮、元工、索为等为代表的企业已基本形成云架构的CAX、PDM、MES、ERP产品，实现软件运行从单独占用软硬件资源、独立运维，向共享使用资源池、统一运维模式转变；以优也、寄云、天泽智云、昆仑等为代表的一批初创企业，重点围绕解决特定工业行业或领域业务痛点，提供平台解决方案服务。比如，天泽智云的智能维护技术已经应用在风力发电、钢铁、轨道交通、装备制造、数控机加工、工业机器人等多个行业。

（五）基于平台的新模式、新业态引领创新驱动，带来生活全新体验

1. 中国引领全球网络零售发展

《2017年世界电子商务报告》显示，2017年全球网络零售总额为2.3万亿美元，约占全球零售总额的9.2%，同比增长24.8%，2018年估计将为2.8万亿美元左右，同比增长23.3%，占比进一步提升到10.5%，全球网络零售总额及其占比有望持续提升。中国电子商务的发展更是引人注目，国家统计局数据显示，2018年全年中国网络零售额已经超过9万亿元，同比增长23.9%，比同期社会消费品零售总额增速高出15个百分点，其中，实物商品网络零售额超过7万亿元，占社会消费品零售总额的比重为

18.4%。中国已经建立了比较完善的电子商务服务和供应链体系，网络购物已经成为公众日常购物的主要渠道之一。随着产业不断成熟并进入平稳发展阶段，国内各大电子商务平台都在积极发力新技术，希望通过云计算、大数据、人工智能等新一代技术，进一步推动电子商务实现高质量发展。例如，京东通过打造智能供应链体系，使其物流成本降低70%，效率提高2倍以上。如果将这些能力释放到社会领域，将给中国的整个供应链体系带来巨大的提升，可以有效反哺制造业转型升级，推动制造业供给侧结构性改革，提升产业能级。

2. 在线教育平台引领教育新风潮

全球慕课自2008年发展至今取得了长足进步。美国、中国、印度、墨西哥、泰国、意大利等许多国家都推出了专门的慕课平台。截至2018年底，全球已有900多所大学推出了至少一个慕课。根据美国慕课导航网站Class Central数据，2018年全球慕课用户成员数量达1.01亿户，累计课程总量达到1.4万户。此外，与科技大公司的合作更成为慕课平台发展的一大亮点。2018年，Coursera与谷歌合作，开设一系列谷歌工程师培训课程。

3. 在线旅游市场发展迅速

日渐成熟的全球在线旅行社（OTA）正在改变旅游行业。在线旅游软件提供的良好体验和低价优惠使消费者越来越热衷于在线预订。根据eMarketer数据，2018年全球数字旅游销售额将达到6944.1亿美元，同比增长10.4%。分地区看，中国地区从线下到线上预订的转变最为明显。2018年，中国数字旅游销售额将达到1339亿美元，同比增长20.5%。印度是另一个主要市场，2018年印度数字旅游销售额增长至237.1亿美元，同比增长20%。

4. 付费订阅服务市场大幅增长

内容付费是继广告、电商之后数字经济领域重要的增长点。eMarketer的数据显示，2018年全球近7.65亿人每月收看视频订阅服务（OTT），占全球总人口的10.2%，占全球网络视频用户的32.1%，全球OTT市场增长24%。从国家来看，美国视频订阅平台以广告模式为主，如主打用户分享视频的 YouTube 和只向用户开放的 Netflix。其中，Netflix 用户占全球 OTT 视频服务市场的44%，Netflix 美国用户占其受众群的44.4%。英国媒体监督机构 Ofcom 的报告显示，截至2018年上半年，英国三大流媒体公司 Netflix、NOW TV（Sky）和亚马逊 Prime 订阅量共达到1540万，超过付费电视的订阅量。而在我国，抖音、快手等短视频成为2018年增长最快的产品。《2018中国网络视听发展研究报告》显示，2018年全年我国短视频行业市场规模超过118亿元，同比增长106%。

（六）从电子政务到数字政府，数字化转型推动政府更智慧更高效

1. 电子政务朝着更高水平迈进

2018年联合国、日本早稻田大学及欧盟均发布了电子政务调查报告，以国家为单位对全球或是区域范围内电子政务发展情况进行了评价。2018年7月，联合国经济和社会事务部发布了《2018联合国电子政务调查报告》，报告对所有193个成员国的电子政务发展情况进行调查评估，成为各国发展电子政务的一个重要基准。报告显示，40个国家得到了“非常高”的分数，即电子政务发展指数（EGDI）值为0.75～1.00，相比之下，2003年只有10个国家，2016年有29个国家，2014年以来，所有联合国成员国都提供了某种形式的在线服务。得益于在线服务、电信基础设施等指数的不断提高，全球 ECDI 均值从2014年的0.47升至2018年的0.55。这表明从全球范围看电子政务呈现持续朝着更高水平发展的积极态势。报告显示，自2012年以来中国电子政务发展取得了显著进展，EGDI 世界排名从第78位上升了13位，位列第65，但尚未达到第57位的历史最好水平（见图3）。需要特别指出的是，在线服务指数自2003年以来不断提高，实现了从0.3低水平到0.8较高水平的突破。

2018年10月，日本早稻田大学数字政府研究所与国际 CIO 学会联合发布《第14届（2018）国际数字政府排名评价报告》。报告对65个国家和地区的数字政府建设情况进行评估。根据排名数据，中国位列第32，相较于

2017年第44名上升12个名次。2018年11月，欧盟委员会发布第15份电子政务基准报告。报告对28个欧盟成员国，及冰岛、挪威、土耳其等6个非欧盟成员国的电子政务水平进行了分析评价。报告显示，欧盟数字公共服务以用户为中心，移动友好性不断提升。以用户为中心是欧洲最成熟的顶级基准指标，总体平均值为82%，透明度指标达到59%，跨境移动性达到54%，关键促成因素得分为54%。

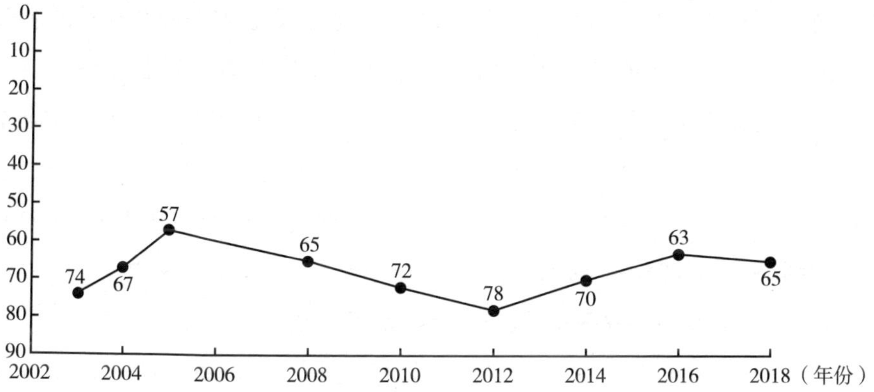

图3　2003～2018年我国EGDI排名变化情况

资料来源：联合国经济和社会事务部。

2. 数字技术应用推动政府智慧化水平明显提升

云计算是实现政府集约化、提高效率的重要技术工具。2018年9月，美国白宫行政管理与预算办公室（OMB）发布了云智能建议（Cloud Smart Proposal）。这是美国自2010年发布“云优先”战略7年来的首次云计算政策更新，为各机构迁移到安全可靠的云网络提供了路径。英国于2018年4月发布“政务云10”（G－Cloud 10）框架，这是英国政务云框架自2012年首次发布以来的第10版，截至目前，通过G－Cloud框架花费了近30亿英镑，其中48%用于中小企业。中国政务云发展十分迅速。《中国政务云发展白皮书（2018）》的数据显示，2017年我国31个省级行政区（不包括港澳台）中有30个省级行政区已经建有或正在建设（完成招标）政务云，占比超九成；在我国334个地级行政区中，有235个地级行政区已经建有或正在建设（完成招标）政务云，占比超七成。可以说，政务云已经成为各地发展电子政务的“标配”。2018 年各国政府依然探索区块链、人工智能等数字技术在政府管理和服务中的应用。2018 年 5 月，西弗吉尼亚州成为美国第一个允许通过区块链进行互联网投票的州。2018 年 7 月，中国国家税务总局批复授权深圳成为全国首个试点区块链电子发票的城市。深圳市税务局统计，目前全市已有 7 家开票服务商及 1 个报销平台与区块链电子发票系统实现了对接。截至 2018 年 12 月 12 日，已上线的 32 家试点企业共开具区块链电子发票 17570 张，现已完成注册接入企业涉及餐饮业、停车服务、零售业、互联网服务业、金融业等行业共计 209 家企业。印度商业和工业部成立了一个特别工作组，研究如何利用人工智能实现印度经济增长。该工作组于 2018 年 3 月发布了一份报告，报告确定了人工智能能够快速融入的 10 个领域，包括公共事业服务、教育等。

3. 开放数据传统领先国家排名不升反降值得关注

美国于 2018 年 3 月发布的《总统管理议程》（*President's Management Agenda*）强调了为未来创建数据战略和基础设施的重要性，议程提出了保证数据战略长期发展的四个关键组件，还确立了跨机构优先（CAP）目标，将数据作为战略资产，以推动制订和实施联邦数据战略计划的可持续进展。2018 年 5 月，白宫行政管理与预算办公室（OMB）和开放数据企业中心（CODE）共同举办了一次关于利用数据作为战略资产的圆桌会议，开始制定一项战略，以改善联邦数据的方式，改善政府服务的供给，为政府政策提供信息，在美国经济中创造价值和就业机会，并使政府更有效、更高效。同样，欧盟早在 2018 年 1 月就召开了在公共部门信息再利用指令（PSI）下公共部门信息再利用的高级别圆桌讨论会。但是 2018 年 9 月万维网基金会发布的《开放数据晴雨表》2018 年报告显示，英国作为多年来全球开放数据“领头羊”，其总分略有下降。美国是这个领导小组中唯一得分绝对下降的政府，它的得分已经下降了 11 分，不再被认为是一个开放数据领先国家（见表 3）。美国在公开数据中投入的资源越来越少，政府在几乎所有指标上的表现都出现了倒退。

表 3 开放数据宪章采纳者和 G20 部分成员开放数据晴雨表

排名	国家	总分数（满分 100）	分数增加值（与第一次相比）	准备就绪度（满分 100）	实施（满分 100）	影响（满分 100）	是否为 G20 成员	是否为开放数据宪章采纳者
1	加拿大	76	18	86	87	55	是	是
2	英国	76	-4	83	89	57	是	是
3	澳大利亚	75	17	79	84	62	是	是
4	法国	72	17	84	77	55	是	是
5	韩国	72	25	82	67	67	是	是
6	墨西哥	69	33	79	67	62	是	是
7	日本	68	24	78	68	58	是	否
8	新西兰	68	5	79	72	52	否	是
9	美国	64	-11	79	76	37	是	否
10	德国	58	2	76	72	27	是	否

资料来源：万维网基金会《开放数据晴雨表》报告。

4. 智慧城市建设依然保持较强增长态势

2018 年 2 月，德勤发布的《超级智能城市：更高质量的幸福社会》显示，目前全球已启动或在建的智慧城市有 1000 多个，中国以 500 个城市位居第一，无论是特大型的一线城市，还是中小城市，皆有智慧城市项目落地。中国智慧城市的数量远超排名第二的欧洲（90 个）。另据 IDC 在 2018 年 3 月发布的《全球半年度智慧城市支出指南》，随着全球市场对智慧城市的关注和投资不断增加，2018 年全球智慧城市技术相关投资将达到 800 亿美元，中国预计达到 208 亿美元，相较 2017 年的 173 亿美元增长 20.2%，仅次于美国（230 亿美元），位列第二。2018 年 6 月，麦肯锡全球研究院发布智慧城市报告《智慧城市：数字技术打造宜居家园》，对近 60 个智慧城市应用如何在不同类型的城市场景下发挥作用进行了分析，提供了目前最完善的智慧城市解决方案指南。麦肯锡全球研究院还同时考察了全球 50 个城市建设智慧城市的步伐及现状，并提出目前即便是全球最领先的智慧城市，也仅仅是实现了2/3的潜力，仍有巨大的发展空间。

5. 中国智慧城市建设持续推进

在标准研制方面，目前中国已发布12项智慧城市领域国家标准。根据前瞻产业研究院发布的《2018～2023年中国智慧城市建设发展前景与投资预测分析报告》，在智慧城市PPP模式建设数量及投资方面，截至2018年4月，全国智慧城市PPP项目达到107个，投资总额844.15亿元。107个项目中智慧城市综合项目的数量最多，为59个（占55.1%），数据中心项目10个（占9.3%），智慧交通项目和智慧安防项目都是7个（占6.5%），其他领域还包括智慧市政、智慧农业、智慧环保、智慧园区、智慧能源等。从投资总额来看，智慧城市综合项目的投资总额最多，为565.38亿元（占67.0%），数据中心项目81.99亿元（占9.7%），智慧市政项目58.42亿元（占6.9%），其他领域项目占比均在4%以下。从单个项目平均投资额来看，智慧城市综合项目平均投资额达到9.6亿元。

（七）数字经济治理体系仍在探索阶段，围绕数据的规则制定取得新进展

1. 大数据时代个人数据保护的规则日益严格

2018年的Facebook信息泄露案为隐私保护敲响了警钟。截至2018年底，全球已有107个国家制定数据安全和隐私保护的立法。其中，欧盟2018年5月出台的《通用数据保护条例》（GDPR）被称为史上最严的数据保护立法，从个人数据处理的基本原则、数据主体的权利、数据控制者和处理者的义务、个人数据跨境转移等方面，建立了完备的个人数据保护制度。英国、日本等国也都积极完善自身的隐私保护规则以通过GDPR的“充足保护”认定，优先进入欧盟市场。在美国，2018年6月最高法院对Timothy Carpenter对阵美国政府的案件判决也对隐私保护提出了更严格的要求。而美国加利福尼亚州通过的《消费者隐私保护法案》更是规定了共享的个人数据也应受到法律保护。此外，新加坡、澳大利亚、越南、印度、巴西、加

拿大等国也都在2018年推进了隐私保护相关立法。

2. 各方利用数据流动的治理规则对数据资源展开激烈争夺

数字经济时代，数据已经成为关键的生产要素，推动数据的传播和共享成为提高生产力的重要手段。2018年，美国极力推行的亚太经合组织《跨境隐私保护规则》（CBPR）得到了新加坡、澳大利亚、中国台湾的加盟，加盟经济体由5个上升到8个。CBPR的特点是隐私保护的标准较低，框架内数据跨境流动的限制较宽，方便跨国科技企业获取和使用他国数据。其中，美国企业有望获得最大的利益。在欧洲，除了通过GDPR对跨境数据调取进行限制之外，欧盟还出台了一系列政策法规推动欧盟境内的数据流动，例如，2018年4月发布的《建立一个共同的欧盟数据空间》，围绕公共部门数据开放共享、科研数据保存和获取、私营部门数据分享等事项提出了建立欧盟共同数据空间的多项举措。10月又发布了《非个人数据在欧盟境内自由流动框架条例》，推动建立单一的欧洲数字市场，减轻企业的负担，促进欧盟境内非个人数据的自由流动。法国的国家人工智能政策也呼吁立法授权第三方获取公共和私营部门的非敏感数据。

3. 部分国家扩大了政府获取数据的权力并通过“长臂管辖”将执法权延伸至境外

2018年3月，美国国会通过了《澄清境外数据合法使用法案》（CLOUD Act），设计了执法机构跨境访问、获取、调用数据的规则机制，让美国政府能够合法地从全球各地调取数据，同时还规定了将数据发送到境外的条件和过程。CLOUD Act采用“实际控制标准”代替“数据存储地标准”，只要数据到了美国企业、外国企业在美分支机构等与美国相关的数据控制者手中，美国政府部门就能够通过法律程序直接调取存储在境外的数据，达到“国内国外一盘棋考虑”。12月，澳大利亚众议院通过了《反加密法案》，授权澳大利亚警方可强制任何在该国运营的公司无条件协助政府获取其加密信息，且不得对外透露政府索取信息的命令。这赋予了澳大利亚执法机关强制获取外国公司在澳数据的权力，且极有可能得到北美和西欧国家政府的效仿。欧盟也对数据控制权提出了一定要求，允许执法机构向在欧洲运营的企业直接调取其存储在欧盟境外的数据的欧盟版“CLOUD 法案”（《电子证据跨境调取的议案》）正在审议中，预计2019年将获得通过。

表4　2018年主要国家和地区数据治理相关规则

时间	国家或地区	政策法规
2018年2月	新 加 坡	《网络安全法案》
2018年2月	澳大利亚	《数据泄露通知计划》
2018年3月	中　国	《科学数据管理办法》
2018年3月	美　国	《澄清境外数据合法使用法案》(CLOUD Act)
2018年4月	欧　盟	《建立一个共同的欧盟数据空间》
2018年5月	欧　盟	《通用数据保护条例》(GDPR)
2018年6月	越　南	《网络安全法》
2018年6月	美国加州	《消费者隐私保护法案》
2018年7月	澳大利亚	修订1988年《联邦隐私法》
2018年7月	印　度	《2018年个人数据保护法草案》
2018年8月	巴　西	《通用数据保护法》
2018年8月	中　国	《电子商务法》
2018年10月	欧　盟	《非个人数据在欧盟境内自由流动框架条例》
2018年11月	加 拿 大	《个人信息保护和电子文件法案》
2018年12月	澳大利亚	《反加密法案》

资料来源：国家工业信息安全发展研究中心整理。

二　问题挑战

（一）数字鸿沟依然存在

从社会发展史看，人类经历了农业革命、工业革命，正在经历信息革命。信息通信技术的普惠性、可及性、便捷性为贫困人口摆脱贫困提供了机遇，但目前全球仍有40亿人未接入互联网，“数字鸿沟”日益成为导致贫困地区、贫困群众在信息时代掉队的关键因素。国际电信联盟预计，发达国家的互联网普及率高达81%，而发展中国家的互联网普及率仅从2016年底的39%上升到2017年底的41.3%，特别是一些最不发达国家的互联网普及率只有17.5%。另外，由于大企业（相对于中小微企业）本身内部业务流程较为复杂，更有可能利用先进的信息通信技术应用（如ERP软件、云计算和大数据）等；而中小微企业缺乏采用的技能并且面临更大的经济压力则较少采用，因而数字经济技术的运用仍存在很高的使用壁垒。

（二）数字素养亟待提升

近年来，全球数字技术的使用率在飞速攀升，对使用技能提出了更高要求。据OECD统计，2016年，95%的OECD国家公司均有宽带连接，73%的人每天使用互联网，并有超过一半的人在线购物，不过，仍有超过一半的55~65岁的居民缺乏ICT核心技能和电脑经验。特别是对于复杂度较低的蓝领工作和可以被机器替换的简单重复劳动岗位，掌握更高的技能对于适应不断变化的工作越来越重要。无独有偶，2017年，BBC的调研报告对未来365项具体职业被人工智能取代的前景进行了展望，那些第一、第二产业的工作，被机器人取代的概率在60%~80%。①

（三）数字经济税收变革还在讨论中

数字企业作为推动数字经济发展的主体，由于其业务的虚拟性，总是会造成税收的漏洞。不同于传统公司，其利润是在创造价值时征税，但是数字企业是以电子方式进行大部分交易，这使捕捉创造价值的地方、价值是什么以及如何衡量价值成为一件难事。2018年3月16日，OECD发布了由其数字经济工作组（TFDE）撰写的《数字化带来的税收挑战中期报告》（*Interim Report on the Tax Challenges Arising from Digitalization*），报告发现，越来越多的国家开始或准备开始采用单边措施以对数字化企业征税。欧盟在2018年针对这个问题展开了激烈的争论，正在计划通过合并企业税基

① 于潇宇、陈硕：《全球数字经济发展的现状、经验及对我国的启示》，《现代管理科学》2018年第12期。

(*Common Consolidated Corporate Tax Base*) 等政策，在所有欧盟成员国之间统一有关数字经济的规则。欧盟并不是唯一考虑数字经济税收政策改革的地区。世界上许多国家以及经合组织等主要国际机构都参加了数字经济征税的讨论，但欧盟最终可能会向世界展示如何最好地对数字经济征税。

（四）数据治理体系正在加速构建

构建全球数据治理体系是数字经济时代国际规则发展的必然趋势。目前，各国纷纷布局数据治理规则保护本国数据，抢占新一轮国际竞争先机。美国的《澄清境外数据合法使用法案》（简称 CLOUD 法案）以霸权主义的姿态强行获取别国数据，欧盟的《通用数据保护条例》树立严格的数据使用壁垒，英国、日本等国也相继出台政策法规进行数据治理。围绕政府、企业、个人三个主体的数据治理体系正在加速构建，以国家数据主权为基础的数据本地化存储、跨境数据流动、跨境执法和管辖、个人隐私保护等规则成为各国数据治理规则关注焦点和主要分歧点。未来，数据治理规则必然成为国际规则的重要组成部分，各国将广泛参与全球数据治理的国际规则制定，维护本国数据利益和国家安全。

三　展望

（一）数字溢出效应将继续推动全球经济增长

华为公司的数据显示，过去 30 年中，数字投资每增 1 美元，都将撬动 GDP 增加 20 美元。而非数字投资的平均投资回报率仅为 1∶3。这一结果表明，就每 1 美元的平均回报率而言，数字技术投资是非数字技术投资的 6.7 倍。未来十年，颠覆性技术将决定数字经济的发展速度，这些颠覆性技术将推动数据密集型解决方案在各个行业的广泛应用，并大大增加数字溢出效应发挥作用的渠道，全球经济与数字技术间的关系将发生重大变化。在合适的条件下，数字经济将实现繁荣发展，数字溢出可能会通过新的渠道扩大技术对生产力的影响，从而大力推动 GDP 增长。未来十年加快数字化发展将带来巨大且意义深远的回报，在高度数字化场景中，如果政府能创造合适的条件，能使企业充分利用技术进步，根据华为和牛津经济研究院的预测，2025 年全球 GDP 或将增加 1.7 万亿美元，大多数经济体的 GDP 将在 2025 年增加 1% ~3%，发展中经济体的 GDP 会在基准之上再增加 2.2%，发达经济体的 GDP 将增长 1.6%，到 2025 年，全球数字经济可增至全球 GDP 的 24.3%。

（二）5G、人工智能、物联网等新型基础设施融合发展

从互联网诞生到普及，再升级到“互联网 +”，各行各业的生产运作方式正在发生深刻变革，信息和数据正在成为类似于水、电等人们生活必需的资源，而 5G、人工智能、物联网、云计算、大数据等新型基础设施为用户提供了便捷、优质、低成本地使用这些数据资源的条件。由于信息技术不断发展，边界不断扩张，基础设施层面也在发生巨大的变化。2019 年是实现 5G 商用部署的关键一年，各国已明确 5G 的商用进程，第二阶段的 5G 安全标准预计 2019 年 12 月完成，全球大多数国家的 5G 全面商用预计在 2020 年实现。人工智能将于 2019 年开始大规模普及，大型科技企业在技术上的进步将推动人工智能技术的应用，逐渐实现人工智能技术与人类生活交织在一起。未来，万物互联和人机物共融将会成为网络架构的基本形态，各国信息基础设施的规划与部署都面临着扩域增量、共享协作、智能升级的迫切需求。传统基础设施也正在向智能化转型升级，逐步开展与互联网、大数据、人工智能等新一代信息技术的深度融合。

（三）先进制造业与现代服务业融合发展是大势所趋

我国已进入工业化中期的后半段，正处于由工业大国向工业强国转变阶段。从国际经验看，在这个阶段单兵突进地发展工业或者服务业都不可取。一些国家和地区因为制造业过度转移而选择了单一的服务业发展道路，动摇了国内实体经济基础，也削弱了其国际竞争力。我们必须吸取这方面的教训，既要继续筑牢制造业基础，也要保持现代服务业良好发展势头，采取适

合我国国情、务实的产业发展战略，坚持走先进制造业和现代服务业双轮驱动之路。此外，产业融合已成为现代产业发展的一个重要特征。服务业与制造业之间的关系越来越密切，彼此融合与互动发展是大势所趋，其最突出的特征就是“制造服务化、服务产品化”。

（四）数字经济发展催化国际税收规则的变革

随着信息技术的迅猛发展，数字经济时代下商业模式和价值创造模式发生了革新，跨国商品与服务贸易及国际资本流动规模扩大，对国际税收规则的统一提出了诸多挑战，而各国就如何修改国际税收框架尚未达成共识，越来越多的国家开始采用单边措施以对数字化企业征税，这进一步阻碍了未来构建公平、合理和统一的国际税收关系。2018 年 3 月，OECD 发布了《数字化带来的税收挑战——2018 年中期报告》，回顾了税基侵蚀与利润转移（BEPS）项目在应对双重不征税和激进税收筹划问题方面取得的进展，并提供了一个新的理论框架，用来分析数字化商业模式中的价值创造过程，为国际税收规则的修订奠定了基础。报告指出，尽管目前各国尚未就国际税收框架达成共识，也未就采纳短期流转税措施达成一致，但约有 110 个国家已同意，在 2020 年之前在跨国数字企业征税问题上达成国际共识。

（五）数字化时代劳动力市场或将重塑

目前全球普遍担心人工智能和机器人技术产业的迅猛发展会酿成大规模失业潮。国际劳工组织预计，到 2020 年全球失业人口数量将增加 1100 万，而技术革新将使这一趋势进一步恶化。麦肯锡全球研究院预测，至 2030 年，全球将有约 3.75 亿的劳动人口面临重新就业，各个行业的岗位需求发生变化。埃森哲预计，到 2028 年，中国仅体力劳动类的工作需求将减少 6300 万人。而这批需要提升技能的员工将给企业和劳动力市场带来一定压力。为减轻技术变革对传统就业模式造成的冲击，各国政府将不仅仅关注培养劳动者数字化技能的转变，更将致力于制定合理有效的劳动力市场过渡政策，帮助整个市场环境积极应对技术浪潮带来的挑战。例如，美国信息技术和创新基金会（ITIF）发布了《如何改革技术变革时代的职工培训和调试政策》，旨在帮助美国建立更加灵活和高质量的再就业体系，并对就业数量、就业关系、收入不平等、工作质量、就业期限以及工人过渡等问题提出了政策建议。

参考文献

埃森哲：《未来需要什么样的员工》，2018 年 9 月。

埃森哲：《人工智能如何提升产业利润和创新能力》，2017 年 7 月。

国家工业信息安全发展研究中心：《中国两化融合发展数据地图（2018）——新时代　新发展　新引擎》，2018 年 12 月。

联合国经济和社会事务部：《2018 联合国电子政务调查报告》，2018 年 7 月。

万维网基金会：《开放数据晴雨表》，2018 年 9 月。

国际机器人联合会：《2016 年世界机器人报告》，2016 年 9 月。

日本早稻田大学数字政府研究所和国际 CIO 学会：《第 14 届（2018）国际数字政府排名评价报告》，2018 年 10 月。

美国无线通讯和互联网协会：《全球 5G 竞赛》，2018 年 4 月。

欧盟委员会：《欧盟电子政务基准报告 2018》，2018 年 11 月。

《在过度分享时代定义隐私预期标准》，《经济学人》2018 年 8 月。

美国信息技术创新基金会：《制造业数字化转型的重要性以及各国支持其发展的方式》，2018 年 4 月。

美国数据创新中心：《数字化时代的竞争政策》，2018 年 9 月。

美国进步政策研究所：《更新反垄断法和数据法，促进竞争和创新》，2018 年 9 月。

德勤：《超级智能城市：更高质量的幸福社会》，2018 年 2 月。

IDC：《全球半年度智慧城市支出指南》，2018 年 3 月。

IDC：《全球制造业 2018 年预测——中国启示》，2018 年 2 月。

IDC：《2018 全球数字化转型趋势与策略》，2018 年 6 月。

麦肯锡全球研究院：《智慧城市：数字技术打造宜居家园》，2018 年 6 月。

麦肯锡全球研究院：《人工智能前沿报告》，2018 年 9 月。

思略特、普华永道：《2018 年全球数字化运营调研——数字化冠军》，2018 年 4 月。

Technavio 研究：《2018～2022 年全球电子制造服务市场》，2018 年 8 月。

Synergy Research Group：《领先的云提供商在第三季度再次提高了市场份额》，2018 年 10 月。

The Statistics Portal：《2011~2027年全球大数据市场收入预测》，2018。

中国互联网络信息中心：第42次《中国互联网络发展状况统计报告》，2018年8月。

宽带发展联盟：《中国宽带速率状况报告》，2018年11月。

国家下一代互联网产业技术创新战略联盟：《支撑中国IPv6规模部署——中国IPv6业务端到端贯通用户体验监测报告》，2018年11月。

国家工业信息安全发展研究中心、两化融合服务联盟、中国产业互联网发展联盟：《2018工业互联网平台创新发展白皮书》，2018年12月。

中国信息通信研究院：《中国政务云发展白皮书（2018）》，2018年8月。

胡煜、薛文胜、罗欣伟：《关于发展我国新一代信息基础设施的思考》，《中小企业管理与科技》（下旬刊）2018年第7期。

周拴龙：《美国物联网政策及对我国的启示》，《现代商贸工业》2014年第16期。

奇平：《互联网2018六大回顾与2019七大展望》，《互联网周刊》2019年2月。

夏杰长：《人民日报热点辨析：坚持现代服务业和先进制造业并举》，《人民日报》2015年5月21日。

中国国际电子商务中心研究院：《2017年世界电子商务报告》，2018年4月。

中国网络空间研究院：《世界互联网发展报告2018》，2018年11月8日。

华为、牛津经济研究院：《数字溢出衡量数字经济的真正影响力》，2018年2月。

B.2
数字经济概述

高晓雨*

摘　要： 本文梳理并分析了 G20、OECD 等国际组织以及美国等发达国家对数字经济的定义，在此基础上提出了数字经济的底层架构，并从提高全要素劳动生产率、培育新市场和产业新增长点以及推动实现包容性增长和可持续增长等角度论述了数字经济驱动经济高质量发展的着力点，从促进生活方式转变、提升社会运行效率和降低社会运行成本等角度论述了数字经济已全面渗透社会生活各个领域。

关键词： 数字经济　全要素劳动生产率　可持续增长

当前，以信息网络技术加速创新与渗透融合为突出特征的新一轮科技革命和产业变革方兴未艾，数字经济成为世界经济发展的重要内容，也成为全球广泛关注的重要议题。2016 年，习近平总书记在 G20 杭州峰会提出了数字经济发展与合作的倡议，得到与会各国政府首脑和代表的热烈响应。G20 杭州峰会通过的《二十国集团数字经济发展与合作倡议》，成为第一个具有全球意义的数字经济合作倡议，对世界经济发展做出了重要贡献。2017 年德国汉堡峰会、2018 年阿根廷布宜诺斯艾利斯峰会均将数字经济作为一项重要议题，达沃斯论坛、APEC 等越来越

* 高晓雨，国家工业信息安全发展研究中心信息政策所副所长，高级工程师，硕士，专注于数字经济研究。

多的国际组织也都将数字经济发展作为关键议题。可以说，发展数字经济，已成为全球共识。

一 数字经济的定义

数字经济对全球商业格局产生了深远的影响。它促进了新国际公司和新行业的诞生，改变了传统行业的商业模式，成为支撑全球价值链（GVCs）的关键因素，也重塑了全球经济组织。

近年来，各大智库对数字经济都有一些定义。德勤在其2016年《数字经济是什么》（*What Is Digital Economy*）报告中指出，数字经济是来自人、企业、设备、数据、流程之间每天发生着的数十亿个线上联系的经济活动。数字经济的支柱，是超高速连接，也就是由互联网、移动技术和物联网所带来的人、组织及其之间不断增长的互联性。2018年，亚洲开发银行在其《理解数字经济：数字经济将如何转变亚洲》（*Understanding the Digital Economy: What Is It and How Can It Transform Asia*）报告中将数字经济定义为以数字化的信息和知识为关键生产要素的广泛的经济活动，具体而言，是用互联网、云计算、大数据、科技金融，以及其他新的数字技术来数字化地收集、存储和分析信息，并改变社会互动的方式。经济的数字化带来了效益和效率，数字技术推动了创新、创造了就业并促进了经济增长。同时，数字经济也渗透到社会的各个方面，影响着人们的交往方式，带来了广泛的社会变革。

2016年，G20杭州峰会发布的《二十国集团数字经济发展与合作倡议》指出，数字经济是指以使用数字化的知识和信息为关键生产要素、以现代信息网络为重要载体、以信息通信技术的有效使用为效率提升和经济结构优化的重要推动力的一系列经济活动。

具体而言，数字经济是以数据为核心生产要素，以云网端为基础设施，在信息技术为主导的技术经济范式下，形成以数据生产和数据服务为核心的价值创造和价值增值过程。经济是围绕价值创造和价值增值的过程组成的复杂系统。农业经济是围绕农业生产和农产品交易的价值创造和价值增值过程，工业经济变为围绕工业产品的生产与交换的价值创造和增值过程，数字经济则变为围绕数据内容的生产和服务的价值创造和增值过程。数字经济是复杂经济系统中的一种层次，是与农业经济、工业经济并存的一种新型经济形态，只要在价值创造的过程中，有数据发挥了作用，这部分经济就是数字经济。随着信息技术在经济社会各领域的广泛渗透和融合，数字经济的内涵和外延也将不断延伸，其范畴也将随之扩大。

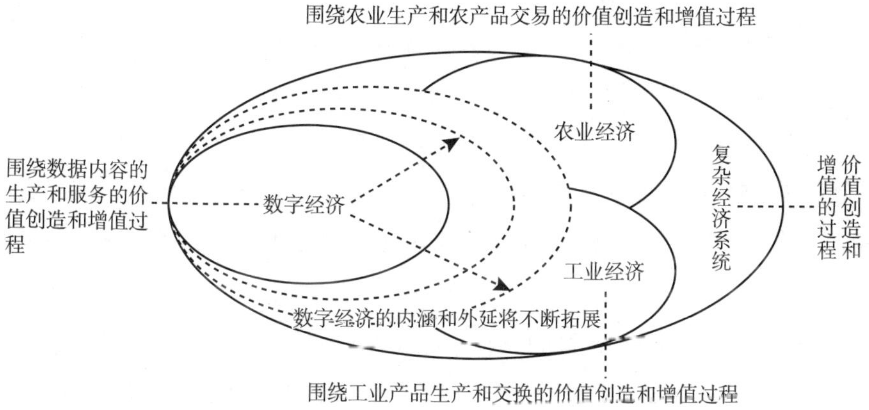

图 1　数字经济的定义

具体到数字经济的具体范围，尚没有明确的、公认的定义，数字技术的日新月异使得数字经济包含的范围一直处在不断演进变化的认识过程中。1999 年 10 月，美国统计局认为数字经济包括网络网际、电子商务、电子化企业及网络交易。之后，美国人口普查局所给出的定义则将表述更为规范化，将数字经济分为三大组成部分，分别是基础设施、电子商务流程和电子商务贸易①。从 1998～2002 年美国商务部的数字产业分类标准的对比中，短短四年间数字经济涵盖的 20 多项产业便发生了十几处变化。光纤、软件出版、软件复制、编程服务、设备管理、电缆、人造卫星通信等行业纷纷加

① 田丽：《各国数字经济概念比较研究》，《经济研究参考》2017 年第 40 期（总第 2816 期）。

入数字经济的行列，广播、电视、信息检索服务等行业则被去除。

2011 年，经合组织曾经提出信息社会测度的概念模型，对于理解数字经济的组成部分产生了深远影响。ICT 生产商是推动不同经济活动（制造业、服务业）数字化传播的主要力量，即利用 ICT 基础设施来实现信息共享或生产过程的优化。因此，将定义局限于“ICT 生产与分配”或者整个“ICT 行业”并不能完整勾勒出“数字经济”的全图。正如 OECD 和 G20 在“税基侵蚀和利润转移”（BEPS）行动计划中所指出的，数字经济面临着税收挑战，“如果将数字经济列为一个单独的部门，则必须要在‘什么是数字化’和‘什么不是数字化’之间划清界限”。而这显然和实际情况并不相符。ICT 技术的使用给整个经济社会的发展带来了深远影响。

之后，经合组织在《2015 年数字经济展望》（*OECD Digital Economy Outlook 2015*）中发现，大多数经合组织国家和经济体已经制定或即将制定国家数字经济战略。在对《2015 年经合组织数字经济展望》调查表做出答复的 34 个国家中，有 27 个国家制定了全面的国家数字经济战略，这其中大多数是在 2013～2014 年制定或修订的。通过对这些国家的数字经济战略进行梳理研究后发现，信息基础设施建设、ICT 技术产业部门及其国际化发展、电子政务服务水平提升和数字信任的强化等成为关键支柱。此外，还有相当一部分国家的数字经济战略中突出强调了需求侧的目标，包括鼓励中小企业应用 ICT 技术、重点关注老龄化人口和弱势社会群体、数字素养提升以及互联网治理等领域。最新的数据显示，2018 年，经合组织调研的 38 个经济体全部制定了国家数字化战略、议程或规划，发达国家聚焦大数据、人工智能等前沿领域制定新战略或升级原战略，全面提升国家创新能力，主要政策措施聚焦产业和政府数字化转型、开放数据、加大投入、培养人才、改善环境等。

2016 年 1 月，经合组织的劳工咨询委员会（Trade Union Advisory Committee，TUAC）在其《关于数字经济的讨论报告——包容性创新路径、监管挑战与政策和工会的作用》（*TUAC Discussion Paper on the Digital Economy—Inclusive Innovation Pathways, Regulatory Challenges, and the Role of Policies and Unions*）中认为数字经济至少包括两方面内容，一方面是数字产

品和服务的创造和分配，另一方面是数字技术在经济部门的适用，可以改变就业结构、消费和社会。这两个维度意味着对数字经济的理解不应局限于信息通信技术的生产和分销，也不应局限于整个“信息通信技术部门”。数字经济是跨边界的、联网的生态系统，其跨度包括由 ICT 技术、固定宽带、移动宽带以及物联网（IoT）支持的不同部门和活动，支持跨网络的商业和社会互动和交换。得益于无形资产、用户和商业运营移动性的增加，网络效应的增

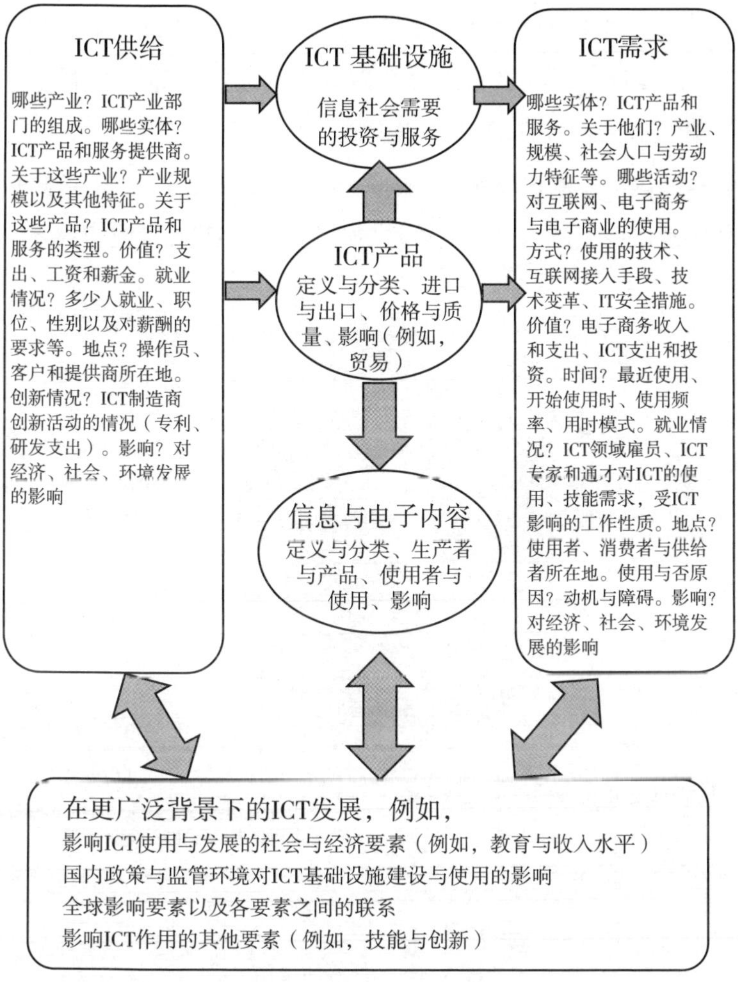

图 2　经合组织信息社会测度的概念模型

强、数据流的发展，数字经济中的活动以更大的规模、速度和影响范围进行，联合国贸易和发展会议（United Nations Conference on Trade and Development，UNCTAD）在其《2017 年世界投资报告——投资和数字经济》中认为，有以下几类企业在推进数字经济发展中扮演重要角色。

第一类是以互联网运营和交付模式为核心的互联网企业，包括在数字环境中运行的“完全数字化参与者”，如互联网平台和数字解决方案提供商，以及将数字维度与实体维度相结合的企业，如电子商务企业和数字内容提供商。

第二类是以建设数字基础设施，为个人和企业接入互联网服务为核心的ICT 企业。这些数字基础设施的服务商包括电信运营商和制造设备、组件（硬件）、软件开发商以及 IT 服务提供商的 IT 企业。

结合这些国际组织对数字经济的分析后，我们认为，从需求侧和供给侧来看待数字经济的组成部分，供给侧主要包括数字基础设施和数字产业的生

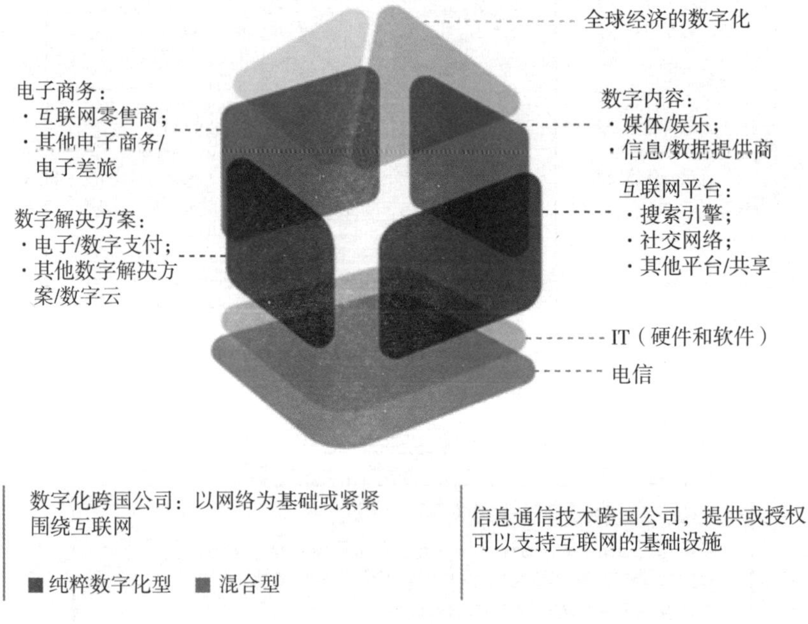

图3 数字经济的架构

资料来源：联合国贸发会。

产、制造和提供，需求侧主要包括产业数字化转型和公共服务领域的数字化变革，此外，构建适宜的政策体系和提升数字素养对于促进数字经济健康发展也显得尤为重要。

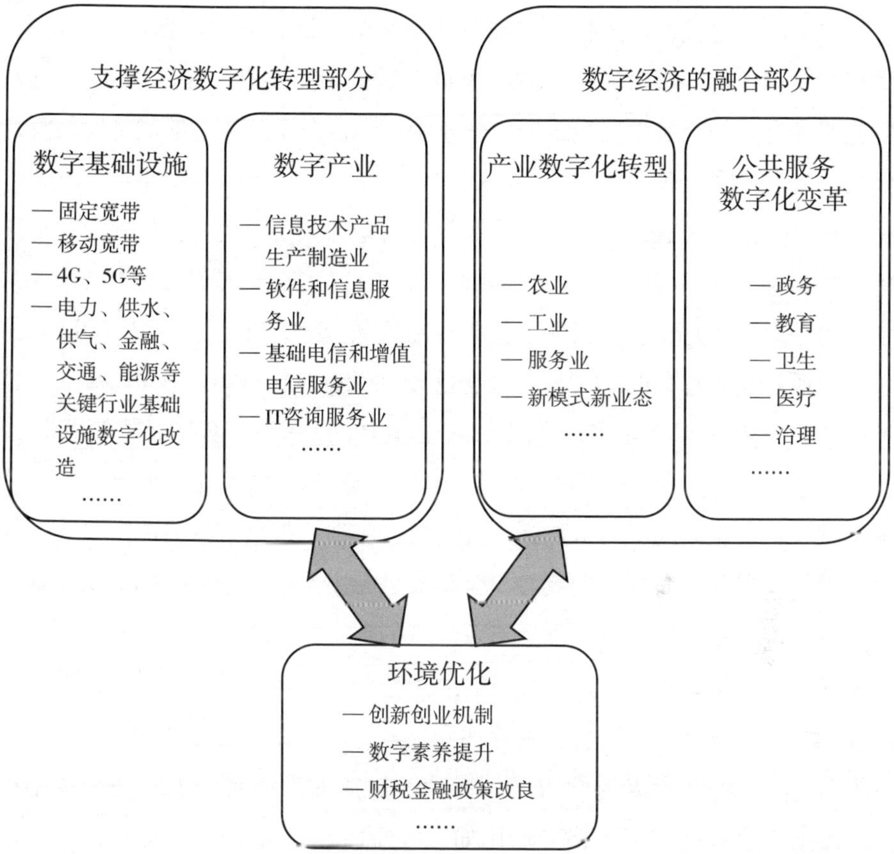

图 4　数字经济架构

二　数字经济成为驱动经济高质量发展的新动能

数字经济能够降低经济成本、提高质量、提升效率、促进供需精准匹配，使现存经济活动费用更低，并激发新业态、新模式，培育新动能，使传统经济条件下不可能发生的经济活动变为可能，推动经济形态向更高级、分工更准确、结构更合理、空间更广阔的阶段演进。

（一）提高全要素劳动生产率

数字经济时代，信息技术与经济社会交融发展，引发数据量迅猛增长。数据的驱动作用日益增强，以数据为核心重构生产要素，促进以物质生产、物质服务为主的经济发展模式向以信息生产、信息服务为主的经济发展模式转变，激发动力变革。

从全球范围来看，数字经济成为创新活动的重要领地。普华永道对全球前 1000 名上市企业创新活动的调查显示，有 373 家来自数字经济领域（其中有 76 家是中国企业），其研发投入总额达到 2825.1 亿美元，占 1000 家上市企业研发投入总额的 40.3%。据国际专利调查机构 IFI CLAIMS Services 发布的数据，2017 年全球前 10 名专利权企业中有 8 家属于数字经济领域。

数字经济与实体经济深度融合，以信息流带动技术流、资金流、物资流，减少了信息流动障碍，加速了资源要素流动，提高了供需匹配效率，促进资源优化配置，对提高宏观经济全要素生产率发挥了重要作用。从全球范围来看，工业互联网平台正催生工业领域的数字经济变革。平台上共享的资源能够节约大量的重复劳动，并且将通用经验改造成标准化、模块化的应用开发工具，开放给平台上所有企业和开发者，鼓励更多参与者加入工业互联网平台，个人消费者成为参与产品设计和制造的产消者，工业网络逐渐成形，形成工业数字经济新格局。比如，中船所建设的基于“航海智云”工业互联网平台，开展船舶产业链在线可视化作业指导，实现跨地域、跨企业的在线可视化作业指导以及生产作业状态的在线反馈，有效缩短了作业指导文件下发时间，促进了产业链协同制造，设备纳期及时率提升 30%，生产计划及时率提升 20%，整体生产效率提升 15%。

（二）培育新市场和产业新增长点

扩大贸易，改善资本利用。研究表明，出口国互联网使用率提高 10%，双边贸易的产品数量就会增加0.4%。如果贸易伙伴国的互联网使用率也有大致相当的增长，每种产品的平均双边贸易额就会提高0.6%。摩洛哥农村地区的工匠通过 Anou 平台在全球销售工艺品，其中一些人还是文盲。印度、牙买加和菲律宾的企业已经从全球服务市场分到了一杯羹，涵盖从传统的后台办公服务到远程在线教学的各种产业。

数字经济领域不断孕育出分享经济、供应链金融、移动支付等新模式新业态，成为激发创新创业的重要驱动力量，促进了“大众创业、万众创新”。以分享经济的发展成效为例，近年来，以 Uber、Airbnb、摩拜单车为代表的分享经济业态成为热点，从欧美向全球上百个国家迅速扩展，以中国为代表的新兴市场逐渐成为分享经济增长的新动力。全球超过2/3的消费者愿意分享或租赁个人资产，“80后”变成分享经济的主力军。近一年来，分享经济市场规模高速增长，超过2500亿美元。平台企业持续增加，市场上涌现出一大批“独角兽”企业，截至2017年底，全球估值在100亿美元以上的16家“独角兽”企业中，分享经济企业占50%以上。

共享模式对人才“不求所有、但求所用”，就业关系逐渐从简单雇佣关系转变为分享合作关系，更加动态弹性的就业方式成为未来就业新格局。如英国 Future Learn、中国知乎等知识分享行业，兼职和零工是重要的组成部分。此外，分享经济迅速发展带动就业规模增长，有效缓解结构性失业人口的就业问题。例如，在共享单车行业，在10万从业者中，平台员工仅占不到一成，智能锁制造厂增加就业约1万人；自行车行业增加就业者约4.25万人；物流配送增加就业约5000人；运维保养增加就业3.5万人。

（三）推动实现包容性增长和可持续增长

数字经济有助于提高连接水平，减少要素流动障碍，推动实现经济与社会、物质与精神、城乡之间、区域之间的协调发展。同时，数字经济降低了经济主体参与经济活动的壁垒，从而为落后地区、低收入人群创造了更多经济机会，共享发展成果，减少发展不平衡。

互联网的地理覆盖范围使得偏远乡村居民能够参与经济，刺激物流基础设施向不发达地区的扩张。中国深入实施电商扶贫工程，累计在499个国家级贫困县创建电子商务进农村综合示范县，带动贫困户274万人增收。特别是发挥阿里巴巴、京东等大型电商平台的作用，打造了“贫困户+地方产业+电商平台”的电商扶贫模式，推动贫困地区农产品向规模化、品质化和品牌化方向发展。比如，京东设立线上扶贫特产馆，利用平台优势帮助贫困地区解决产业基础薄弱、销售困难等问题，同时，建立100多家青年电商孵化中心，带动上千名贫困人员创业。再比如，阿里巴巴电商平台帮助832个贫困县实现销售额达292亿元，其中销售额超过1亿元人民币的贫困县超过40个。

在传统“大规模生产、大规模消费”的模式下，产能过剩、资源浪费时有发生。分享经济推动转变消费方式，促进生产方式和生活方式的绿色化，改变了传统的以经济总规模增长为导向的发展模式，提高闲置资源的利用效率，极大地节约了社会资源。据测算，“分享汽车”模式让德国不来梅市每年减少1600吨二氧化碳的排放。在中国，2016年中国顺风车出行直接节约能耗量10.2万吨标准煤，二氧化碳直接减排17.4万吨，对推动节能减排、传播环保理念发挥了重要作用。

三　数字经济全面渗透社会生活各个领域

（一）促进生活方式转变

1. 数字技术与生活性服务业的深度融合，促进人们生活方式转变

互联网医疗取得积极进展，一些国家和地区从政策、技术、市场等不同的维度出发，促进互联网全面参与健康管理、自诊、治疗、用药到康复的全过程，并推行可行的、成功的医疗模式。IHS InMedia预计，2018年，全美将会有超过120万的互联网医疗用户。而在中国，2017年中国互联网医疗用户规模也已达到2.53亿人，年增幅为29.7%。

2. 在线教育平台引领教育新风潮

全球慕课自2008年发展至今取得了长足进步。美国、中国、印度、墨

西哥、泰国、意大利等许多国家都推出了自己国家特定的慕课平台。截至2017年底，全球已有800多所大学推出了至少一个慕课。根据美国慕课导航网站Class Central数据，2017年全球MOOC已发展到拥有7800万学员、9400门课程、500多种证书和十多个研究生在线学位。

3. 在线旅游市场发展迅速

在线旅游软件提供的良好体验和低价优惠使消费者越来越热衷于在线预订。根据eMarketer数据，2018年全球数字旅游销售额将达到6944.1亿美元，同比增长10.4%。中国和印度从线下到线上预订的转变最为明显。2018年，中国数字旅游销售额将达到1339亿美元，而印度将增长至237.1亿美元，增长幅度均超过20%。

4. 付费订阅服务市场大幅增长

根据eMarketer的预测，2018年全球近7.65亿人每月收看视频订阅服务（简称“OTT”），占全球总人口的10.2%，占全球网络视频用户的32.1%，全OTT市场增长24%。英国媒体监督机构通信管理局（Ofcom）的报告显示，截至2018年上半年，英国三大流媒体公司Netflix、NOW TV（Sky）和亚马逊Prime订阅量共达到1540万，超过付费电视的订阅量。

（二）提升社会运行效率

随着数字技术的不断发展，经济信息不断透明化，市场信息不断公开化，各市场主体间信息不对称性不断降低，各种生产要素不断合理化配置，社会生产力得到进一步提高。

数字政府的发展，有效加快了公共服务数据集中、共享，深化数据资源应用，提升协同治理的效率。以英国政府为例，该国将继续开发跨政府平台服务，在2020年前完成2500万GOV. UK用户验证，并不断丰富政府数字产品，如政府支付系统GOV. UK Pay和政府告知系统GOV. UK Notify。英国将以“政府即平台”的概念为基础，确保其在政府范围内充分使用平台和组件，确保合理使用商品硬件或基于云的软件，在政府和公共部门开展工作，挖掘数字潜力，从根本上提高公共服务效率，以更低的成本为公民和用户提供更好的服务。

数字经济对生产、消费、流通等环节进行再造，大幅提升了商业运行效率。西门子为凯赛公司打造的数字化工厂利用数据指导生产，实现了高效、可控和可持续优化。阿里巴巴推广的“新零售”模式，将线上和线下渠道相融合，帮助商家建立数字化运营的能力，同时提升了消费者的购物体验。

（三）降低社会运行成本

1. 降低企业运行成本

基于互联网的服务可大大降低边际交易成本，鼓励市场竞争。例如，比价网站能够帮助消费者找到更优惠的价格。互联网也能推动市场准入。互联网公司只需相对较少的人手或资本投资就能建立并迅速发展起来，线上线下竞争催生的创新通常有利于消费者，尤其是在线下市场存在扭曲的情况下。优步、Lyft、Olacabs 和滴滴快车等交通服务企业已经搅动了出租车市场，出租车市场通常监管过度，进入受限，并且价格高昂。

2. 降低个人生活成本

各种信息和技术服务平台相继出现并发展壮大，这种“集约化”的平台极大地方便了信息的获取，通过不断优化、整合资源、扩展市场，不断降低各种服务的成本，如物流成本等。例如，支付宝不仅仅是电子商务的付款平台，还可以提供生活缴费、充话费、学生卡充值等支付服务，以及共享单车、线上打车、超市购物等生活服务，甚至还有收款转账、小额借款、信用担保等金融服务。而微信也不仅仅是社交平台，还成为人们日常获取信息、购物支付、享受会员服务等的重要渠道。

参考文献

德勤：《数字经济是什么》（*What Is Digital Economy*），2016。

亚洲开发银行：《理解数字经济：数字经济将如何转变亚洲》（*Understanding the*

Digital Economy：*What Is It and How Can It Transform Asia*），2018。

经合组织：《2015 年数字经济展望》（*OECD Digital Economy Outlook 2015*），2015。

经合组织劳工咨询委员会：《关于数字经济的讨论报告——包容性创新路径、监管挑战与政策和工会的作用》（*TUAC Discussion Paper on the Digital Economy—Inclusive Innovation Pathways*，*Regulatory Challenges*，*and the Role of Policies and Unions*），2016。

联合国贸发会：《2017 年世界投资报告——投资和数字经济》，2017。

分 报 告

Topical Reports

B.3
数字基础设施扩域增量

王梦梓*

摘　要： 数字基础设施是支撑经济社会发展的重要力量。2018 年，各国继续大力推动数字基础设施建设，固定宽带和移动宽带覆盖率不断稳步上升，固定宽带和移动宽带向欠发达国家、偏远地区和低收入人群普及，宽带网络提速降费工作日益深入。5G 技术进入商用部署关键阶段，各国开发和普及 5G 网络的竞赛愈演愈烈，技术研发和相关标准制定稳步进行。IPv6 持续演进升级，步入市场驱动快车道。

关键词： 数字基础设施　固定宽带　移动宽带　5G　IPv6

* 王梦梓，国家工业信息安全发展研究中心助理工程师，博士，研究方向为数字经济测度、产业数字化、数字经济战略。

数字经济的蓬勃发展需要强大的基础设施作为支撑，包括数据获取能力的持续提升、数据存储空间的扩大、数据处理能力的强化、数据传输渠道的不断丰富等。基础设施建设正在加速实现数字化、网络化和智能化升级。万物互联和人机物共融将会成为网络架构的基本形态，各国信息基础设施的规划与部署都面临着扩域增量、共享协作、智能升级的迫切需求。传统基础设施（例如，电网、水利、公路、铁路、港口等）也正在向智能化转型升级，逐步与互联网、大数据、人工智能等新一代信息技术的深度融合。

一　全球网络供给能力持续增长，支撑数字经济快速发展

全球网络供给能力呈现总体上升的趋势，除固定电话外，其他指标在过去十年均持续增长。截至2018年底，39亿人口正在使用互联网，世界一半以上的人在线，这是迈向更具包容性的全球信息社会的重要步骤。发达国家，80%的居民使用互联网，几乎达到饱和水平；发展中国家，大约45%的人使用互联网，仍有较大的增长空间；而全球47个最不发达国家，仍有80%的人口尚未使用互联网，互联网使用效率相对较低①。

（一）固定宽带用户数量和速率稳步提升

全球固定宽带的用户数量持续增加。根据国际电信联盟（ITU）2018年12月发布的《衡量信息社会报告2018》，2018年全球固定宽带连接数达到11亿，自2005年以来，订阅数量的年复合增长率为13%，固定宽带订阅用户的渗透率从2005年的3.4人/百人上升到14.1人/百人。发达国家的宽带用户覆盖率正在接近饱和，增长速度正在放缓，相比之下，发展中国家增长速度加快，2018年每百名居民的订阅量达到10.4人。

---

① 国际电信联盟（International Telecommunication Union，ITU）：《衡量信息社会报告2018》（*Measuring the Information Society Report 2018*），2018年12月。

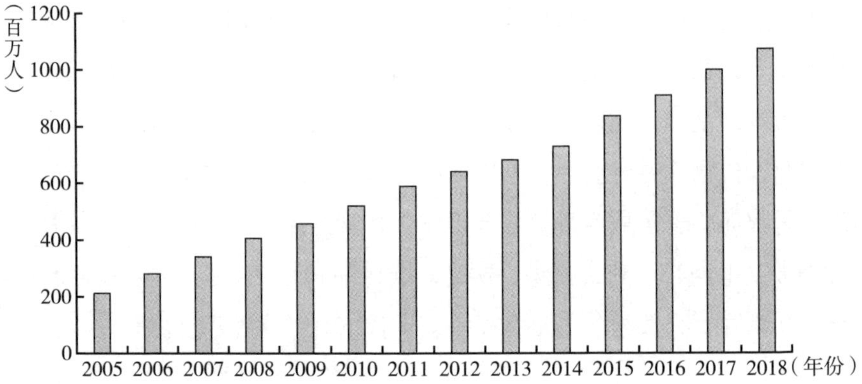

图 1　2005～2018 年全球固定宽带用户总数

资料来源：国际电信联盟。

全球固定宽带订阅的下载速度也在不断提升。根据 ITU 统计数据，2017 年 96% 的固定宽带订阅的下载速度超过 2 Mbit/s，在发达国家和发展中国家，超过半数的固定宽带用户的下载速度超过 10 Mbit/s。最不发达国家中，仍有 30% 的固定宽带连接速度低于 2 Mbit/s，但是这一比例正在迅速下降，仅在 2015 年，最不发达国家中有 60% 的固定宽带连接速度低于 2 Mbit/s。

就地区而言，2017 年亚洲和太平洋地区的固定宽带速度超过 2 Mbit/s 的用户比例为 89%；其次是欧洲，比例为 87%。值得注意的是，在中国，几乎所有固定宽带用户的速度都等于或高于 10 Mbit/s。如果没有中国，亚洲和太平洋地区的相应百分比将下降为 70%。

2018 年是我国推进宽带网络优化和技术演进升级，提升宽带网络服务质量、应用水平和宽带产业支撑能力的关键一年。工业和信息化部网站的统计结果显示，截至 2018 年 11 月，我国固定宽带家庭用户数累计达到 40528 万户，与 2017 年末相比净增 5674 万户。在宽带网速方面，M－Lab 发布的全球宽带网速排名显示，中国宽带网速排名第 141 位，上网成本为 32.4 美元/月，排名第 40 位，上网价格处于全球较高水平，提速降费仍是我国政府和三大运营商 2019 年的工作重点。

全国光纤光缆等硬件基础设施向纵深发展。所有地级及以上城市均建成了光纤网络全覆盖的“光网城市”，北京、上海、重庆、成都、郑州等数十个城市已经开始提供千兆宽带业务，超过95%的行政村和99%的人口实现光纤宽带网络通达。粤港澳大湾区积极建设跨境光缆，继续推动粤港澳互联互通。2018年3月，中国移动率先打通港珠澳大桥跨境光缆，标志着珠海与香港间首次实现跨境光缆互联；11月，中国联通港珠澳大桥光缆全线贯通，连同中国联通在深港、珠澳建设的多套跨境光缆互联系统，为粤港澳跨境通信提供大容量、高安全、低时延的信息通道；同月，粤港澳大湾区首个基于光缆和波分技术的体系化传送网开通，连通岛屿和附近航线的网络带宽正式由100M级别提升至100G级别，海域移动通信服务自此迈上新的历史节点。截至2018年9月，我国全国光纤宽带用户占比达到88%，固定宽带基础设施建设获得进一步发展。

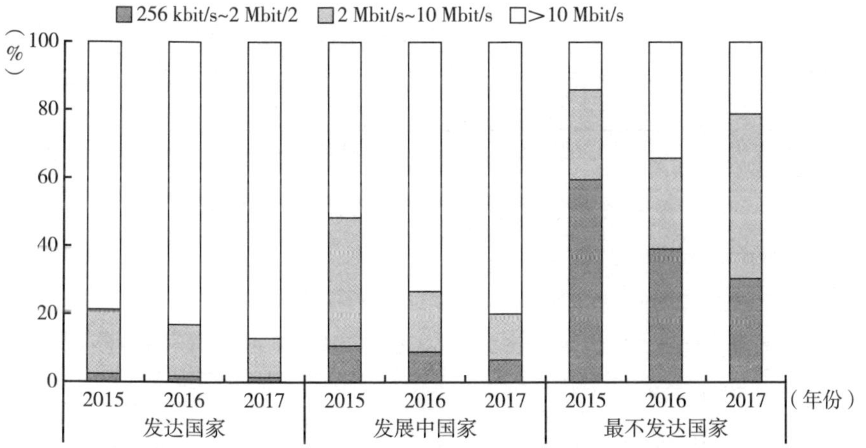

图2　2015~2017年不同发展水平国家固定宽带用户比例

资料来源：国际电信联盟。

（二）移动网络覆盖率和速率不断提高

相比固定宽带，移动宽带更易于访问，并且对世界经济产生有益影响。研究估计，移动宽带普及率推动GDP增长，移动宽带普及率每提高1%，GDP增长0.15%。根据2018年12月ITU发布的《衡量信息社会报告

2018》，全球有效移动宽带用户总数从2007年的2.68亿户增长到2018年的53亿户，年复合增长率为31.1%。现在，有不少于25个国家的移动宽带订阅普及率超过100%，这说明很多人拥有两个及两个以上的设备接入互联网。即使在最不发达国家，移动宽带服务的普及率也从2007年的几乎为零上升到2018年的28.4%。发展中国家的增长速率远远大于发达国家，未来几年仍有较大的增长空间。

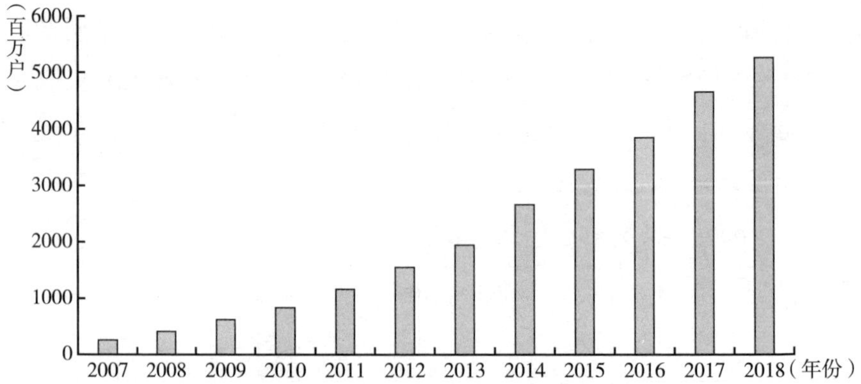

图3 2007~2018年全球有效移动宽带用户总数

资料来源：国际电信联盟。

据移动网络测试机构OpenSignal公布的2018年2月4G网络使用情况统计报告，全球4G覆盖率排名前十的国家和地区分别为韩国、日本、挪威、中国香港、美国、荷兰、匈牙利、科威特、立陶宛和捷克。韩国4G网络覆盖率达97.49%，位居世界第一。覆盖率最差的地区集中在印度、伊拉克、乌克兰等移动通信产业不太发达的地区。全球4G网速排名前十的国家分别为新加坡、荷兰、挪威、韩国、匈牙利、比利时、澳大利亚、新西兰、保加利亚和丹麦。新加坡的4G移动网速为44.31Mbit/s，处全球领先地位。

近十年，我国实现了移动宽带4G网络的跨越式发展，建成了全球规模最大的4G网络，4G已经进入成熟期。截至2018年11月，中国移动用户总数累计达9.220亿户，中国电信用户总数累计达2.998亿户，中国联通用户总数累计达3.130亿户。目前4G用户总数上，中国移动用户数达7.045亿户，中国电信累计用户数达2.378亿户，中国联通累计用户数为2.174亿户。4G用户总数已占到移动用户总数的七成以上，移动宽带用户规模全球第一。2018年11月中国网络空间研究院发布的《中国互联网发展报告2018》[①]显示，我国4G基站总规模超过340万个，4G用户渗透率全球排名前五。2018年，工业和信息化部继续深化电信普遍服务的试点工作，支持行政村、边疆和海岛的4G网络覆盖，目标是力争在2020年前将4G网络的覆盖率从目前的95%提升到98%。

中国宽带发展联盟2018年11月发布的《中国宽带速率状况报告》[②]显示，2018年第三季度我国移动宽带用户使用4G网络访问互联网时的平均下载速率为21.46 Mbit/s，与2017年第三季度相比提升了39.3%，说明我国移动宽带用户体验速率提升迅速。全国4G网络用户下载速率排名前五的省级行政区分别为上海、北京、浙江、天津和江苏。从各区域情况来看，东部地区4G移动宽带用户的平均下载速率最高，为22.63 Mbit/s，中部地区和西部地区4G移动宽带用户的平均下载速率分别为21.71 Mbit/s和20.48 Mbit/s。从三大运营商来看，中国联通4G用户网络下载速率最高，为23.45 Mbit/s，中国电信和中国移动分别为21.41 Mbit/s和21.08 Mbit/s，分居4G用户网络下载速率第二、三位。

（三）“提速降费”助力经济转型升级

2008~2018年，全球范围内信息通信技术（ICT）价格持续下降。信息技术在加速人类进步方面潜力巨大。2015年9月，联合国通过《2030年可持续发展议程》（*The 2030 Agenda for Sustainable Development*）并提出，要加大获取ICT技术的机会，努力提供普遍和负担得起的互联网接入。2018年，宽带可持续发展委员会（Broadband Commission for Sustainable Development）商定的

---

① 中国网络空间研究院：《中国互联网发展报告2018》，2018年11月。

② 宽带发展联盟：《中国宽带速率状况报告》，2018年11月。

2025年新目标指出，到2025年，发展中国家的入门级宽带服务资费应该低于每月人均国民总收入的2%[①]。

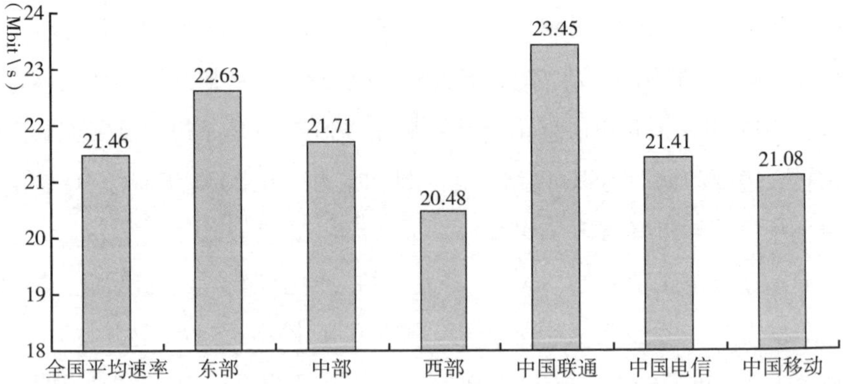

图4　2018年第三季度中国移动宽带下载速率

资料来源：中国宽带发展联盟。

在移动宽带价格方面，2017年几乎所有的发达国家都达到了宽带可持续发展委员会提出的2025年日标，即移动宽带价格低于人均国民总收入（GNI）的2%。只有34%的发展中国家达到该目标，而未达到该目标的国家也完成了低于人均国民总收入5%的水平。

在固定宽带价格方面，全球固定宽带平均价格从2008年的高于40美元/月下降到2017年的25美元/月。最不发达国家的价格下降明显，自2008年以来，价格已下调2/3。但是，相对于发达国家，发展中国家和最不发达国家花费在固定宽带上的支出占家庭总支出的比率超过12%，而该比值的全球平均水平为8%。也就是说，发展中国家和最不发达国家的普通家庭在国内连接固定宽带所需要承受的经济负担要高于发达国家。

拥有固定宽带服务资费最低的前26个国家的价格相当于其国民总收入不到1%（见表1）。该清单包括来自亚太地区、欧洲、阿拉伯国家和美洲

① 宽带可持续发展委员会（Broadband Commission for Sustainable Development）：《2025年目标："连接另一半"》（*2025 Targets*: "*Connecting the Other Half*"），2018。

的高收入经济体。此外，具有突出优势的中上等收入经济体的固定宽带服务资费也处于较低水平（低于8美元/月），如俄罗斯、罗马尼亚、土耳其和哈萨克斯坦。

固定宽带资费最高的六个国家分别是多哥、卢旺达、尼日尔、海地、所罗门群岛和马达加斯加。这些国家都是最不发达国家，处于全球收入最低水平，拥有入门级固定宽带服务的每月花费超过40美元，大多数人无法负担。

表1　固定宽带资费排名（2017年）

排名	经济体	GNI比值(%)	资费(美元)	网速(Mbit/s)
1	乌拉圭	0.00	0.00	0.5
2	中国澳门	0.14	7.85	3.0
3	科威特	0.36	9.33	1.0
4	俄罗斯	0.45	3.43	10.0
5	中国香港	0.45	17.71	100.0
6	安道尔	0.57	17.67	0.5
7	阿联酋	0.58	18.79	0.25
8	瑞士	0.68	45.70	5.0
9	挪威	0.69	43.40	6.0
10	加拿大	0.73	26.08	3.0
11	文莱达鲁萨兰国	0.73	18.10	10.0
12	卢森堡	0.79	46.20	20.0
13	新加坡	0.80	36.14	500.0
14	丹麦	0.82	37.71	25.0
15	罗马尼亚	0.83	6.91	100.0
16	奥地利	0.84	31.72	20.0
17	土耳其	0.84	7.68	1.0
18	冰岛	0.85	43.06	50.0
19	芬兰	0.88	32.57	10.0
20	以色列	0.89	27.50	15.0
21	比利时	0.89	30.99	50.0
22	法国	0.89	28.16	15.0
23	哈萨克斯坦	0.90	5.92	1.0
24	塞浦路斯	0.91	18.08	5.0
25	瑞典	0.98	43.16	100.0
26	日本	0.99	31.68	1.0
72	中国	2.17	15.68	100.0

资料来源：国际电信联盟。

2015 年 5 月、国务院办公厅部署《关于加快高速宽带网络建设推进网络提速降费的指导意见》，提速降费工作已进行四年，成效显著。一方面，网络的供给能力不断增强，宽带网络速率明显提升；另一方面，资费水平大幅度降低，拉动产业链的上下游不断壮大。

我国政府加大网络提速降费力度，三大运营商积极贯彻落实提速降费相关政策。2018 年 3 月政府工作报告提出，同年内取消流量“漫游”费，移动网络流量资费年内至少降低 30%；8 月，国务院办公厅印发的《全国深化“放管服”改革转变政府职能电视电话会议重点任务分工方案》，要求 2018 年推动家庭宽带降价 30%，中小企业专线降价 10% ~15%。

表 2　三大国内运营商 2018 年提速降费情况

运营商	内容
中国移动	• 全面取消流量“漫游”费 • 手机上网流量单价累计同比下降 61% • 国际漫游流量平均单价下降 50% • 互联网专线平均单价下降 23%
中国联通	• 固定宽带单位带宽价格比 2017 年底下降超过 40% • 持续下调中小企业宽带和专线资费 • 全面取消全国手机流量漫游费 • 手机流量单价下降超过 60% • 60 余个方向的国际漫游流量资费降幅超过 50%
中国电信	• 全面取消移动业务上网流量全国漫游费 • 移动流量资费平均单价相比 2017 年底下降 57.4% • 家庭宽带资费下降 41% • 互联网专线资费下降 10% • 国际语音及数据漫游资费分别下降 44%、75%

资料来源：三大运营商。

截至 2018 年 7 月，我国全面取消流量“漫游”费，网络提速降费工作又进一步。2015 ~2018 年，我国流量资费降幅高达 91%，2018 年上半年，全国流量平均费用 11.26 元/GB，具体来看，中国联通月平均使用流量达到 5.1 GB，流量均价为 9.88 元/GB；中国电信月平均使用流量达到 4.6 GB，流量均价为15.4元/GB；中国移动月平均使用流量达到2.6 GB，流量均价为6.1元/GB。中国联通3G、4G网络下载速率均为三大运营商第一，分别达到9.64 Mbit/s和20.42 Mbit/s；而中国移动3G、4G网络下载速率分别为9.01 Mbit/s和18.67 Mbit/s；中国电信则分别为7.76 Mbit/s和19.41 Mbit/s。国务院国有资产监督管理委员会公布的数据显示，2018年国内三大运营商提前超额完成提速降费专项任务，全年累计让利超过1200亿元。预计我国2019年还将继续深入开展网络提速降费工作。

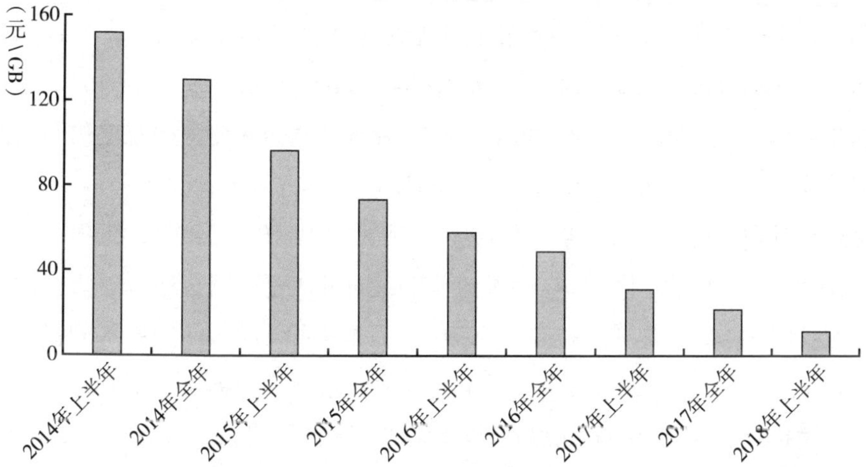

图5　全国流量均价

资料来源：三大运营商。

二　5G发展进入商用部署关键阶段，各国明确5G商用进程

第五代移动通信（5G）技术与4G相比具有高速度、低延时、低耗能、高稳定性和网络全覆盖等特点，并且能够更好地满足车联网、大数据、云计算、智能家居、无人机等新兴数字化产业的需求，实现人与人、人与物、物与物的大连接，更有力地支撑经济社会的创新发展。根据国际电信联盟公布

的5G发展时间表，ITU在2017年开始征集5G技术方案，2020年前完成5G标准化工作。

（一）各国加紧制定5G政策和许可工作

未来，5G技术将深入整合到卫生、教育、交通、工业互联网、智慧城市等应用中。全球主要经济体都在积极部署5G网络，各国开发和普及5G网络的竞赛愈演愈烈，抢抓5G技术发展的先发优势。

美国持续发布5G相关法案，意在为5G网络的升级优化和大规模推广铺路。2018年2月，美国国会通过了《无线电波法案》（*Advancing Innovation and Reinvigorating Widespread Access to Viable Electromagnetic Spectrum Act*），旨在加快为5G建立频谱渠道，要求美国联邦通讯委员会和美国国家电信与信息管理局允许该渠道在包括低频、中频和高频段在内的各种频率上得以通过；4月，美国众议院通过了《Ray Baum法案》（*Ray Baum Act*），重申了对电信基础设施、宽带建设和5G部署的承诺；同月，美国国会通过《综合拨款法案》（*Consolidated Appropriations Act*），为未来拍卖和加速5G基础设施铺平了道路；6月，参议院商务委员会和通讯小组委员会提出《简化快速发展和现代化前沿基础设施以加快小基站部署法》（*Streamlining the Rapid Evolution and Modernization of Leading-Edge Infrastructure Necessary to Enhance Small Cell Deployment Act*），该立法对州和地方政府限时60~90天决定小基站安装的企业申请，逾期申请将自动获得批准，该立法还确保地方不会为安装小基站而支付费用；9月，美国联邦通讯委员会（FCC）通过了《通过消除对基础设施投资的障碍加速有线宽带部署》（*Accelerating Wireless Broadband Deployment by Removing Barriers to Infrastructure Investment*）的法令，旨在扫清州和地方不必要的监管障碍，允许运营商在全国范围内迅速部署5G网络，推进新的信息基础设施建设，为公众提供先进的无线服务；10月，白宫发布了《关于为美国的未来制定可持续的频谱战略的总统备忘录》（*Presidential Memorandum on Developing a Sustainable Spectrum Strategy for America's Future*），指出更多频谱使用领域，包括自动驾驶汽车、物联网、商业空间运营和“精准农业”，以此强调5G对整个社会影响的广泛性。

欧洲国家在5G领域并没有足以和中美两国相媲美的优势，但仍然进行了十分有序的规划部署。2018年2月，欧盟无线电频谱政策小组（Radio Spectrum Policy Group）发布了《2018年及以后的工作计划》（*Work Programme for 2018 and beyond*），并且第二次发布5G频谱观点，意在进一步细化5G频谱战略，要求各成员国必须在2020年之前为分配大块的频谱做好准备；10月，欧盟无线电频谱政策小组（Radio Spectrum Policy Group）发布《RSPG 5G工作组进度报告》（*Progress Report of the RSPG Working Group on 5G*）以及《公众咨询草案——欧洲5G战略频谱路线图》（*Draft for Public Consultation*：*Strategic Spectrum Roadmap Towards 5G for Europe*）。除了制定5G研发计划，欧盟还不断推动5G技术领域的双边和多边合作，已经与韩国、日本、中国和巴西等签订合作开发5G技术的协议。

德国提出的5G发展计划战略包括：2018年制定5G频谱商用的框架条件；建立电信行业与应用行业之间的对话论坛；推进5G研究，取得技术上的优势，并使德国参与共同制定未来国际5G标准；政府将为5G试验城市资助200万欧元；促进基础设施建设，最迟于2025年在所有联邦主干道、最少20个城市覆盖5G。

英国电信监管机构（Ofcom）于2018年3月正式启动5G频谱拍卖程序。英国数字、文化、媒体和体育部（DCMS）2018年5月发布《5G城市互联社区项目》（*5G Urban Connected Communities Project*），并于7月提出《5G试验台和试验计划》（*5G Testbeds and Trials Programme*），详细描述了英国政府确保国家处于5G前沿的措施和方法。

日本是有线宽带领域发展较为先进的国家。日本加快5G关键技术试验，推动5G商用部署。日本政府于2016年8月宣布将制定5G建设战略，日本总务省计划2020年实现5G投入实际应用，并于2017年开始在全国范围内启动试验研究。

在5G政策制定方面，我国走在世界前列。早在2013年，工信部、国家发改委、科技部就联合成立了IMT-2020（5G）推进组，对我国的5G研

表 3 2018 年主要国家 5G 相关政策发布情况

国家/地区	时间	政策颁布机构	政策名称
美国	2 月	美国国会	《无线电波法案》(*Advancing Innovation and Reinvigorating Widespread Access to Viable Electromagnetic Spectrum Act*)
	4 月	美国众议院	Ray Baum 法案(*Ray Baum's Act*)
	4 月	美国国会	《综合拨款法案》(*Consolidated Appropriations Act*)
	6 月	参议院商务委员会;通讯小组委员会	《简化快速发展和现代化前沿基础设施以加快小基站部署法》(*Streamlining the Rapid Evolution and Modernization of Leading-Edge Infrastructure Necessary to Enhance Small Cell Deployment Act*)
	9 月	美国联邦通讯委员会	《通过消除对基础设施投资的障碍加速有线宽带部署》(*Accelerating Wireless Broadband Deployment by Removing Barriers to Infrastructure Investment*)
	10 月	美国白宫	《关于为美国的未来制定可持续的频谱战略的总统备忘录》(*Presidential Memorandum on Developing a Sustainable Spectrum Strategy for America's Future*)
欧盟	2 月	无线电频谱政策小组	《2018 年及以后的工作计划》(*Work Programme for 2018 and Beyond*)
	10 月	无线电频谱政策小组	《公众咨询草案——欧洲 5G 战略频谱路线图》(*Draft for Public Consultation: Strategic Spectrum Roadmap Towards 5G for Europe*)
	10 月	无线电频谱政策小组	《RSPG 5G 工作组进度报告》(*Progress Report of the RSPG Working Group on 5G*)
英国	5 月	数字、文化、媒体和体育部	《5G 城市互联社区项目》(*5G Urban Connected Communities Project*)
	7 月	数字、文化、媒体和体育部	《5G 试验台和试验计划》(*5G Testbeds and Trials Programme*)
	9 月	数字、文化、媒体和体育部	《5G 试验台和试验计划更新》(*5G Testbeds & Trials Programme Update*)
德国	7 月	联邦运输和数字信息部	《频率指配和移动通信标准 5G》(*Frequenzvergabe und Mobilfunkstandard 5G*)
	11 月	联邦运输和数字信息部	《德国政府的数字战略》(*The Digital Strategy of the German Government*)

资料来源：国家工业信息安全发展研究中心整理。

发、预标准化、频谱、技术方案评估和技术试验等工作展开研究和布局。2017 年 11 月，国家发改委发布的《关于组织实施 2018 年新一代信息基础设施建设工程的通知》将 5G 规模组网建设作为重点支持对象；2018 年 4 月，国家发改委和财政部联合发布《关于降低部分无线电频率占用费标准等有关问题的通知》，其中提出了降低 5G 公众移动通信系统频率占用费标准，以鼓励 5G 技术的发展；7 月，工信部和国家发改委发布《扩大和升级信息消费三年行动计划（2018～2020 年）》，提出要加快 5G 标准研究和技术试验，推进 5G 规模组网建设及应用示范工程。我国政府通过推行全面且积极的 5G 产业政策，构建坚实的 5G 应用产业环境，应对 5G 即将带来的可观机遇。

（二）5G 技术研发和部署工作稳步前进

随着通信技术的发展，5G 成为人们关注的焦点，全球各国加紧 5G 技术研发和标准制定。2018 年 7 月全球移动供应商协会（GSA）发布的报告显示，全球已有 66 个国家、154 家运营商开展 5G 测试和试验，从全球运营商 5G 部署计划上看，到 2020 年，这些国家的运营商将全面推出商用 5G。

1. 全球各国运营商制定5G 部署计划

美国四大电信运营商成为 5G 技术发展和部署上的有力参与者，在数十个城市开展 5G 试验。2018 年 4 月，T－Mobile 和 Sprint 宣布合并组建新公司，并提出将超高速 5G 网络发展作为关键目标；10 月，Verizon 成为首个提供 5G 商用服务的运营商，在休斯敦、洛杉矶等 4 个城市推出了基于 5G 的 FWA 固定无线宽带接入服务；12 月，AT&T 在全美 12 个城市推出移动 5G 服务，成为首家基于 3GPP 标准的商用移动 5G 网络供应商。2019 年 1 月，T－Mobile 宣布已在 30 个城市推出了 5G 网络设备，但目前尚未提供商业服务，预计 2019 年上半年将实现全美 2 亿人享用 5G 网络服务。

德国电信计划于 2020 年推出 5G 商用网络，德国电信已在柏林市部署了 20 个 5G NR 基站（70 个小区），形成了区域性连续覆盖的 5G 试验网，该5G设备来自华为，采用非独立组网（NSA）方式与现网LTE相连，运行于3.7GHz频段。

英国的5G建设起步较晚。2017年初，英国政府才将5G提升到国家战略高度，并且，对比中国，英国的投资力度较小，英国政府拨款约110亿元人民币用于数字基础设施建设。英国电信集团公司旗下的移动网络运营商EE正在部署5G，计划2019年在16个城市开通5G站点。

日本都科摩通信公司等日本三家主要移动通信运营商表示，将从2019年起部分提供5G服务，从2020年起提供面向一般用户的5G服务。日本还将在2019年举行的橄榄球世界杯赛期间为视频直播等业务提供5G服务，而全国范围内的5G部署在2023年之后开展。

韩国三大运营商SK Telecom、LG U+和KT公司2018年已经开始推出商用5G服务。三家电信公司已经部署了几千个5G基站，仅LG U+就在首尔部署了4100个。韩国运营商KT已在平昌冬奥会上推出了5G试验网和5G服务，但该试验网并非采用3GPP标准，这意味着平昌使用的5G设备均将被淘汰。韩国科技信息通信部于2018年4月宣布韩国三大运营商将在2019年3月韩国“5G日”上同时推出全球第一个5G商用网络。2018年6月韩国完成了5G频谱拍卖，三大运营商将在3.5GHz和28GHz上建设5G网络。2018年12月1日，韩国三大运营商已优先通过路由器向韩国人民提供5G服务，而智能手机的5G服务将按原计划于2019年3月推出①。

表4　各国主要电信运营商预计5G推出时间及获得频段

国家	5G频段			运营商	5G推出时间
	低频段	中频段	高频段		
中国		3.3~3.6GHz 4.8~5GHz	24.5~27.5GHz 37.5~42.5GHz	中国移动	2019年预商用
				中国联通	2019年预商用
				中国电信	2019年预商用

① http://www.sohu.com/a/258791848_100159532.

续表

国家	5G 频段			运营商	5G 推出时间
	低频段	中频段	高频段		
美国	600MHz 2. 5GHz	3. 55 ~ 3. 7GHz 3. 7 ~ 4. 2GHz 5. 9 ~ 7. 1GHz	24. 25 ~ 24. 45GHz 24. 75 ~ 25. 25GHz 27. 5 ~ 28. 35GHz 37 ~ 37. 6GHz 37. 6 ~ 40GHz 47. 2 ~ 48. 2GHz 64 ~ 71GHz	Sprint	2019 年
				AT&T	2018 年底（商用 5G 固定无线）
				T - Mobile	2019 年
				Verizon	2018 年下半年（商用 5G 固定无线）
韩国		3. 4 ~ 3. 7GHz	26. 5 ~ 29. 5GHz	SK Telecom	2019 年 3 月
				KT	2019 年 3 月
				LG　U +	2019 年 3 月
日本		3. 6 ~ 4. 2GHz 4. 4 ~ 4. 9GHz	27. 5 ~ 29. 5GHz	NTT DoCoMo	2020 年
				软银	2020 年
德国	700MHz	3. 4 ~ 3. 8GHz	26GHz	德国电信	2020 年
				Telefonica（O2）	2021 年
英国	700MHz	3. 4 ~ 3. 8GHz	26GHz	EE/BT	2019 年
				Vodafone	2020 年
				O2	2020 年

资料来源：IT168。

表 5　全球运营商 5G 部署计划

运营商	国家/地区	5G 部署计划
Optus	澳大利亚	计划于 2019 年初推出 5G 固定无线
Telstra	澳大利亚	2020 年全面部署
Zain	巴林	2018 年推出 5G
Viva	巴林	一旦频谱就位即部署 5G
Claro	巴西	计划于 2020 年推出 5G
Telus	加拿大	计划于 2019 ~ 2020 年推出 5G
中国移动	中国	计划于 2019 年推出 5G
中国联通	中国	计划 2020 年商用
中国电信	中国	计划 2020 年商用
T - Hratski Telekom	克罗地亚	计划于 2020 年推出 5G
Vodafone	克罗地亚	计划于 2019 年第一季度推出 5G
TeliaEesti	爱沙尼亚	2018 年推出 5G
TeliaSonera	芬兰	2018 年推出 5G

续表

运营商	国家/地区	5G 部署计划
DNA	芬兰	2018 年推出 5G
Orange	法国	计划于 2020 年部署 5G
SFR	法国	2019 年部署 5G,2020 年商用 5G
德国电信	德国	预计 2020 年全面部署 5G
Telefonica(O2)	德国	预计 2021 年部署
中国移动香港	中国香港	2018 年下半年测试,2020 年推出
BSNL	印度	2020 年发布 5G 服务
Vodafone	爱尔兰	2020 年推出 5G
TIM	意大利	2020 年建成全覆盖的 5G 网络
NTT DoCoMo	日本	2020 年东京奥运会推出 5G 网络
软银	日本	计划 2020 年推出 5G
LMT	拉脱维亚	计划 2020 年推出商用服务
Spark	新西兰	2018/2019 年开始部署 5G
Vodafone	新西兰	计划 2021 年推出 5G 服务
PLDT	菲律宾	2020 年商用部署
Globe	菲律宾	2019 年推出 5G 固定无线
Orange Polska	波兰	2019 年测试,预计 2020/2021 年部署
Vodafone	葡萄牙	2020 年推出商用服务
Vodafone	卡塔尔	计划 2018 年底推出 5G
Orange	罗马尼亚	计划 2020 年推出 5G
Megafon/Yota	俄罗斯	止计划全面部署 5G
MTS	俄罗斯	预计 2020 年推出 5G
Rostelecom	俄罗斯	2019 年部署商用 5G 网络
Orange Slovensko	斯洛文尼亚	计划在 2020~2022 年间推出 5G
Comsol	南非	2019 年推出 5G 固定无线服务
SK Telecom	韩国	2019 年 3 月
KT	韩国	2019 年 3 月
LG U+	韩国	2019 年 3 月

续表

运营商	国家/地区	5G 部署计划
Telefonica(Movistar)	西班牙	计划 2021 年推出 5G
Orange	西班牙	2019 年在 4 个城市推出 5G
Masmovi(Yoigo)	西班牙	正在部署 5G - ready 设备升级网络
SLT(Mobitel)	斯里兰卡	计划 2020 年推出 5G
TeliaSonera	瑞典	计划 2018 年底推出 5G
Tele2 Sweden	瑞典	与 Telenor 联合部署 5G,计划 2020 年推出
Telenor Sweden	瑞典	与 Tele2 联合部署 5G,计划 2020 年推出
Swisscom	瑞士	2018 年底推出 5G 商用计划
Sunrise Communication	瑞士	2020 年全面部署 5G
Salt	瑞士	计划 2020 年推出 5G
中华电信	中国台湾	计划 2020 年推出 5G
亚太电信	中国台湾	计划 2020 年推出 5G
TrueMove	泰国	计划 2020 年推出 5G
EE/BT	英国	计划 2020 年推出 5G
Vodafone	英国	计划 2020 年推出 5G
O2	英国	计划 2020 年推出 5G
Du	阿联酋	2018 年准备好 5G 网络,2019 年推出服务
Sprint	美国	2019 年上半年开始推出 5G 服务
AT&T	美国	2018 年底在 12 个城市推出 5G 毫米波服务
T - Mobile	美国	2019 年建设,2020 年实现 5G 全覆盖
Verizon	美国	2018 年下半年在 3 ~ 5 个城市商用 5G 固定无线

资料来源：GSA。

2. 我国三大运营商是5G 部署计划主要实践者

2018 年 12 月，中国三大运营商获得全国范围 5G 中低频段试验频率使用许可（见表6）。从前期5G 网络发展态势上来看，中国联通和中国电信优势最大，3500MHz 频段是全球目前 5G 商用的黄金频段，除了有丰富成熟的终端做支撑外，还可以跟国外相应的5G网络无缝对接，而中国移动则需要自己去培育相应的生态圈。

表6　三大运营商获得5G相关使用许可

运营商	获得频段
中国电信	获得3400～3500MHz共100MHz带宽的5G试验频率资源
中国移动	获得2515～2675MHz、4800～4900MHz频段的5G试验频率资源
中国联通	获得3500～3600MHz共100MHz带宽的5G试验频率资源

资料来源：三大运营商。

中国移动2017年发布5G部署计划，2017年在五大城市部署数个站点，并完成系统验证，形成商用机规范；2018～2019年，逐步扩大试验规模，站点达到百站/城市，形成端到端的商用产品和预商用网络；2020年，全网规模商用5G，达到全网万站规模。目前，中国移动已在杭州、上海、广州、苏州、武汉5个城市启动5G外场测试，2018年内将建设超过100个5G基站，2019年底将建成1000个5G基站。

中国联通的5G网络将以独立组网（SA）为目标构架，目前已陆续在16个城市开通5G规模试验，预计2019年试商用，2020年正式商用。中国联通积极推动5G生态，与腾讯成立5G联合创新实验室，与百度成立5G＋AI联合实验室，与中国科学院共同成立5G技术联合实验室，以探索在边缘计算、网络切片、车联网、AI和大数据等领域的创新产品。同时，中国联通携手互联网公司、设备及芯片厂商等共同探索5G网络切片价值，并与40余家单位共同成立5G工业互联网产业联盟。

中国电信5G网络优选SA独立组网方案，无线接入网和核心网同时演进到5G，并通过核心网互操作实现4G和5G网络协同。中国电信首批启动了雄安、深圳、上海、苏州、成都和兰州6个城市的5G创新示范网建设，于2017年12月开通全部5G试点基站。2018年2月，国家发改委正式批复中国电信在北京等12个城市开展5G规模建设及应用示范工程。计划于2019年实现5G试商用，2020年实现重点城市规模商用。

表 7　三大运营商 5G 建设时间

运营商	2017 年	2018 年	2019 年	2020 年
中国移动	·5 个城市试点	·完成 5G 外场测试 ·3.5GHz 和 4.8GHz 频段覆盖性能测试 ·4G 演进和 5G 协作组网方案 ·启动"5G 终端先行者"计划	·扩大试验网规模 ·扩大城市站点 ·5G 预商用	·5G 正式商用
中国联通	·7 个城市试点 ·完成关键技术	·北京联通"5G NEXT"计划 ·"5G + 视频"推进计划 ·成立 5G 工业互联网产业联盟 ·成立 5G 联合创新实验室	·完成 5G 场外组网测试 ·在 15 个重点城市开始 5G 预商用	·5G 正式商用
中国电信	·6 个城市试点	·建成首个 5G 模型网 ·正式启动 5G SA(独立组网)测试 ·"Hello 5G 行动"计划 ·成立 5G 终端开放实验室	·推出 60 部 5G 原型机进行测试 ·企业级 5G 技术示范 ·试点商用部署	·5G 正式商用 ·后续技术演进研究

资料来源：C114，申万宏源研究。

3. 主设备商的跟进是我国5G 商用的重要保障

华为、中兴等主设备商跟进 5G 建设节奏，是我国 5G 商用的重要保障。华为 5G 业务已进入兑现期，2018 年 9 月，华为推出基于 NSA 的全套 5G 商用网络解决方案。10 月，华为率先完成第三阶段 NSA 组网测试。此外，华为还将在 2019 年第一季度推出自主设计的 5G 基带芯片和 5G 手机。目前华为已获得 26 个 5G 商用合同，5G 基站出货量超过 1 万个。中兴也在不断提升 5G 研发水平和产业成熟度。2018 年 4 月，中兴打通国内首个基于 3GPP R15 标准的 5G 电话，意味着正式开通端到端 5G 商用系统规模外场站点；11 月，中兴实现基于 5G 网络的呼叫、上网和微信收发；12 月，中兴顺利完成全球首个 3.5GHz NSA 组网方式的 5G 终端与系统网络端到端调通；2019 年 1 月，中兴 5G 核心网率先通过 IMT2020 三阶段核心网性能稳定性测试和安全功能测试，充分验证了中兴通讯 5G 核心网系统的成熟度。此外，中兴还是全球首个拥有 5G 网络和 5G 手机的通信厂商。

4. 我国5G建设取得突破性进展

中国三大通信运营商，以及包括华为、中兴在内的通信设备制造商，在5G领域深耕多年，拥有大量技术储备，特别是在网络构建、通信设备等关键技术领域，拥有明显优势。预计到2035年，中国价值链总产出将高达9840亿美元，创造就业机会950万个，居世界第一①。

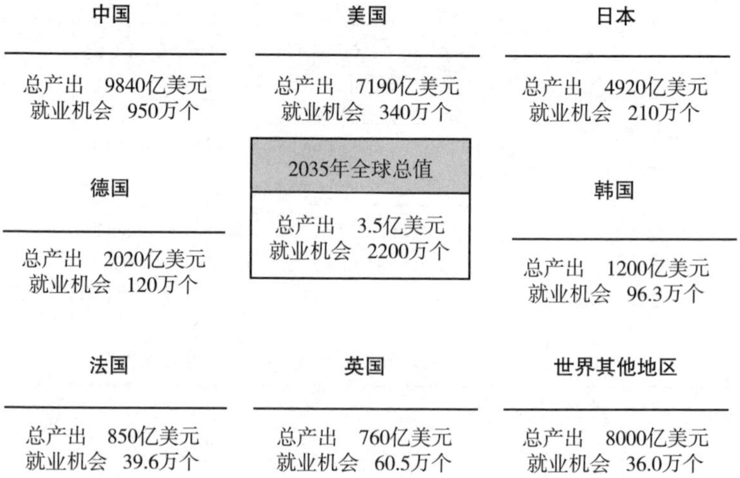

图6　2035年全球5G价值链的产出和就业机会

资料来源：IHS。

我国5G建设在激烈的国际竞争中取得突破性进展。2018年6月，5G独立组网标准冻结，5G完成了第一阶段全功能eMBB标准化工作。截至2019年1月，第三阶段测试工作基本完成，5G基站与核心网设备已达到预商用要求。5G首发版正式冻结并发布是5G标准化的一个重要里程碑，我国已具备了主导5G标准制定的能力。

IHS Markit预计，2020~2035年，中国在5G研发与资本性支出将达到1.1万亿美元，约占全球5G投入的24%，排名第二（排名第一为美国，预计投入为1.2万亿美元，约占全球5G投入的28%）。美国无线通讯和互联

① IHS：《5G经济：5G技术将如何影响全球经济》，2017年1月。

网协会发表的报告称，中国5G商用技术已居于世界第一位。有报告显示，中国支持5G通信的基站是美国的10倍，并且中国增载5G的费用也比美国便宜约35%。英国路透社报道，美国在5G的建设竞赛中正被中国超过，并且可能失去潜在的经济利益。

（三）5G技术安全标准制定同步推进

安全性始终是移动通信的关键设计考虑要素之一。在5G网络的定义和规范建立过程中，安全和隐私保护被作为关键的考虑要素和核心问题。5G安全机制除了要满足基本通信安全要求外，还需要为不同业务场景提供差异化安全服务，能适应多种网络接入方式及新型网络架构，保护用户隐私，并支持提供开放的安全能力①。

表8　主要5G安全研究组织及其研究领域和成果

标准组织	工作组	重点研究领域	主要成果
3GPP	Service and System Aspects Security Group(SA3)	安全架构、RAN安全、认证机制、用户隐私、网络切片	TR 33.899:Study on the serucity aspects of the next generation system; TS 33.501: Security architecture and procedures for 5G system
5GPPP	Security WG	安全架构、用户隐私、认证机制	5G PPP Security Landscape(White Paper)
NGMN	5G security group (NGMN P1 WS1 5G security group)	用户隐私、网络切片、MEC安全	5G security recommendations: Package 1:接入网改进/抗Dos攻击 Package 2:网络切片 Package 1:MEC/低延时/用户体验
ETSI	ETSI TC CYBER, ETSI NFV SEC WG	安全体系结构、NFV安全性、MEC安全、隐私	ETSI GS NFV - SEC 010:问题与需求 ETSI GS NFV - SEC 013:安全管理与监控 ETSI GS NFV - SEC 006:安全领域与监管考虑 ETSI GS MEC 009

资料来源：2018年中国网络安全大会。

① IMT - 2020（5G）推进组：《5G网络安全需求与架构白皮书》，2017年6月。

国际5G安全研究及标准制定与5G总体架构相关工作保持同步。2018年5月，国际移动通信标准化组织3GPP工作组确定了第一阶段5G安全标准（R15）的全部内容；6月，3GPP正式批准5G独立组网标准冻结，这意味着5G完成了第一阶段全功能标准化工作。第二阶段5G安全标准（R16）预计2019年12月完成，重点推进URLLC、切片安全、eSBA安全、位置业务安全增强、网络设备安全保障等。5G全面商用的预计时间是2020年3月。

我国积极推动形成全球统一的5G安全技术标准，2016年10月，中国无线通信技术工作委员会（TC5）下设的无线安全与加密工作组（WG5）和网络与信息安全委员会（TC8）下设的网络安全技术工作委员会（WG2）联合会议上5G安全研究报告项目立项成功，启动了安全研究；2017年6月，IMT－2020（5G）推进组发布《5G网络安全需求与架构白皮书》，提出在5G安全标准化方面的总体目标；2018年4月，TC5 WG5完成5G数字蜂窝移动通信网安全技术要求的立项工作，预计到2019年底完成标准制定；2018年7月，IMT－2020（5G）推进组密码算法特设组发布了《ZUC－256算法实现评估报告》，推动ZUC－256密码算法成熟、标准化及应用；2018年底，IMT－2020（5G）推进组完成5G网络安全试验规范制定工作，含5G网络安全技术要求和5G网络安全测试方法，并将开展相关测试验证工作。

三 IPv6改造部署进程加速，步入市场驱动快车道

目前，全球IPv6部署进入良性发展的快车道，2016～2018年，全球IPv6用户增幅超过100%，总数已达到5.65亿。全球已有超过100个国家307个运营商提供IPv6接入服务，基本形成了覆盖主要网络运营商、服务提供商和经济区域的IPv6网络。国际互联网协会（Internet Society，ISOC）2018年6月发布的《IPv6部署状况2018》指出，IPv6已从“创新技术”和“早期应用”阶段，发展到规模部署阶段。

（一）各国制定鼓励政策支持和推动 IPv6 发展

各国政府积极引导 IPv6 部署，制定发展规划。美国政府 2010 年发布 IPv6 行动计划，2012 年更新《政府 IPv6 应用指南/规划路线图》（*Planning Guide/Roadmap Towand IPv6 Adoption*），以政府网络为先导，确定了联邦政府机构网络内部和对外的 IPv6 推进部署任务；欧盟于 2008 年发布《欧盟部署 IPv6 行动计划》（*Action Plan for the Deployment of Internet Protocol Version 6（IPv6）in* Europe），要求在欧洲范围内分阶段推进欧盟企业、政府部门和家庭用户迁移至 IPv6；加拿大政府 2012 年发布了《加拿大政府 IPv6 战略》（*Government of Canada IPv6 Adoption Strategy*），要求 2015 年 3 月底前，完成网站的 IPv6 升级改造，同时要求所有新的互联网网站和应用必须支持 IPv6；日本政府 2009 年发布《IPv6 行动计划》，决定从 2011 年起全面启动 IPv6 服务；韩国政府 2010 年发布《下一代互联网协议（IPv6）促进计划》，宣布从 2011 年 6 月开始，国内的互联网、IPTV、3G 移动通信等服务都将支持 IPv6；印度政府 2012 年 7 月公布向 IPv6 迁移的详细路线图，计划于 2012 年 3 月之前推出基本的 IPv6 服务。

我国是 IPv6 启动较早的国家，1998 年我国 IPv6 研究工作即进入实质阶段。国家相关部委发布文件推动 IPv6 发展，2012 年 3 月国家发展和改革委、工信部等部委联合印发《下一代互联网“十二五”发展建设的意见》，首次明确 IPv6 发展目标以及发展路线图和时间表；2017 年 11 月，中共中央办公厅、国务院办公厅印发《推进互联网协议第六版（IPv6）规模部署行动计划》（以下简称《计划》）提出了 IPv6 的发展目标和总体要求，明确了重点任务和实施步骤，推动三大运营商、网络设备厂商、移动终端设备商以及相关企业将加快向 IPv6 技术过渡的贯彻落实，推进基于 IPv6 的下一代互联网规模部署；2018 年 4 月工信部发布了关于贯彻落实《计划》的通知，表现出我国推进 IPv6 改造的决心；2018 年 8 月，工信部通信司在北京召开 IPv6 规模部署及专项督查工作全国电视电话会议，中国将分阶段有序推进规模建设 IPv6 网络，实现下一代互联网在经济社会各领域深度融合。预计到 2020 年底，新增网络地址将不再使用 IPv4 地址，到 2025 年，中国 IPv6 用户数将全球最多。

（二）IPv6应用持续升级演进

谷歌（Google）发布的全球IPv6统计数据显示，截至2018年10月，全球IPv6普及率已经超过25%，相比2017年同期增长3个百分点。分地区来看，全球范围内美洲地区、欧洲地区、南亚及东南亚地区、大洋洲、日本地区普及程度较高，非洲地区普及程度最低。

根据亚太互联网络信息中心（APNIC）的排名，截至2019年2月，全球IPv6用户率前十名的国家/地区分别为比利时、印度、美国、德国、希腊、瑞士、乌拉圭、卢森堡、英国和日本，其中用户数量最高的是印度，达到2.5亿户，美国IPv6用户达到1.24亿户。该统计中，中国的IPv6用户率仅为1.39%，活跃用户1029万户，在榜单中排在第65位。对比国际先进国家，我国的IPv6终端占比相对落后。

表9　全球主要国家/地区IPv6用户排名（截至2019年2月）

单位：%，户

排名	国家/地区	IPv6用户率	IPv6用户数
1	比利时	57.84	5918461
2	印度	52.57	250388188
3	美国	42.50	123785759
4	德国	41.00	29746450
5	希腊	36.91	2660939
6	瑞士	33.03	2479339
7	乌拉圭	32.15	727785
8	卢森堡	31.92	181400
9	英国	26.92	16690203
10	日本	25.48	29441322
11	马来西亚	24.56	5467847
12	葡萄牙	23.74	1638487
13	巴西	23.66	33364483
14	芬兰	21.67	1114637
15	特立尼达和多巴哥	21.49	204219
16	法国	21.14	11962395

续表

排名	国家/地区	IPv6 用户率	IPv6 用户数
17	加拿大	20.94	6908334
18	爱沙尼亚	18.89	225052
19	欧盟	18.02	—
20	冰岛	17.24	676990
65	中国	1.39	10285848

资料来源：亚太互联网络信息中心（APNIC）。

根据国家下一代互联网产业技术创新战略联盟2018年11月发布的《支撑中国IPv6规模部署——中国IPv6业务端到端贯通用户体验监测报告》①统计，我国移动宽带IPv6普及率为6.16%，固定宽带IPv6普及率为0.65%，网站IPv6支持率为7.59%，中央及省级政府、中央媒体及中央企业支持率为8.33%，政府网站支持率为4%。该结果与中共中央办公厅、国务院办公厅印发的《计划》中提出的要求还存在较大差距。

网络基础设施的IPv6改造主要依靠基础电信企业，全球知名移动运营商如AT&T、Verizon、T－Mobile等都以新建LTE网络为契机，积极部署IPv6，实现LTE网络的IPv6端到端贯通，从网络侧为推动IPv6用户和流量快速提升创造了良好条件。我国三大运营商积极推进IPv4向IPv6过渡。目前，三大运营商全部实现IPv6互通，并开启了IPv6国际出口。LTE网络率先贯通，已完成所有省份、上百个地市LTE网络IPv6改造，分配IPv6地址的用户总数超过7000万。2018年6月，三大运营商联合阿里云宣布，将全面对外提供IPv6服务，并计划在2025年前助推中国互联网真正实现“IPv6 Only”。中国电信全网设备已基本完成IPv6升级改造，全面开启网络IPv6能力。中国移动在VoLTE方面，不再分配IPv4地址，完全使用IPv6地址，VoLTE用户达到2亿，并全都使用纯IPv6进行语音通信。中国联通对基础设施从城域网、骨干网、传送网、国际互联网等全面支持IPv6，实现骨干

① 国家下一代互联网产业技术创新战略联盟：《支撑中国IPv6规模部署——中国IPv6业务端到端贯通用户体验监测报告》，2018年11月。

网/国际 IPv6 互联互通，业务/网络支撑系统、总部大数据平台、新增核心数据中心内系统支持 IPv6。

互联网公司是面向最终用户的主体，互联网巨头以创新为驱动，以应用为牵引积极发展 IPv6。Google、Facebook 等互联网巨头公司认定 IPv6 是必然趋势，从 2012 年起全面开启 IPv6，Google、Apple、Microsoft 三家巨头主导的终端操作系统全面支持 IPv6，并实现了双栈环境下 IPv6 访问优先。我国以百度、阿里、腾讯、京东为代表的互联网巨头公司也认识到 IPv6 的重要性，对 IPv6 升级改造的积极性和主动性进一步增强。2018 年 7 月，百度云制定了中国的 IPv6 改造方案。12 月，阿里巴巴宣布全面应用下一代互联网连接协议 IPv6，截至 2018 年 12 月，阿里已为超 2000 万用户提供 IPv6 服务，成为国内首家率先进行 IPv6 超大规模应用的科技公司。未来，阿里还将引导其客户、供应商和合作伙伴全面支持 IPv6，共同构建中国的 IPv6 生态。淘宝、天猫、优酷以及高德地图等多个用户过亿的应用成为国内首批落地 IPv6 技术的 APP。

（三）IPv6未来发展趋势向好

未来，5G、物联网、工业互联网等新兴技术领域对 IP 地址空间的需求巨大，万物互联的本质就是万物都具有独立的 IP 运行能力，完成端到端的指令控制，而在 IPv4 资源枯竭的条件下，发展 IPv6 成为必然。目前，全球 IPv6 用户在全球网民中的占比已超过 14%，未来 5 年将是 IPv6 在全球发展普及的快进期，预计 75% 的用户都会使用 IPv6 的地址，IPv6 流量有望达到互联网总流量的一半。对我国 IPv6 未来发展进行的预测显示，预计到 2019 年 11 月，我国启用 IPv6 的 Web 浏览器占比为 6.66%，而截至 2018 年 5 月，该占比仅为 3.26%；IPv6 的 Web 服务器数量预计到 2021 年 1 月翻一番；IPv6 分配的 RIR 前缀数量预计到 2020 年 4 月也将翻倍①。

IPv6 的发展将推动下一代互联网国际竞争格局的变化，目前，我国

① https：//blog. csdn. net/weixin_ 41177699/article/details/80402375.

IPv6 实际应用程度仍然很低。根据 APNIC 数据整理，我国 IPv6 分配地址总数占全球已分配 IPv6 地址总数的比例达到 19.54%，排名全球第二。但是，根据 APNIC 统计的我国 IPv6 用户普及率却排在第65 位，我国网民经常访问的网页、邮箱以及域名服务对 IPv6 的支持度低，这与我国的社会政治经济发展水平和我国互联网用户和应用大国地位不符。完成 IPv6 的规模部署最大的挑战是如何实现 IPv4 向 IPv6 平滑过渡，IPv6 改造过程中涉及的主要问题是快速迁移、迁移过程中的业务稳定以及安全的应用保障。尽管面临重重障碍，但是在《计划》政策的指引下，调动政府、运营商、科技公司等社会力量协同努力，预计我国的 IPv6 建设从基础设施到应用都将得到巨大发展。

参考文献

IHS Markit 公司：《5G 经济：5G 技术将如何影响全球经济》，2017 年 1 月。

国际电信联盟：《衡量信息社会报告 2018》（*Measuring the Information Society Report 2018*），2018 年 12 月。

中国信息通信研究院：《数据中心白皮书（2018）》，2018 年 10 月。

中国信息通信研究院：《2019 ICT 深度观察》，2018 年 12 月。

CSDN（Chinese Software Developer Network）：《IPv6 发展综述及部署预测与分析》，2018 年 5 月。

美国无线通讯和互联网协会：《全球 5G 竞赛》（*The Global Race to 5G*），2018 年 4 月。

宽带发展联盟：《中国宽带普及状况报告》，2018 年 12 月。

宽带发展联盟：《中国宽带速率状况报告》，2018 年 11 月。

国家下一代互联网产业技术创新战略联盟：《支撑中国 IPv6 规模部署——中国 IPv6 业务端到端贯通用户体验监测报告》，2018 年 11 月。

胡煜、薛文胜、罗欣伟：《关于发展我国新一代信息基础设施的思考》，《中小企业管理与科技》（下旬刊）2018 年第 7 期。

B.4

数字产业蓬勃发展

王一鹤*

摘　要： 2018年全球数字产业整体稳步发展，产业格局调整、产业投资并购等领域持续深化，主要国家对核心技术争夺日益激烈，数字产业从发展格局、竞争态势、投资并购等方面都表现出显著特点，数字产业在竞争中稳步发展。

关键词： 数字产业　产业布局　大数据　投资并购

一　全球经济扩展放缓，产业整体稳步发展

2018年世界经济增长势头整体减弱，不确定性高。2018年全球经济增长率约为3.7%，同比下降0.1个百分点，尤其是欧洲和亚洲的经济增长减速。发达经济体增长势头放缓，新兴经济体增速与2017年基本持平。其中，美国经济增速2.9%，同比增长0.7个百分点，领跑发达经济体。印度经济增速7.3%，成为全球经济增速最高的国家。英国脱欧、国际贸易争端升级以及中国经济增长减缓程度超过预期，金融行业收紧等因素对全球经济增长产生不利影响。

从整体来看，随着全球经济增速放缓，全球IT产业规模增速随之放缓（见表1）。Gartner数据显示，2018年全球IT总支出达3.65万亿美元，同比增长约3.9%，2019~2020年间增长率将连续放缓，分别为3.2%和2.8%。

---

* 王一鹤，国家工业信息安全发展研究中心助理工程师，硕士，研究方向为数字经济战略、数字产业。

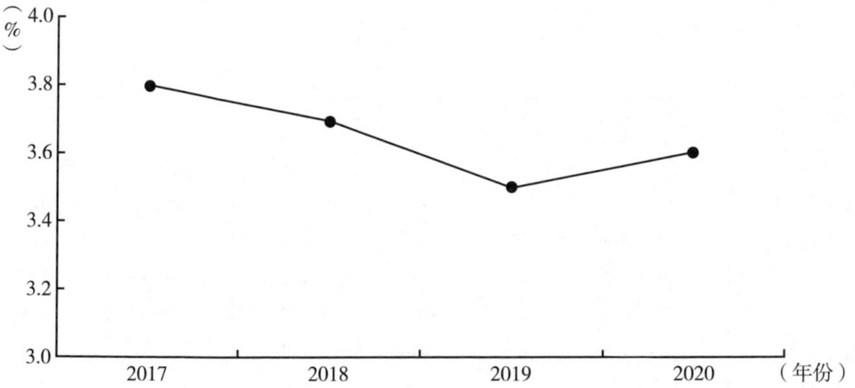

图1　2017～2020年全球经济GDP增速情况

资料来源：IMF，World Economic Outlook。

目前，全球IT产业支出正在以预期的水平增长，并与全球的经济增长保持一致。然而，受英国脱欧、美元波动、贸易摩擦和全球经济下行的潜在影响，近期一段时间内，IT产业发展走势存在不确定性。预计企业用于软件的开支在2018年达到历史较高水平，约为11.1%。Gartner认为，除非有不可抗力因素，预计软件业将继续在数字业务上保持大幅增长。预计到2019年，受现代化产业的扶持，应用软件支出将继续增长，基础设施软件也将继续增长。2018年，个人电脑、平板电脑和手机等全球硬件设备支出增至约770亿美元，比上年增长6.6%。

根据Gartner预测，2019年全球IT产业支出预计将达到3.77万亿美元，比2018年增长3.2%。从领域上看，通信服务、IT服务和企业软件增速均下降，增速分别为1.3%、4.7%和8.5%。企业软件支出增幅最大，2018年，企业软件总支出达3970亿美元，增速超过IT总支出的3.9%，增速达9.3%，增长态势强劲。2019年，企业软件行业支出预计增长8.5%，规模达到4310亿美元，2020年达到4660亿美元，增速达8.2%。随着超大规模数据中心在全球建设范围逐步扩展，企业数据中心系统2018年支出达到11.3%的增速，由2017年的1780亿美元增至2020亿美元，虽然近3年内增速将放缓，但支出规模将持续扩大（见表1）。

表 1 全球 IT 产业支出预测

单位：十亿美元，%

类别	2018 年		2019 年		2020 年	
	支出	增长率	支出	增长率	支出	增长率
数据中心	202	11.3	210	4.2	202	-3.9
企业软件	397	9.3	431	8.5	466	8.2
设备	669	0.5	679	1.6	689	1.4
IT 服务	983	5.6	1030	4.7	1079	4.8
通信服务	1399	1.9	1417	1.3	1439	1.5
总体 IT	3650	3.9	3767	3.2	3875	2.8

资料来源：Gartner，2019 年 1 月。

从市场供给看，2018 年电子设备出货量较 2017 年有所增加，2019～2020 年将连续实现正增长。Gartner 数据显示，2018 年全球 PC、平板电脑与智能手机的出货量接近 23 亿台，预计 2019 年整体电子设备市场出货量有一定提升，由 2018 年的 22.82 亿台上升至 23.03 亿台（见表 2），细分领域的超级便携式计算设备延续往年的增长态势。2018 年第三季度，全球个人电脑市场在稳定的企业个人电脑需求的推动下平稳增长。根据 Gartner 预测，2018 年第三季度全球 PC 出货量为 6720 万台，同比增长 0.1%。虽然欧洲、中东、非洲、亚太地区（包括日本）在 2018 年第三季度经历了增长，但美国和拉丁美洲则出现了下降。2018 年第三季度，欧洲、中东和非洲的个人电脑出货量达到了 1890 万台，同比增长 1.1%。亚太地区 PC 出货量总计 2430 万台，较 2017 年第三季度增长 0.3%。Gartner 预测，2019 年，智能手机销量同比增长 5%。到 2020 年，人工智能（AI）将为智能手机设备提供更智能的功能。

表 2 2017～2020 年全球设备年度出货量

单位：百万台

设备种类	2017 年	2018 年	2019 年	2020 年
传统个人计算机（台式机和笔记本）	204	195	189	181
超移动设备	58	65	7	80
传统个人计算机市场	262	260	263	262

续表

设备种类	2017 年	2018 年	2019 年	2020 年
基础和通用便携设备	158	155	152	151
计算设备市场	420	415	415	413
移动电话	1841	1876	1888	1901
全球设备市场	2261	2282	2303	2314

资料来源：Gartner。

全球服务器市场在 2018 年持续增长，需求强劲，截至 2018 年第三季度，连续五个季度实现两位数的收入增长。IDC 全球服务器市场季度追踪报告显示，2018 年第三季度全球服务器市场的厂商收入为 234 亿美元，同比增长 37.7%，出货量 320 万台，同比增长 18.3%。其中，批量服务器收入增长 40.2% 至 200 亿美元，中端服务器收入增长 39.4% 至 20 亿美元，高端服务器增长 6.9% 至 13 亿美元。从地区看，亚太地区（不包括日本）是该季度增长最快的地区，同比增长 46.5%。美国增长 43.7%，欧洲、中东和非洲（EMEA）增长 24.5%，加拿大增长 20.0%，日本增长 14.0%，拉丁美洲增长 7.7%，中国增长 67.1%。

从厂商排名看，截至 2018 年第三季度，戴尔在全球服务器市场中排名第一，收入份额为 17.5%，增长率为 33.3%，并在出货量方面继续领跑全球服务器市场，占出货总量的 17.6%。浪潮/浪潮 Power System 位列第三，市场份额为 7.3%，同比增长 156.5%。联想位列第四，IBM、华为和思科并列第五（见图 2）。

二　产业格局逐步调整，创新融合趋势显著

当前，全球正处在新一轮科技革命的发展关键期，信息技术是创新型最强、辐射性最强、渗透领域最广的关键要素。在技术创新的引领下，IT 产业加速变革，新产品、新服务、新业态不断涌现，产业格局逐步调整。信息技术对制造业的重塑作用正在不断释放，以智能制造为导向的新型智能产业

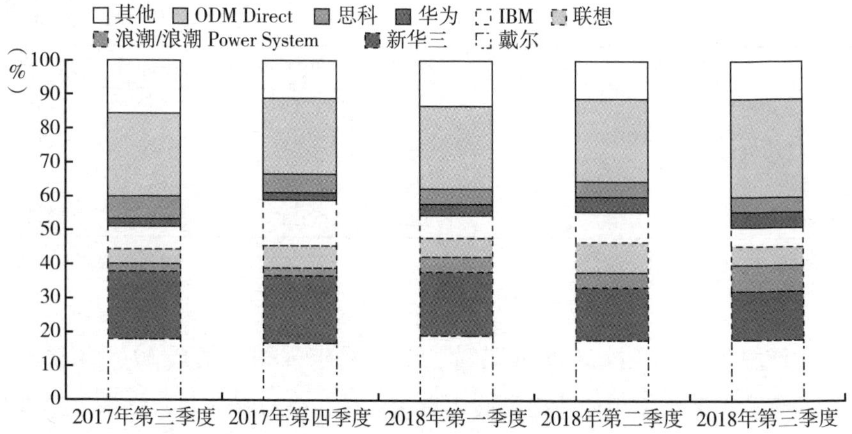

图2　2017 年第三季度至 2018 年第三季度全球排名前五服务器厂商市场份额

资料来源：IDC。

正加速兴起；以深度学习算法为引领的人工智能产业生态正逐步完善，基于云端和移动端应用快速拓展；大数据基础设施不断完善，技术融合不断创新，基于行业的大数据分析应用需求持续增长，打包的大数据行业分析应用开拓新市场。同时，互联网、大数据、人工智能、物联网等信息技术细分领域持续融会贯通，信息技术与 3D 打印、机器人、生物医药、航空航天等多领域的跨界融合实现重点突破，从技术创新走向实际应用与产品落地，在全球市场显示出高成长性、高认可度和高营利性，成为产业格局进一步深度调整的发力点。

全球电子信息制造业保持良好增长态势，Technavio Research 数据显示，预计 2018 ~ 2022 年，全球电子产品制造服务市场的复合年均增长率（CAGR）将接近 4%。预计到 2022 年，全球电子制造服务市场将超过 5560 亿美元。从趋势看，机器人和工业自动化减少了对人工的依赖，其具有高生产率、高灵活性、高精度和高质量等特点，将成为未来几年的电子服务制造业（EMS）的一个新兴趋势。另外，传感器成为机器获取数据的主要途径，可以有效提高效率并减少潜在故障。波士顿咨询集团报告显示，预计到 2025 年全球将有 120 万工业机器人投入使用，这表明为提高生产率和降低生产成本，机器人技术和自动化的使用程度正在加深。从区域看，2017 年，亚太地区占据全球电气和电子制造市场中份额首位，约为 55%。北美第二，市场占有率约为 17%，非洲最小，约占 3% 的市场份额。

工信部数据显示，2018 年我国电子信息制造业加快调整结构，推动转型升级，产业景气度较高，生产和投资增速在工业各行业中保持领先水平。受成本上升、价格回落等因素影响，行业利润低速增长，电子产品出厂价格继续下降但降幅有所收窄。总体看来，2018 年规模以上电子信息制造业增加值同比增长 13.1%，快于全部规模以上工业增速 6.9 个百分点。《电子信息产业对外贸易发展报告》显示，2017 年我国电子信息产品进出口规模达到 1.36 万亿美元，占全国外贸比重超过 30%，目前我国已经成为世界电子信息产品制造的第一大国，彩电、手机、计算机等一批电子信息产品产量和出口量都是世界第一。从区域布局来看，电子信息产业由东部沿海地区加快向中西部转移，使四川、重庆、安徽、陕西等省市成为新的一批产业发展基地，对外贸易呈现东中西部各段所强。从市场结构看，我国电子信息产业积极拓展东南亚、俄罗斯、南美洲、非洲等新兴市场，形成了发达国家和发展中国家合力布局的出口市场结构。国际分工方面，我国正在从跟随代工角色向创新引领的角色转变。在手机、彩电、语音交互和无人机行业，中国服务质量不断提高，行业地位不断提升，在前沿领域，5G 技术、网络架构等技术已经成为国际标准。[①] 报告还预计，2018～2020 年中国电子信息产业外贸发展稳中向好的势头还有望得到进一步巩固。[②]

大数据发展浪潮席卷全球，目前全球数据量的增长速率维持在 40% 左右，预计到 2020 年全球的数据总量将达到 40ZB。市场规模方面，据 Statista 估计，2018 年全球大数据市场规模将达到 420 亿美元，至 2027 年全球大数据市场规模将持续增长（见图 3）。随着数据量爆发式增长，数据价值逐渐显现，大数据正在重塑企业，重新定义行业，正成为产业跨界融合发展的驱

---

① http://news.jstv.com/a/20181106/1541498850532.shtml.

② 中国电子信息行业联合会、中国电子学会：《电子信息产业对外贸易发展报告》，2018 年 11 月。

动力。到2020年，全球大数据市场规模将突破1214亿美元。目前全球大数据市场中，行业解决方案、计算分析服务、存储服务、数据库服务和大数据应用为市场份额排名最靠前的细分市场，分别占据33.0%、14.7%、17.2%、15.2%和7.1%的市场份额。

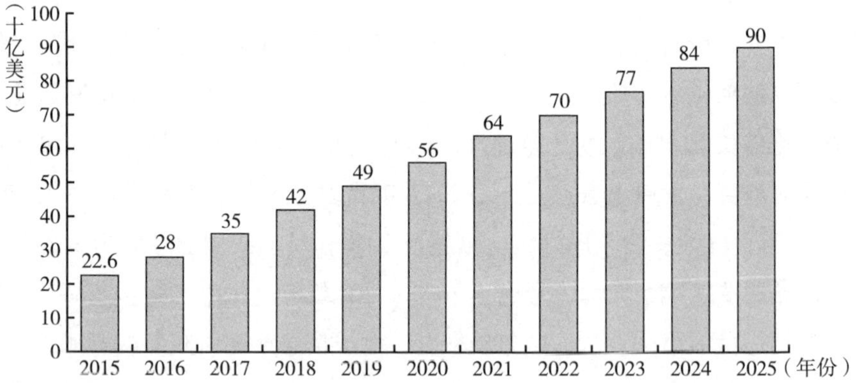

图3　2015～2025年基于收入的全球大数据市场规模预测

资料来源：Statista。

随着大数据基础设施的不断完善，数据分析和商业智能工具将逐渐成为大数据发展的重要趋势。分析软件的普遍适用性正在取代传统复杂的商业智能和分析软件成为市场的热点和趋势。2017年，全球知名数据分析公司Tableau第四季度营收同比增长75%，标志着企业和个人纷纷开始购买商业智能“自助式”分析软件成为趋势。据Gartner预测[①]，到2020年，智能分析将成为一种包括自然语言搜索、智能数据预处理、自动化深入分析和以可视化为基础的数据挖掘功能的分析方式，将成为推动商业智能、分析数据科学以及机器学习平台和嵌入式分析购买市场的主要驱动力量。Gartner数据显示，2018年全球人工智能市场规模高达1.2万亿美元，同比增长超过70%，2022年人工智能驱动的商业价值预计高达3.9万亿美元。

① 《Gartner 2018 BI与数据分析魔力象限》。

全球科技巨头正利用人工智能打造十亿美元级别的服务并开展运营变革，主要针对自身发展瓶颈寻求解决方案，在企业内部更大规模地完善解决方案；推出能迅速吸引大量用户的服务。Amazon、Google、Microsoft 以及国内的百度、阿里、腾讯基于自身使用经验，面向更广大市场推出了人工智能开发平台及独立应用，包括百度的自动驾驶、阿里的智慧城市、腾讯的医疗影像识别、科大讯飞的语音识别等。2019 年，Facebook 计划捐献 750 万美元用于创建人工智能伦理研究所，研究领域涉及医疗保健、商业、制造、媒体、政策制定和网络经济。大量初创企业也凭借基于云技术的开发工具和应用跃入人工智能市场。全球六家人工智能“独角兽”企业中有两家来自中国，其中，商汤科技在 2018 年宣布和麻省理工学院成立人工智能联盟。2018 年 5 月，商汤科技宣布完成 C + 轮 6.2 亿美元融资后，估值超过 45 亿美元，继续保持全球总融资额最大、估值最高的人工智能“独角兽”企业地位。深蓝科技 2018 年发布了全球第一款自动驾驶功能性商用车。清华大学《中国人工智能发展报告 2018》显示，2017 年我国人工智能行业已经实现了 237 亿元的市场规模，同比增长 67%。2018 年，我国人工智能行业的增速高达 75%。

人工智能的大众化不断推动人工智能的应用，将企业级软件与人工智能技术和基于云技术的开发平台相结合是企业采用人工智能技术的两大主要途径。德勤研究显示，早期应用人工智能的企业采用深度学习技术的比例从 2017 年的 34% 上升至 2018 年的 50%。越来越多的企业可通过大量基于云技术的人工智能服务运用深度学习技术，推动了该技术应用比例的增长。另外，希望获取人工智能和先进分析技术等先进创新能力提升服务的企业比希望获得传统 IT 服务的企业多 2.6 倍。云技术的普及和早期实践经验共同推动人工智能的应用深化发展，通过采用云技术，企业可以即刻应用人工智能技术，从而实现这一技术的普及。Adobe 统计数据表明，目前已经有 15% 的企业开始使用人工智能技术。未来一年内，该比例会升高至 31%。德勤预测，到 2019 年企业人工智能平均投资额度将上升至 480 万美元，高于 2017 年 90 万美元。

三 产业竞争态势加强，各国抢占信息技术制高点

随着信息技术战略性、前瞻性的关键地位日益凸显，2018 年，发达经济体、新兴经济体对信息技术领域关注持续升级，围绕产业、技术发展的竞争与协作深入展开。各国在信息技术产业领域展开积极争夺。

大数据方面，美国希望利用大数据技术实现科研教学、环境保护、工程技术、国土安全、生物医药等多领域突破。其中，具体研发计划涉及美国国家科学基金会、国家卫生研究院、国防部、能源部、国防部高级研究计划局、地质勘探局等 6 个联邦部门和机构。欧盟目前在大数据方面的活动主要涉及研究数据经济，资助大数据和开放数据领域的研究和创新活动，实施开放数据政策，促进公共资助科研实验成果和数据的使用及再利用共四个方面。日本方面，据日本矢野经济研究所预测，2020 年日本大数据市场规模有望超过 920 亿美元。

区块链方面，区块链正加速社会数字化进程，促进数字经济平稳快速增长，逐渐被多国认可，并在多领域积极探索推广应用。2018 年 1 月，英国技术发展部门 Innovate UK 宣布，将投资 1900 万英镑用于支持区块链等新兴科技领域的新产品或服务。2 月，美国众议院召开第二次区块链听证会，“拥抱技术”与“不要封杀”成为共识。韩国央行鼓励区块链技术，证券交易所 Korea Exchange（KRX）宣布将开发基于区块链技术的交易平台。澳大利亚在多领域积极探索区块链技术，澳大利亚邮政将区块链技术应用于身份识别。迪拜建立全球区块链委员会，并成立包含 Cisco、区块链初创公司、迪拜政府等 30 多名成员的联盟。

在技术创新方面，毕马威 2018 年度《全球科技创新报告》显示，美国仍然是技术创新中心，其他地区正在崛起。在创新方面，上海已一跃而上，成为除硅谷和旧金山外排名第一的城市，紧随其后的是东京、伦敦、纽约、北京、新加坡、首尔、班加罗尔、特拉维夫和柏林。报告显示，大约 34% 的科技领导者认为美国引领技术创新，26% 的人认为中国是最大的创新国，

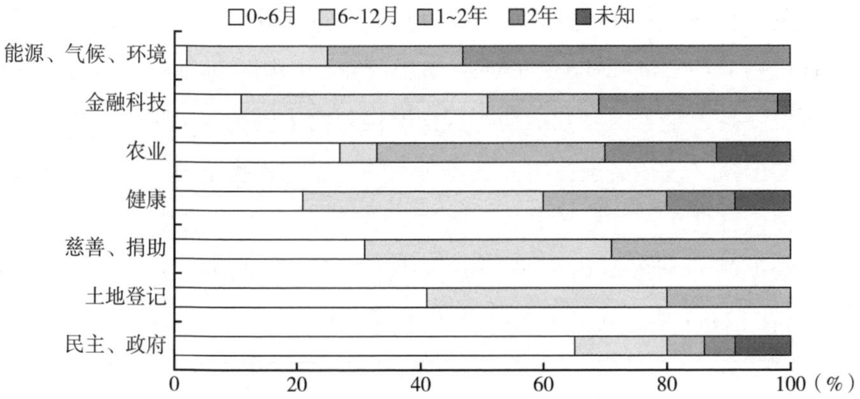

图4　区块链应用成熟时间占比

资料来源：斯坦福大学《区块链项目研究报告》。

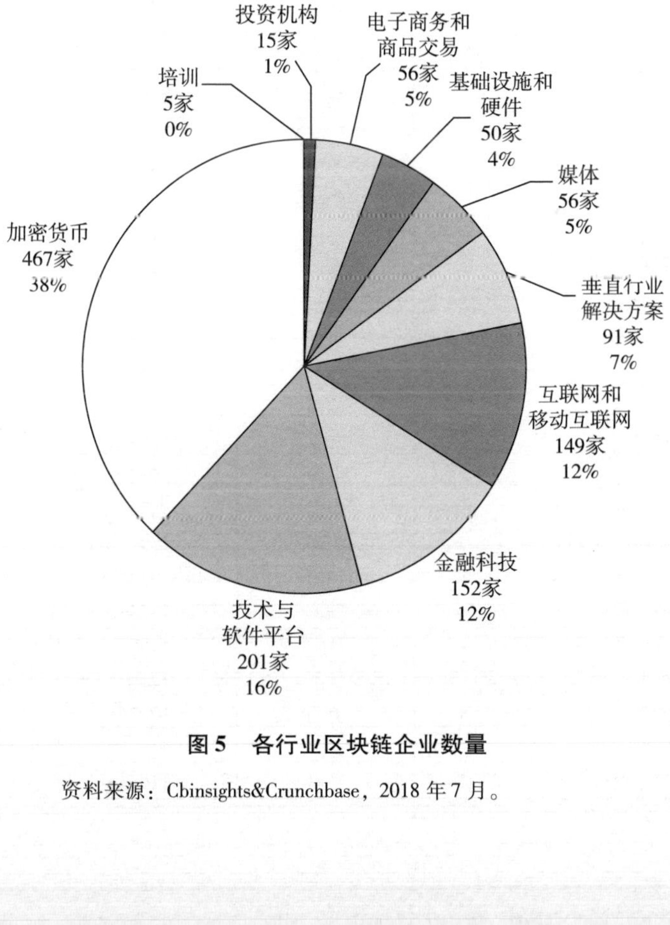

图5　各行业区块链企业数量

资料来源：Cbinsights&Crunchbase，2018年7月。

印度、英国和日本的支持比例分别为 13%、6%和 6%。专利方面，美国专利服务机构 IFI Claims Patent Services 数据显示，中国企业获得美国专利的数量创历史新高，是美国专利活动排行榜上位列前十的国家中唯一获得专利数量增长的国家，包括美国在内的其他所有的国家均出现下滑。按照创新份额计算，美国排名第一，亚洲其次，占据了 31%的份额，欧洲占 15%。日本在美国获得的专利数量占 16%，韩国占 6.5%，德国占 5%。中国大陆占 4%，共有 12589 项专利，比 2017 年增长了 12%。

表 3　2018 年美国专利授权数量排名

单位：项

排名	公司	总部所在地	2018 年专利数量	2017 年专利数量
1	IBM	美国	9100	9043
2	三星电子	韩国	5850	5837
3	佳能	日本	3056	3285
4	英特尔	美国	2735	3023
5	LG 电子	韩国	2474	2701
6	台积电	中国台湾	2465	2425
7	微软	美国	2353	2441
8	高通	美国	2300	2628
9	苹果	美国	2160	2229
10	福特	美国	2123	1868
11	谷歌	美国	2070	2457
12	亚马逊	美国	2035	1963
13	丰田	日本	1959	1932
14	三星显示器	韩国	1948	2273
15	索尼	日本	1688	2135
16	华为	中国	1680	1474
17	京东方	中国	1634	1413
18	通用电气	美国	1597	1577
19	现代汽车	韩国	1369	1304
20	爱立信	瑞典	1353	1552
21	精工爱普生	日本	1285	1406
22	松下	日本	1254	1338
23	波音	美国	1227	1177
24	博世	德国	1136	1234
25	三菱电机	日本	1106	1151

续表

排名	公司	总部所在地	2018 年专利数量	2017 年专利数量
26	东芝	日本	1104	1555
27	通用汽车	美国	1046	1066
28	理光	日本	1043	1145
29	富士通	日本	1038	1538
30	联合技术	美国	1011	494
31	电装	日本	1003	929
32	美国电话电报公司(AT&T)	美国	985	946
33	本田	日本	926	910
34	美光	美国	924	802
35	半导体能源	日本	870	977
36	西门子	德国	870	939
37	思科	美国	848	967
38	飞利浦	荷兰	844	905
39	哈里伯顿	美国	807	738
40	易安信	美国	801	646
41	SK 海力士	韩国	801	942
42	得州仪器	美国	785	923
43	霍尼韦尔	美国	749	856
44	村田	日本	743	566
45	日电	日本	715	820
46	东芝存储器	日本	700	216
47	甲骨文	美国	685	753
48	LG 显示器	韩国	681	605
49	戴尔	美国	668	623
50	富士胶片	日本	658	695

资料来源：美国商业专利数据库。

在新兴产业方面，全球数字内容产业潜力巨大。尼尔森旗下专业游戏数据分析公司 SuperData. 的报告显示，数字游戏和互动媒体营收在 2018 年增长了 13%，达到 1196 亿美元，其中，2018 年全年数字游戏总收入增长了 12%，达到 1134 亿美元，在线观看视频游戏内容的独立观众达到 8.5 亿人，2018 年成为有史以来游戏及娱乐行业规模最大的一年。免费游戏占 2018 年数字游戏总收入的 80%，居主导地位。其中亚洲市场表现强劲，在 2018 年排名前 10 的游戏中有 7 款来自亚洲，占免费游戏总收入的 62%。预计 2019 年，全球数字游戏营利预计将达到 1182 亿美元。

Zenith 研究数据显示，美国和中国领跑全球数字广告增长，2017～2020 年，美国和中国贡献了 47% 的新增广告支出份额，大幅领先其他国家。2017～2020 年，美国数字广告支出涨幅或逼近 200 亿美元，中国紧随其后，将增长约 170 亿美元。2018 年美国继续保持其在互联网广告、移动互联网广告市场的领先地位。eMarketer 数据显示，2018 年美国数字广告支出约 1074 亿美元，其中，移动互联网广告约 751 亿美元，占数字广告近 70% 市场份额，占全球移动互联网广告约 47% 市场份额。Google、Facebook 和 Amazon 依次为美国数字广告的前三名。我国面临着人口红利减少、上网时长接近饱和的现实，数字内容产业发展进入深水区，亟须寻求新的增长点。对此，互联网企业近年来逐渐在影视制作与发行领域加大投入，充分发展互联网影视行业。此外，2018 年短视频在获取用户时长方面表现突出，短视频行业日均启动次数最高达 8 次，远高于综合视频及视频直播，据艾瑞咨询测算，2019 年我国短视频市场规模将超过 200 亿元。

产品标准方面，各国瞄准前沿信息技术与产品标准，展开对话语权的争夺。美国、中国、韩国积极参与国际 5G 标准制定，2018 年 6 月，首个真正完整的国际 5G 标准正式出炉，5G 已进入商业化的最后“冲刺”阶段。AT&T 2019 年将在美国 12 座城市部署 5G 业务，韩国电信运营商 KT 计划在未来 5 年内投资 204.8 亿美元用于 5G 和其他创新技术的发展。巴西在传感器网络接口、标识、安全、传感器网络与通信网融合、物联网体系架构等相关技术标准的研究上取得进展。

四　产业投资并购活跃，科技融资规模激增

2018 年，全球 IT 领域的投资并购市场依然势头强劲，首次公开募股（IPO）活动大幅上升。摩根大通发布《2019 年全球并购展望》报告称，2018 年全球并购市场交易量为 4.1 万亿美元，为有史以来第三高。中国依旧活跃于全球并购市场。从全球来看，交易活动主要受规模超过 100 亿美元的大型交易驱动。2018 年前六个月公布的大型交易达 30 笔，为有史以来同

期最高水平。大型交易是2018年并购市场的重要驱动因素，规模高于2.5亿美元的交易数量同比增加7%，各类型交易均表现活跃。无论本国交易还是跨境交易，战略投资交易还是私募股权交易，并购市场的表现都很活跃。其中，科技（17%）与医疗健康（12%）占2018年全球交易量的1/3左右。

新一波技术浪潮在改变人们消费方式的同时，也正在驱动各个行业和领域的并购活动。全球知名国际律师事务所Baker McKenzie与牛津经济学院合作发布的报告显示，2018年，全球电信与科技行业并购规模将从2017年的2950亿美元增至6480亿美元。IPO规模将从2017年的216亿美元上升到2018年的455亿美元。从区域来看，2018年，欧洲的并购增长将翻番，拉美、非洲和中东地区虽然基础相对薄弱，但也将开始增长，预计翻两番。人工智能、云计算、网络安全和大数据方面的创新正在推动并购交易活动。许多专注于使用客户数据的企业将有意向收购竞争对手和技术，以吸引更多的客户参与。报告显示，2018年传统行业和技术融合趋势加强，跨部门交易明显增多，企业将快速创新与持续推动垂直整合相结合，为增加并购活动创造了新机遇。预计在美国和欧盟放宽政策的情况下，2019年产业投资并购将出现明显上涨。

毕马威发布的统计报告显示，2018年全球金融科技融资为1118亿美元，较2017年的508亿美元激增120%。特大并购和收购交易是推动全球金融科技的主要因素。2018年，全球金融科技领域有3宗交易金额超过100亿美元。其中，美国黑石集团投资汤森路透金融与风险业部门Refinitiv为全年最大交易，投资金额为170亿美元，其次是蚂蚁金融C轮融资140亿美元，第三是英国Vantiv公司以128.6亿美元收购了支付公司WorldPay。此外，还有14宗总额均超过10亿美元的并购交易。数据表明，2018年金融科技投资在风险投资、并购及私募股权等众多领域创下了新高。[①] 2018年全年，全球金融科技领域达成2196宗并购交易，较2017年的2165宗有所增加。德国、巴西等国

① 《2018年全球金融科技领域投资超千亿美元》，中国经济网，2019年2月17日。

金融科技初创企业正吸引更大规模、后期多轮融资，美国、英国及亚洲市场中较为成熟的金融科技巨头则自行投资、收购，以实现产品和市场扩张。

2018 年金融科技投资跨境并购明显增加，跨境并购共计 155 宗，投资规模约 535 亿美元，较 2017 年的 153 宗 189 亿美元均有所上升。在跨境并购中，美国和欧洲分别吸引投资达 280 亿美元和 216 亿美元。此外，监管技术和区块链成为焦点。监管技术吸引的投资飙升 3 倍，从 2017 年的 12 亿美元增加至 2018 年的 37 亿美元。区块链投资依然保持迅猛势头，吸引投资 45 亿美元，略低于上年的 48 亿美元。企业对诸如人工智能、机器学习等技术也越发关注。此类技术能够更有效地管理合规要求，技术投资体量不断攀升。

从地区分布来看，美国独占鳌头。2018 年美国金融科技投资总额达 525 亿美元，较上年的 240 亿美元增长超过一倍，成交量创下 1061 宗新纪录①。并购及收购成为主要投资活动，美国境内的金融科技风投资金从 70 亿美元大幅增加至 114 亿美元。欧洲紧随其后，投资量创新高。2018 年，欧洲共促成 536 宗金融科技投资交易，总额达 342 亿美元，较上年的 122 亿美元增幅高达 180%。其中，英国的投资额达 207 亿美元，较上年的 56 亿美元大幅增加，成为欧洲地区金融科技投资的主要接收地。②

亚洲金融科技投资量从 2017 年的 125 亿美元增加至 2018 年的 227 亿美元新高，中国以 83 宗交易和 182 亿美元总额在亚洲遥遥领先。中国科技巨头目光主要瞄准全球市场，国内规模略小的金融科技公司则把扩张目光聚焦至东南亚市场。中国金融科技公司进一步涉足亚洲市场，带动区内其他竞争对手在亚洲区内扩展。预计 2019 年，随着监管科技和保险科技不断完善，金融科技投资仍将持续增加，人工智能和自动化将继续受到投资者热捧。生物特征识别安全技术、人脸识别技术以及语音识别技术正吸引着越来越多金融科技投资者的目光。

---

① 《2018 年全球金融科技领域投资超千亿美元》，中国经济网，2019 年 2 月 17 日。

② 《2018 年全球金融科技领域投资超千亿美元》，中国经济网，2019 年 2 月 17 日。

参考文献

国际货币基金组织：《世界经济展望》，2019 年 1 月。
中国信息通信研究院：《区块链白皮书（2018）》，2018 年 9 月。
IDC：《2018 年第三季度全球服务器市场调查报告》，2018 年 12 月。
德勤咨询：《中国人工智能产业白皮书》，2018 年 11 月。
毕马威咨询：《金融科技脉搏报告》，2019 年 2 月。
摩根大通：《2019 年全球并购展望》，2019 年 2 月。
Gartner, *Gartner Worldwide IT Spending Forecast*, 2018.

B.5
产业数字化转型成为发展重点

殷利梅*

摘　要： 产业数字化转型对经济社会发展的作用日益凸显，重要性已在全球范围内达成共识。从农业到工业，再到服务业，数字化转型成为年度热词。农业数字化转型受到全球广泛关注，传统农业企业和信息技术企业纷纷加速布局数字农业。制造业数字化转型成为焦点，各国纷纷制定战略加以支持，标准引领是各国转型成功的关键，物联网、人工智能、工业机器人等新技术新应用是转型的重要驱动因素。服务业依然是数字化转型最具活力的领域，电子商务、金融科技发展呈现繁荣景象。虽然新模式新业态在2018年暴露出一些问题，但全球整体上依然看好共享经济、跨境电商的发展。

关键词： 产业数字化　农业数字化　制造业数字化　服务业数字化

世界各国将推进产业数字化转型作为实现经济创新发展的重要动能，农业、制造业、服务业虽然数字化基础不同，发展程度不一，但是均将数字化转型作为发展的重中之重，并在2018年呈现不同的特点。

一　农业数字化转型提速，数字化水平日益提升

麦肯锡全球研究院的产业数字化指数（Industry Digitization Index）显

* 殷利梅，国家工业信息安全发展研究中心信息政策所高级工程师，硕士，研究方向为电子政务、产业信息化、数据治理。

示，农业是所有主要行业中数字化水平最低的。随着物联网、大数据、人工智能等新技术的发展，数字化在农业发展中的显示度逐渐增强，应用也越来越广泛。

（一）农业数字化转型受到全球高度重视

联合国粮食及农业组织（FAO）指出，过去20年间，颠覆性数字技术的发展令人叹为观止，全球经济的各个部门（包括农业）都在经历转型变革。不论是“天眼”工具、田地遥感，还是可以在整条食物链上稳定跟踪产品的区块链，数字技术都在时刻改变着游戏规则。“投资日”是粮农组织投资中心每年举办的为期两天的知识分享活动，2018年这一活动的其中一整天完全关注数字农业。粮农组织和欧洲复兴开发银行（欧开行）在摩洛哥举办了私营部门投资粮食和农业高级别全球论坛，农业食品链数字革命是六大讨论板块之一。粮农组织高级经济专家Carlo Bravi指出：“数字革命正在快速推进，不论我们是否参与均为如此，所以我们最好与之同行。”埃森哲在分析人工智能对中国15个行业可能带来的经济影响时指出，制造业、农林渔业、批发和零售业将成为从人工智能应用中获益最多的三个行业。2018年11月，俄罗斯农业部长帕特鲁舍夫在主持欧亚经济联盟农工综合体理事会第一次会议时表示，俄已提议在联盟框架内创建农工产品生产销售数字平台，以及农产品生产运输数字化溯源体系①。

我国十分重视数字农业发展。2018年1月，《中共中央国务院关于实施乡村振兴战略的意见》指出，实施数字乡村战略，做好整体规划设计，加快农村地区宽带网络和第四代移动通信网络覆盖步伐，开发适应“三农”特点的信息技术、产品、应用和服务，推动远程医疗、远程教育等应用普及，弥合城乡数字鸿沟。农业农村部自2017年起至今已连续三年开展数字农业建设试点项目，推动数字技术与农业发展深度融合，促进农业农村现代

① http：//www. ccpit. org/Contents/Channel_ 3974/2018/1121/1090587/content_ 1090587. htm.

化。地方政府也相应地出台政策，促进数字农业发展。2018 年 1 月，福建省政府办公厅下发《关于加快推进数字农业发展七条措施的通知》，将推进农业生产智能化，对于现代农业智慧园将给予注册扶持，每个智慧园补助最高限额 100 万元。2018 年 8 月，山东省出台《关于加快全省智慧农业发展的意见》，提出：到 2022 年，初步建立 1 个涵盖农林牧渔的山东省现代农业大数据应用示范工程；在济南、青岛、潍坊三市，开展智慧农业应用示范工程核心示范区建设；完善以潍坊、临沂、济宁、德州为中心的 4 个现代农业智慧物流基地；打造 400 个智慧农业示范基地。

（二）物联网是农业数字化转型的重要支撑技术

全球人口增加，对食品的需求也相应增加，采用新技术提高产量，以及实施基于物联网的技术以应对不断变化的气候条件，推动全球农业产业物联网的增长。农业物联网已被美国和欧洲等国家和地区列为物联网 18 个最重要的发展方向之一。思科公司发布的报告显示，仅物联网就能为农业创造 14.4 万亿美元的价值。Allied Market Research 于 2018 年 12 月发布了一份题为《农业市场中的物联网》的报告，对 2018～2025 年自动化与控制系统、传感与监控设备、畜牧监控硬件、鱼类养殖硬件、智能温室硬件与软件等应用于精准农业、畜牧监测、智能温室和养鱼场监测等的情况进行了分析和预测。根据该报告，2017 年全球农业物联网市场获得 163.3 亿美元，预计到 2025 年将达到 487.1 亿美元，2018～2025 年复合年增长率为14.7%。

此外，机器人技术、大数据、人工智能等也开始应用于农业生产经营。以色列利用人工智能发展农业，通过计算机视觉技术制作一个可以进行快速移动的摄像头，将它嵌入一个专门的、配有陀螺仪的吊舱内，将吊舱插入塞斯纳飞机，让它们飞行高度大约为 100 英尺，然后以每小时 200 公里的速度放大数万英亩的农田，用所配置的相机拍照。即使以这样的速度，分析数千张监视图像，它们的软件也可以发现最微小的害虫或疾病迹象。

（三）传统农业企业和信息技术企业纷纷加速布局农业数字化转型

作为传统的农业公司，孟山都[①]近几年在战略布局上做了巨大调整，更加聚焦基于数据科学的精准农业，推出数字农业平台 Climate FieldView，该平台于2016年推出，至今应用面积超过7.2亿亩（1.2亿英亩），其中仅美国付费使用面积已达2.1亿亩（3500万英亩），用户人数超10万。Climate FieldView具备全面且相互关联的一系列工具、服务和数据。例如，能够利用人工智能诊断田间的玉米病害，机器学习模型使用超过5000个病害和胁迫图像来诊断9种关键的玉米疾病，准确率非常高。通过这种人工智能诊断，农民可以拍摄作物照片，接受病害诊断建议，并在病害影响产量之前采取行动。2018年该平台新增涵盖数据分析、保险申报、航空成像和无人机软件平台等业务的合作伙伴，增强了数字平台功能。德国拜耳收购孟山都后依然保留了其数字农业产品。数字化在巴斯夫农业解决方案中占据很重要的地位，其推出的Maglis数字产品组合协助农民管理田地，并就如何种植及推销作物提供更明智的决策方案。巴斯夫2018年公布的新战略将数字化作为工作重点领域之一。

2018年，我国阿里、京东、百度、腾讯等互联网公司都纷纷进入农业领域，想改变传统农业现状，或者说延伸自己的产业。阿里云与农业产业化企业海升集团合作研发智能农事系统，通过人工智能的全方面应用，推动“农业数字”向“数字农业”转型。华为正式对外宣布，将会与“中国杂交水稻之父”袁隆平合作培育海水稻，利用华为的物联网优势，共同研发并向客户提供农业物联网系统解决方案，通过土壤数字化，让盐碱地上长出水稻，从15亿亩盐碱地里改造出1亿亩良田。早在2017年10月，华为X Labs发布了智能农业白皮书——《联网农场智慧农业市场评估》[②]，重点阐

① 2018年6月7日，德国制药公司巨头拜耳（Bayer）以630亿美元的价格正式收购美国农业公司巨头孟山都（Monsanto），拜耳宣布将不再采用“孟山都”这个名字。

② http：//www. sohu. com/a/281941582_ 452927.

述了运营商在通过智能农业助力数字化转型的市场发展潜力。报告指出，到2020年，智慧农业的潜在市场规模有望由2015年的137亿美元增长至268亿美元，年复合增长率达14.3%。同时该报告还指出，智能农业丰富的IoT应用给运营商带来了市场机遇。其中包括精准耕作、可变速率技术、智能灌溉、无人机、智能温室、产量监测、畜牧监测、支付系统、信息平台和农业贸易平台等。华为与袁隆平双方将共同研发并向客户提供农业物联网系统解决方案，计划2019年在国内部署两到三朵“沃土云”。位于青岛城阳的沃土云平台已经基本搭建完成并进入试运行状态。

二　制造业数字化转型成为焦点，有望重塑全球制造业的竞争格局

尽管近期全球经济增长呈现放缓趋势，制造业仍然是发达国家和发展中国家的核心驱动力。无论是欧洲的“工业4.0”，还是美国的“工业物联网”（IIOT），或者“智能制造”，信息和通信技术（ICT）都在重塑现代制造业的每一个方面。制造业的数字化正在改变产品的设计、制造、使用和服务方式，就像它改变工厂和供应链的运营、流程和能源足迹一样，与制造业相关的数字技术也有望重塑全球制造业的竞争格局。

（一）各国纷纷制定战略支持制造业数字化转型

当前，至少有30个国家制定明确的战略来支持其制造业的数字化。2018年2月，加拿大宣布将建立一个先进制造超级集群，作为加拿大政府9.5亿美元的创新超级集群计划的一部分。先进制造超级集群旨在开发加拿大的下一代先进制造能力，如先进的机器人技术和3D打印，帮助提升加拿大的数字化工业化在全球市场的竞争地位。预计该战略将支持创造至少13500个新就业岗位，并在10年内为加拿大GDP贡献135亿美元。

正如英国商业、能源和工业战略部（BEIS）2017年11月发布的报告《工业战略：建设适合未来的英国》所揭示的那样，英国的制造和工业支持

方法不断发展。工业战略提议建立“行业协议”（Sector Deals），各个私营部门在明确的领导下聚集在一起，就特定行业的协议进行谈判，与政府一起提高该行业的盈利能力和生产力。工业战略宣布五项已完成的行业协议重点关注工业数字化、人工智能和汽车行业、生命科学、建筑和创意产业。

澳大利亚实施的“企业家计划”在2017～2018财年投入1.2亿澳元（约合5.8亿元人民币）支持包括先进制造业在内的企业咨询、研发和产业化发展。同时，澳大利亚的“工业增长中心计划”在2017～2018财年获得2.13亿澳元（约合10.3亿元人民币）的政府资助。澳大利亚创立的工业增长中心效仿美国的制造业创新研究所，由政府资助、行业主导，董事会同样代表工业界和学术界，主要任务是为先进制造业开展合作、减少监管、开发新市场，以及劳动力技能制订一个预期增长机会的十年计划。此外，澳大利亚工业、创新和科学部于2017年秋季启动了一个小型企业数字化工作组，任务是与澳大利亚各地的小企业讨论它们如何更好地参与数字经济的问题和想法。尽管当小企业开始数字化并使用数字工具时，创造了新的增长机会并使收入多样化，但是还有许多小企业没有利用数字经济提供的机会，该工作组的工作成果反映在2018年上半年的澳大利亚数字经济报告中。

（二）标准引领是制造业数字化转型成功的关键

制造业数字化转型要想取得成功，一系列标准协议对于来自世界各地的制造工厂、机器和产品彼此进行通信和交互，以及确保可以在任何国家使用解决方案是必不可少的。标准化必须解决的两个关键问题，一是确保不同制造商的解决方案之间的可互操作接口；二是建立开放标准，这对于形成开放、灵活和成功的生态系统至关重要，这些生态系统不仅包括不同的制造商，还包括不同的国家和地区。物联网和工业4.0目前存在100多种不同的标准化举措。其中一些组织更多地参与企业对消费者（B2C）和其他企业对企业（B2B）维度，而其他组织则更多地关注底层连接或应用层。有些组织，如国际标准化组织（ISO）和国际电工委员会（IEC），以及它们的联合倡议JTC1，其重点是整合各种复杂的ICT技术，在整个范围内都很活跃。

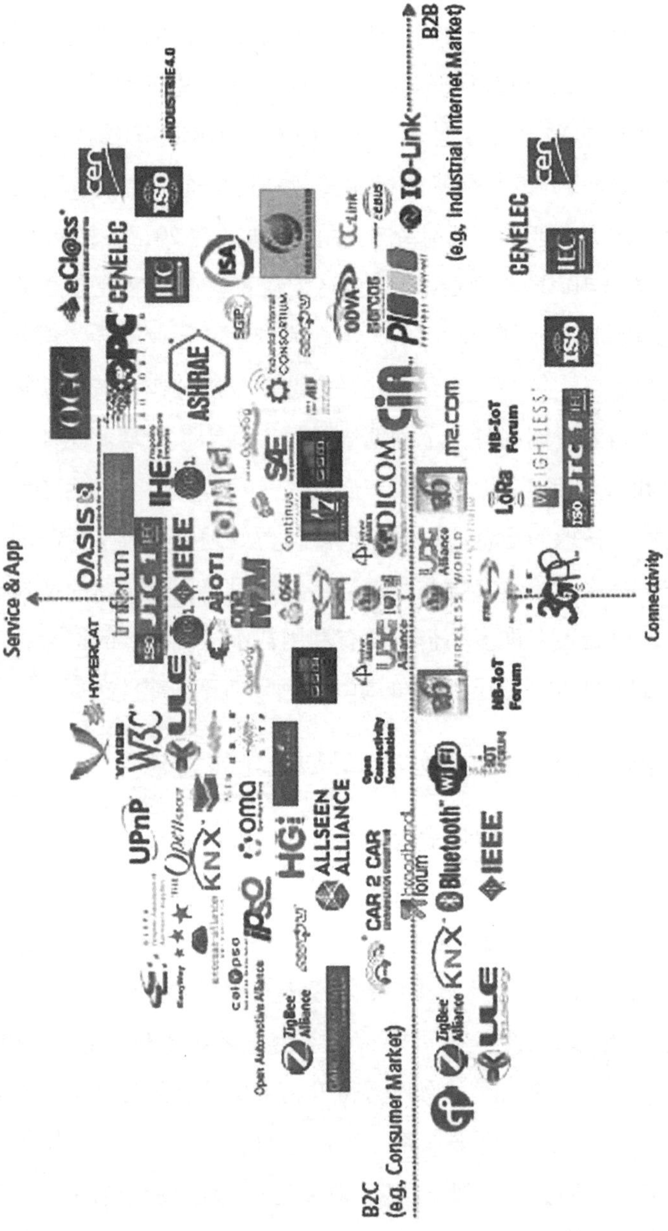

图 1 参与开发物联网和工业 4.0 的标准组织

资料来源：物联网创新联盟。

制造业先进国家非常重视制造业数字化、标准化工作，但是标准发展路径有所不同。美国采取自愿的、行业（或行业联盟）主导的，基于共识的市场驱动方法。这种方法有利于发挥政府机构参与标准制定过程中的作用，邀请他们参与并提出他们的专业知识、需求、关注点和要求，而不是公开指导标准制定过程。美国被描述为采用“务实的、以实施为导向的方法”来制定智能制造标准。一些由私营部门牵头的主要财团参与了美国的智能制造标准制定，其中主要是工业互联网联盟（IIC）。智能制造领导联盟（SMLC）也参与其中，该联盟正在通过大规模示范建立美国首个用于协作工业网络信息应用的开放式智能制造平台。另一个重要的参与者是制造技术协会（AMT），它支持 MT Connect 的开发，MT Connect 是一种免费的开放标准，使制造设备能够提供没有专有格式的结构化数据。美国国家标准协会（ANSI）在监督美国各个行业的标准制定方面发挥着重要作用，ANSI 协调各部门的标准，以确保从美国国家利益的角度出发保持一致，并帮助将这些标准传达给国际社会。

德国的工业 4.0 标准化采取自上而下的方法，由政府、先锋公司和学术界领导。总的来说，德国的关键举措是建立工业 4.0 平台（Platform Industrie 4.0），它为所有利益相关者制定联合建议，并作为一致和可靠的工业 4.0 框架的基础。该平台最初由商业协会 BITKOM、VDMA 和 ZVEI 创建，2015 年该计划得到扩展，现在德国联邦经济事务和能源部、联邦教育和研究部，以及来自 159 个州和联邦和政府、商业、科学、协会和工会组织的 300 多名参与者参加了工业 4.0 平台。该平台旨在确定制造业的所有相关趋势和发展状况，以便对工业 4.0 产生共同的全面了解。该平台正在努力确保工业 4.0 参考架构模型（RAMI）与美国的工业互联网联盟的工业互联网参考架构（IIRA）兼容。与其他国家相比，德国的工业 4.0 标准制定方法的特点是对技术的强烈关注，而对新商业模式和智能产品等商业因素和机会的关注较少。对工业 4.0 标准开发中的利益相关者进行的一项国际调查发现，虽然对参考架构和标准编程接口（API）的期望值要高得多，但标准化的速度在德国的评级比其他国家更为负面。德国面临的风险是，虽然其标准制定过程非常严格，全面且具有包容性，但可能需要很长时间，因此在制定标准时，技术和市场已经转向更好的状态。

日本政府与各种私营企业合作推动智能制造标准化。与德国一样，日本的标准化战略主要基于自上而下的方法，由政府与少数研究人员和先驱思想家确定总体方向并共同完成。然而，也有一些倡议（例如，IVI、eF@ ctory和 Industry 4.1J）采用了自下而上的方法，并专注于研究界或行业的关注。特别是，日本的工业价值链倡议（IVI）非常重视“松散耦合”的概念，推广模块化方法而不是单一的工业 4.0 标准。由于担心技术封锁，许多日本公司（特别是中小企业）表示不愿意将自己与单一供应商的商业产品联系起来，这解释了为什么许多日本公司虽然缺乏标准但是不愿意参与工业 4.0 标准制定。日本认为引领机器人标准的制定尤为重要。

韩国的标准化机构韩国技术和标准局（KATS）倾向于采用自下而上的标准制定方法，与行业密切合作，以确保其标准化活动使国家主要供应商受益。韩国政府和行业呼吁采用快速标准化解决方案来实现互操作性。包括韩国贸易、工业和能源部（MOTIE），韩国科学、信息通信技术和未来规划部（MISP），韩国国家信息技术促进局（IIPT），韩国工业经济与贸易研究所（KIET）等在内的政府机构一直热衷于参与国际合作和对话，并让私营部门参与工业 4.0 标准的制定。确保国内和国际，特别是中小企业的互操作性，是韩国智能制造标准制定方法的试金石。

（三）物联网、人工智能、工业机器人等新技术是制造业数字化转型的重要驱动因素

世界经济论坛与科尔尼管理咨询公司共同发布的《2018 年“制造业的未来”准备状况》报告设计了由制造业结构和制造业驱动力两个一级指标组成的准备状况诊断模型框架，科技与创新是制造业的重要驱动因素，这一指标评估国家是否具备先进、安全的联网信息，信息通信与技术基础设施足以支持新技术在制造业上的应用，衡量国家的创新培育能力以及将具有制造业应用前景的创新发明商业化的能力。

物联网主要提升连通能力。世界经济论坛与麦肯锡共同发布的《下一代经济增长引擎第四次工业革命科技在制造业中的规模化应用》报告指出，随着物联网的迅速扩张，我们已经跨入全球互联互通时代，目前联网设备约有 84 亿台。虽然截至目前，制造业只有 15% 的资产设备达到联网标准，但这种情况正在迅速改变。科技行业正在开发的工业应用物联网平台有 700 余个，主要科技公司也在大规模投资于可扩展的超级物联网平台。制造业应用物联网能够提高运营效率，促进预测性和预防性维护，优化供应链管理、库存和物流。以促进预测性和预防性维护为例，使用传感器实时监控机器，从而将维修模型从维修和更换转变为预测和预防。例如，福特已经在底特律郊外的 River Rouge 工厂的几乎所有生产设备上安装了物联网传感器。下游机器可以检测它们从上游机器接收的工件是否偏离规格的最小尺寸，从而指示可以立即识别和修复的上游机器中的可能问题。工业机器人制造商 Kuka 利用物联网创建了一个高度自动化的工厂，生产 Jeep Wrangler 汽车车身，将超过 6 万台设备（包括 259 个装配线机器人）连接到一个中央数据管理系统。通过将设备、业务线应用程序和后端系统连接在一起，Kuka 实现了自动化制造流程，能够每隔 77 秒从同一生产线生产八个不同的 Jeep Wrangler 汽车车身中的一个，而不会中断生产流程。此外，所有中央控制任务和诊断过程都可以直接在控制面板界面上的机器人上执行。Kuka 认为，这种自动化将使连续正常运行时间达到每天 24 小时，持续 8 年。

随着大数据、云计算和更好、更普遍可用的算法的发展，人工智能可以通过更可靠的需求预测，提升运营和供应链灵活性，以及对改变制造业运营的影响进行更好的预测。人工智能可以创造更智能、更快、更便宜和更环保的生产流程，这能提高工人的生产率、提高产品质量、降低成本并改善工人的健康和安全。机器学习算法可以改善制造流程的调度并减少库存。作为美国制造业创新网络计划（NNMI）成立的重要创新研究所，美国数字制造与设计创新研究所（DMDII）于 2018 年 2 月发布的 2018 年投资计划将 DMDII 的未来愿景描述为："每一个新造零件都优于前一个

(EVERY PART BETTER THAN THE LAST)。”这一描述也表达了其渴望制造业未来能达到这样一种状态：通过从每个已经生产的零部件中持续、自动学习，使制造的下一个零部件质量优于前一个。这一愿景是随着人工智能技术的发展而提出的。计划指出，人工智能创造了一种认知和感知的优势，它可能远远超过前三次工业革命所带来的经济和社会影响。随着采集的零部件或者生产材料批量的数据持续增多，人工智能系统有可能会自动适应环境，使得下一个零件在质量、成本、速度、对客户需求一致性等方面实现更优。

（四）我国工业互联网平台从概念探讨走向产业实践

工业互联网平台概念的提出在全球制造业掀起了一股热潮。作为推动新一代信息技术与制造业融合的载体，工业互联网平台助力制造业转型升级日益成为全球共识。与国外其他国家主要由龙头制造企业和 IT 企业主导工业互联网平台建设不同，我国呈现由政府引导，制造企业、自动化企业、ICT 企业、互联网企业等多元化发展趋势。

政府层面，各级政府积极推进工业互联网平台培育。工业和信息化部编制印发了《工业互联网平台建设及推广指南》《工业互联网平台评价方法》《工业互联网 APP 培育工程实施方案（2018～2020 年）》《推动企业上云实施指南（2018～2020 年）》等文件；组织实施工业互联网平台创新发展工程，推动建设 43 个工业互联网平台创新发展项目；组织开展工业互联网平台试点示范，围绕产业链协同制造、生产设备健康管理、产品远程运维等平台应用十大模式，遴选出 40 个平台集成创新应用试点示范项目，引领平台创新发展。各级地方政府也积极探索工业互联网平台助力区域产业升级的方法路径，山东、天津、河南、湖南、四川、江苏、上海、广东、江西、浙江等省市全面推进平台培育、工业企业上云、应用示范等工作，培育了近 200 个工业互联网平台、500 多家平台解决方案服务商。

产业层面，产业界积极构建工业互联网平台。制造业龙头企业、传统系统解决方案服务商、软件企业、互联网企业以及一大批初创企业等纷纷投入工业互联网平台建设。

工业互联网平台是新一代信息技术与制造业深度融合的产物，是基于云计算的开放式、可扩展的工业操作系统。目前，业界基本已形成智能终端（边缘）+云架构平台+工业 APP 的工业互联网平台技术架构，平台向下实现海量的多源设备、异构系统的数据采集、交互和传输；PaaS 平台承载工业知识与微服务，支持软硬件资源和开发工具接入、控制及应用；向上支撑工业 APP 和云化工业软件的开发和部署，为企业客户提供各类应用服务。

一是自动化企业均在设备连接方面能力出众，华龙讯达依托“Ceres 机器宝”终端可对接全球 80% 以上工业软件和控制接口，并实现数据自动归集与标签化；中控可支持 20 余种常见工业设备协议接入，并且在智能边缘设备节点利用机器视觉和图像识别分析等技术，实现现场非智能仪表的普适测量。

二是云基础设施服务商均在构建云端一体化服务能力，阿里和华为分别推出了 YunOS 和 FusionSphere 云操作系统，强化云数据存储、云计算服务、智能设备管理等综合技术能力。

三是传统软件企业均已形成基于云架构的新型产品体系，用友、金蝶、浪潮、元工、索为等企业已基本形成云架构的 CAX、PDM、MES、ERP 产品，实现软件运行从单独占用软硬件资源、独立运维向共享使用资源池、统一运维模式转变。

四是系统解决方案服务商加速工业知识软件化、模块化和平台化应用，东方国信沉淀了 26 万个标准件数字化模型、1364 个工业机理模型。天泽智云的智能维护技术已经应用在风力发电、钢铁、轨道交通、装备制造、数控机加工、工业机器人等多个行业。

五是领先企业已经形成并对外输出模式标准。海尔基于自身行业实践形成了以用户为中心的大规模定制模式并复制到房车、服装等 15 个行业。以此为基础，海尔进一步主导制定了大规模定制国际标准，代表我国首次向全球输出新型制造模式，并得到广泛认可。

三　服务业依然是数字化转型最具活力的领域，继续呈现较强增长态势

（一）电子商务依旧繁荣发展

1. 全球电子商务市场竞争格局头部化

中国国际电子商务中心于2018年4月发布的《2017年世界电子商务报告》显示，中国稳居全球规模最大、最具活力的电子商务市场地位，2017年，电子商务交易总额达29.2万亿元，同比增长11.7%，B2C销售额和网购消费者人数均排名全球第一。美国是电子商务发展最早且最成熟的国家，2016年美国网络零售交易额达3897亿美元，增长14.9%，网络零售成为全球零售市场强劲拉动力。英国是欧洲最大的电子商务市场（见图2），互联网普及率达93%，电子商务销售额占GDP比重达7.16%。

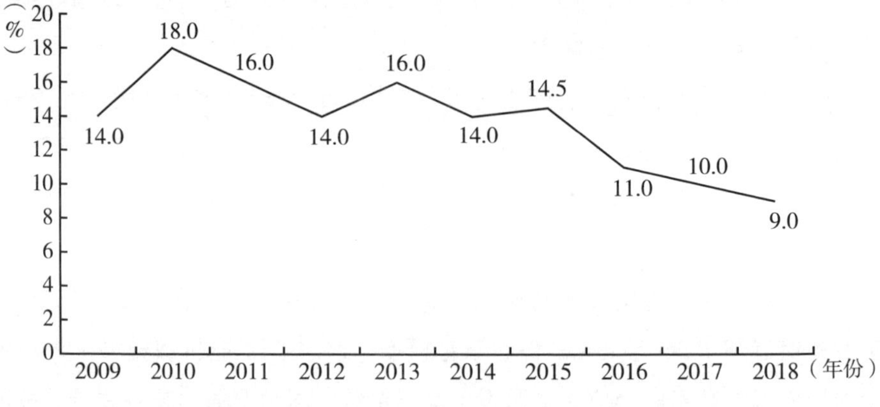

图2　2009～2018年英国网络零售交易额平均增长情况

注：2017年和2018年为预测数据。

资料来源：中国国际电子商务中心。

从电商企业发展来看，WBE（Website Builder Expert）发布的报告显示，亚马逊的业务范围涵盖58个国家和地区12亿消费者，阿里巴巴的业务范围

涵盖15个国家和地区近11亿的消费者。WBE收集了174个国家和地区近8700个电商网站的数据，以此为基础计算出每个国家和地区最受欢迎的电商平台并进行排名（见表1）。

表1　全球最受欢迎的电子商务平台情况

序号	电子商务平台	覆盖国家和地区数量(个)	覆盖人口数量(人)	覆盖面积(平方千米)
1	亚马逊	58	1216306113	34956263
2	阿里巴巴	15	1072076950	13680139
3	Mercadolibre	9	341044208	17516992
4	Naspers	16	261223414	23803457
5	eBay	13	132117951	9803937
6	Rocket Internet	8	103691145	3043144
7	Schibsted	8	40692996	1445306
8	Be Forward	6	12465441	3370740

资料来源：WBE。

全球电商市场的竞争正逐渐演化为亚马逊和阿里巴巴两个巨头间的竞争，它们各自主导着美国和中国这两大市场。

2. 全球电子商务正在向新兴区域市场转移

金砖国家、“一带一路”沿线国家、非洲、拉丁美洲等新兴市场是电子商务拓展的重要对象。《2018金砖+国家电子商务发展研究报告》显示，全球电子商务目前的投资活动自从2014年达到一个峰值后，现在呈逐步下降趋势；同时发现，全球电子商务逐渐向新兴区域市场转移，特别是向金砖国家以及“一带一路”沿线国家转移。阿里研究院发布的《金砖国家电子商务发展报告》（2018更新版）显示，2017年金砖五国网民数合计超过14.5亿，占全球网民的41.9%；网络购物用户数合计超过8.4亿，占全球网购用户的50.8%。金砖国家网民占比、网购用户占比，均高于金砖国家人口在全球中的占比（41.2%）。另外，Global Web Index发布的《2018年全球电子商务报告》显示，2018年，37%的网民使用移动支付，这个指数在2016年只有26%。随着移动设备使用更加频繁，移动支付等支付方式更加普及，以拉丁美洲、非洲等地区为主的新兴电子商务市场开始跃进。

3.我国电子商务发展繁荣且更加规范

近年来，中国一直是电子商务发展最繁荣的地区。2018年“双十一”购物节交易额再创新高，天猫商城成交额2135亿元，相较于2009年增长近4000倍。天猫在移动支付、物流、跨境电商等优势领域地位更加巩固。物流服务体系从26万单爆仓到一天10亿单平稳运行。一方面，物流整体运行效率显著提升，2018年天猫“双十一”物流订单量超过10亿单，相比十年前的26万单增长了4000倍，而爆仓却已经消失。物联网技术广泛应用在干线运输、网点管理以及末端配送等中，显著提升了物流配送效率。阿里借助大数据预测需求提前在全球范围内精准备货，一些企业据此将供应链进行改造，跨区发货比从60%降至10%。菜鸟与圆通联合打造的超级机器人分拨中心全天24小时作业可分拣50万个包裹。苏宁“超级云仓”辐射的周边区域全部实行次日达配送服务。另一方面，开放性的数据基础设施优化了端到端的用户体验。早在2013年阿里巴巴平台就与物流企业合作，打通阿里与物流企业之间的物流数据，从2016年开始，菜鸟联盟更进一步，实现了物流企业之间的数据共享，有效提高物流效率，降低成本，帮助商家降低库存。中国《电子商务法》已于2019年1月1日起正式实施，对规范和促进电子商务健康发展将起到至关重要的作用。

（二）数字化转型促进金融服务业加速变革

数字化转型为金融服务业带来了技术创新，使金融服务业产生了比特币、区块链、扫码支付等一系列新产品、新服务，并以前所未有的速度迅速融入日常生活中。金融科技已经从根本上改变了金融系统以及金融服务的方式，影响了金融服务的发展图景。世界银行2017全球普惠金融指数报告显示，通过数字技术能够扩大普惠金融。自2011年推出以来，全球普惠金融指数数据库为扩大普惠金融提供了思路。2017年版首次推出手机拥有率和互联网普及率方面的数据，揭示了在减少无账户成年人的数量、帮助有账户者更经常地使用账户方面前所未有的机会。在印度和墨西哥，超过50%的无银行账户者拥有手机，中国这一比例为82%。但就账户而言，数字技术普及率——无论是手机还是手机加互联网——在女性、较贫穷的成年人、受教育程度较低的人群以及其他传统上处于劣势的群体中往往更低。因此数字技术为普惠金融提供巨大的机遇。

此外，世界银行2019年报告多次提到中国的金融科技公司，如蚂蚁金融、京东金融。报告显示，2018年7月，京东平台拥有3.2亿在线用户。蚂蚁金服使用大数据，在用户申请提交后不足一秒就可以发放贷款。蚂蚁金服的“3-1-0”在线借贷模式涉及3分钟的申请过程、1秒钟的处理时间和零人工干预。自2014年以来，400多万家中国小型企业从蚂蚁金服获得了贷款。新加坡叫车平台Grab最终在东南亚市场抢占了95%的市场份额，并在向其他额外服务领域（从食品订购到支付系统）扩展。据估计，Grab支付为该地区2/3没有银行账户的人口提供了电子支付的机会。

移动支付方面，全球市场调研机构Merchant Machine发布了2018年全球移动支付平台统计数据，数据显示，中国、挪威、英国是移动支付三大市场，中国有47%的用户使用移动支付，挪威为42%，英国为24%，美国仅为17%。可见中国依然是移动支付最大的市场（见图3）。

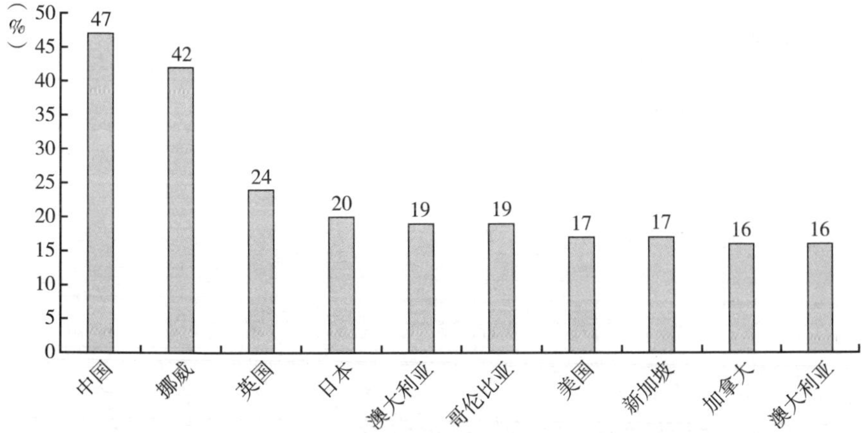

图3　各国使用移动支付的手机用户占比情况

资料来源：Merchant Machine。

根据易观2018年9月发布的《中国第三方支付行业专题研究2018》报告，移动支付整体规模连续4年高速增长，已经从2013年的1.3万亿元快速增长到2017年的超过109万亿元。行业整体增速连续4年超过100%。根据易观发布的《中国第三方支付移动支付市场季度监测报告2018年第3季度》数据，2018年三季度，中国第三方支付移动支付市场交易规模达438357.3亿元人民币，环比增长11.52%，一改环比下跌2.62%的局面。

支付宝以53.71%的市场份额继续稳居第一；腾讯金融市场份额为38.82%，位列市场第二。可见，以上两家仍占据着移动支付市场的绝对主导地位（见表2）。

表2　2018年第三季度中国第三方移动支付市场份额

单位：%

企业名称	市场份额	企业名称	市场份额
支付宝	53.71	快钱	0.65
腾讯金融	38.82	百度钱包	0.31
壹钱包	1.23	苏宁金融	0.28
联动优势	0.87	其他	3.45
易宝	0.68		

资料来源：易观。

四　新模式新业态在探索中不断涌现

（一）全球整体上看好共享经济发展

布鲁金斯学会的研究表明，共享经济是全球增长最快的商业趋势之一，预计将从2014年的140亿美元增长到2025年的3350亿美元。波士顿咨询集团智库亨德森集团（Henderson Group）估计，自2010年以来风险投资已经向共享经济市场投入了240多亿美元。亨德森集团的调查还表明，接受调查的美国消费者中有85%的人表示他们在共享产品的花费上更多。根据Statista的数据，2018年美国度假租赁收入超过1300万美元，预计年增长率将达到7.2%。还有一个趋势就是，预计到2020年医疗保健行业的年营业收入将达到8.7万亿美元，共享经济尚未对这个市场产生影响，但变革已经成熟。美国全国各地的医院在耗材和设备方面浪费了超过7650亿美元，共享经济则让一个城镇的多家医院充分利用一些闲置的设备。

一些机构也对全球各个国家和地区的共享经济发展状况进行了衡量，瑞典智库迪博（Timbro）于2018年7月发布全球第一个共享经济指数，通过收集213个国家和地区286项服务的月度流量数据，使用自动网络抓取技术对其中23项活跃服务的供应商进行分析，数据表明，冰岛排名第一，大家普遍认为的美国、英国、中国等共享经济发展较快国家则处于较为落后的位置。如英国位列第27，美国位列第53，中国位列第150，未如预期。2018年11月28日，创新指数提供商Solactive发布一条共享经济指数，名称为Solactive Sharing Economy Index。近年来，共享经济服务的使用率不断上升，2017年美国有26%的互联网用户参与共享经济，预期2021年将增长到38%。该指数跟踪参与共享经济的公司，如汽车共享、酒店、私人租赁、点对点贷款和合作等，包括一些与Airbnb、Uber、Lyft等大型“独角兽”企业直接竞争的共享经济上市公司，同时也跟踪一些大量投资于共享经济企业的上市公司。

英国华威大学华威商学院在2017年7月进行的一项调查显示，英国共享经济用户在18个月内增长了60%，23%的英国人每个月使用共享经济的次数超过一次，受教育程度越高的人越有可能为Airbnb、Uber等支付费用。在英国，在eBay或Gumtree上出售二手商品是最受欢迎的方式，其中47%的英国人使用它们，而住宿、乘车共享和众筹使用率为50%。正如预期的那样，大伦敦是英国共享经济中最受欢迎的地区，67.6%的受访者使用它，苏格兰（67%）和威尔士（66.2%）也很高。乘坐共享是大伦敦最受欢迎的服务。

2018 年 3 月，Uber 和地区竞争对手 Grab 合并，前者在许多东南亚国家（包括新加坡、马来西亚、菲律宾、泰国、越南、柬埔寨和缅甸）转向 Grab。新加坡人口众多，供需匹配总是一个挑战，随着高速互联网、移动应用、信用卡和数字支付的普及，数字生态系统是让经济蓬勃发展的一个因素。许多退休的房主使用 Airbnb 来补贴他们的退休金。在 Grab 和共享递送公司的案例中，许多人使用这些平台来补贴他们的生活费用。

过去的 2018 年，对于中国共享经济来说，是一个巨大的考验。从 2016 年的快速崛起，到 2017 年的遍地开花，再到 2018 年的烦恼不断，共享经济行业经历了较大起伏。伴随一波波共享单车、共享汽车、共享充电宝等诸多领域相关企业的倒闭停业、合并收购，社会上一部分人对共享经济提出质疑。共享单车的共享经济模式在 2018 年经历了难忘的寒冬，市场洗牌、管理失控、烧钱恶性循环、资本逃离，甚至挪用押金填补缺口，这些因素汇聚起来说明共享经济这一模式远远没有成熟。共享经济的本质是利用社会闲散资源实现自由组合和效率最大化，但目前来看资本导向的发展方式让共享经济的发展路径出现了偏差。2018 年，共享经济创新仍存，但是引发的一系列问题也倒逼政府、企业重新思考共享经济的发展之路。

（二）我国跨境电商优势依旧

2018 年 7 月，Forrester & Facebook 发布的《2018 全球跨境电商营销白皮书》显示，未来四年，跨境电子商务的增长速度将超过境内电子商务。到 2022 年，全球跨境电商的销售额将达 6270 亿美元，占电子商务的 20%。而受中国带动，亚太地区在进出口方面都将成为规模最大的跨境电商市场。由于跨境网购能够让消费者找到更便宜或是在本土市场没有的商品，全球买家对跨境电商将会越来越感兴趣，而中国卖家的商品也将吸引越来越多的海外消费者。

中国商务部数据显示，2018 年 11 月 1～11 日，跨境电商进口商品销售额超过 300 亿元。中国电子商务研究中心统计数据显示，2018 年上半年中国跨境电商进口交易规模达1.03万亿元，同比增长19.4%。截至2018年6月底，我国经常进行跨境网购的用户达7500万人。2018年7月，国务院同意在北京、呼和浩特、沈阳等22个城市新增设立跨境电子商务综合试验区，积极深化外贸领域“放管服”改革。截至2018年底，我国跨境电商综合试验区数量已达到35个。多地试验区推出相关改革措施，实现跨境电子商务自由化、便利化、规范化发展。2018年底召开的国务院常务会议则指出，在跨境电商零售进口清单内商品实行限额内零关税、进口环节增值税和消费税按法定应纳税额70%征收基础上，进一步扩大享受优惠政策的商品范围，新增群众需求量大的63个税目商品。财政部、海关总署、税务总局联合发布通知称，调整跨境电商零售进口税收政策，提高享受税收优惠政策的商品限额上限，扩大清单范围，通知自2019年1月1日起执行。作为我国的优势产业，跨境电商必将向全球化、品牌化发展。

参考文献

国家工业信息安全发展研究中心、两化融合服务联盟、中国产业互联网发展联盟：《2018工业互联网平台创新发展白皮书》，2018年。

美国信息技术创新基金会：《为什么制造业数字化至关重要以及各国如何支持》，2018年4月。

Allied Market Research：《农业市场中的物联网》，2018年12月。

华为：《联网农场智慧农业市场评估》，2017年12月。

世界经济论坛、科尔尼管理咨询公司：《2018年“制造业的未来”准备状况》，2018年6月。

世界经济论坛、麦肯锡：《下一代经济增长引擎第四次工业革命科技在制造业中的规模化应用》，2018年6月。

中国国际电子商务中心：《2017年世界电子商务报告》，2018年4月。

上海社会科学院经济研究所、联合国工业发展组织：《2018金砖+国家电子商务发展研究报告》，2018年11月。

阿里研究院：《金砖国家电子商务发展报告》（2018更新版），2018年7月。

Global Web Index：《2018年全球电子商务报告》，2018年8月。

世界银行：《2019年世界发展报告》，2018年6月。

Merchant Machine：《2018年全球移动支付平台统计数据》，2018年11月。

易观：《中国第三方支付行业专题研究2018》，2018年9月。

易观：《中国第三方支付移动支付市场季度监测报告2018年第3季度》，2018年12月。

Forrester & Facebook：《2018全球跨境电商营销白皮书》，2018年7月。

B.6
数字政府成为电子政务发展的新阶段

殷利梅*

摘　要： 政府在数字化转型浪潮中发挥着急先锋作用。联合国、日本早稻田大学－国际 CIO 学会、欧盟等开展的电子政务评价显示，全球电子政务正在朝着更高发展水平迈进。云计算、人工智能、区块链等数字技术在政府部门的应用不断深入，政府智慧化水平日益提升。同时各国政府对数据资源的重视程度日渐加强，但是开放政府数据传统领先国家反而出现名次下降。一些平台化、组件化的工具日益普及，促进全球政府数字化服务稳步发展。

关键词： 电子政务　数字政府　开放数据　数字化服务

电子政务的概念自提出以来到现在已经 20 年了，20 年来，它的概念被众多的公共机构和学者定义和讨论。2014 年，OECD 首次将电子政务（E-government）的概念更新为数字政府（Digital Government），它是指数字技术的使用作为政府现代化战略的一个组成部分创造公共价值。这一概念强化了数字技术作为政府数字化转型的强大动力所带来的巨大价值。多年来，政府一直充当数字化转型的急先锋，对产业界、社会和公众起到了良好的示范作用。

* 殷利梅，国家工业信息安全发展研究中心信息政策所高级工程师，硕士，研究方向为电子政务、产业信息化、数据治理。

一　全球评估评价普遍开展，电子政务呈现更高水平

2018 年联合国、日本早稻田大学－国际 CIO 学会，以及欧盟均发布了电子政务调查报告，以国家为单位对全球或区域范围内电子政务发展情况进行了评价。评价显示，全球电子政务总体呈现良好发展态势，新技术应用、在线服务、数据开发利用等方面均取得了显著进展，并呈现新的特点。

（一）联合国经济和社会事务部发布《2018联合国电子政务调查报告》

2018 年 7 月，联合国经济和社会事务部发布了新的电子政务调查报告。这是自 2001 年起联合国发布的第 10 份电子政务报告。报告对所有 193 个成员国的电子政务发展情况进行调查评估，成为各国发展电子政务的一个重要基准。报告的主题是“帮助电子政务做好准备，以支持各国向可持续和弹性社会转型”。报告的发布正值落实联合国《2030 年可持续发展议程》进入第三年，同时 2018 年高级别政治论坛（HLPF）的关注重点是向可持续和弹性社会转型。

表 1　2018 年联合国电子政务发展指数（EGDI）的构成

一级指标	二级指标
电信基础设施指数	每 100 名居民中互联网用户数量
	每 100 名居民中主要固定电话线路数量
	每 100 名居民中移动电话用户数量
	每 100 名居民中无线宽带用户数量
	每 100 名居民中固定宽带用户数量
人力资本指数	成人识字率
	毛入学率
	预计受教育年限
	平均受教育年限
在线服务指数	基于在线服务调查问卷导出结果得出的标准化分数

资料来源：联合国经济和社会事务部。

2018 年调查报告突出了全球电子政务持续朝着更高水平发展的积极态势。在本次调查报告中，40 个国家得到了“非常高”的分数，即电子政务发展指数值介于 0.75～1.00；相比之下，2003 年只有 10 个国家得到这个分数，2016 年有 29 个国家。2014 年以来，所有 193 个成员国都提供了某种形式的在线服务。得益于各组成部分指数的不断提高，全球 EGDI 均值从 2014 年的 0.47 升至 2018 年的 0.55。

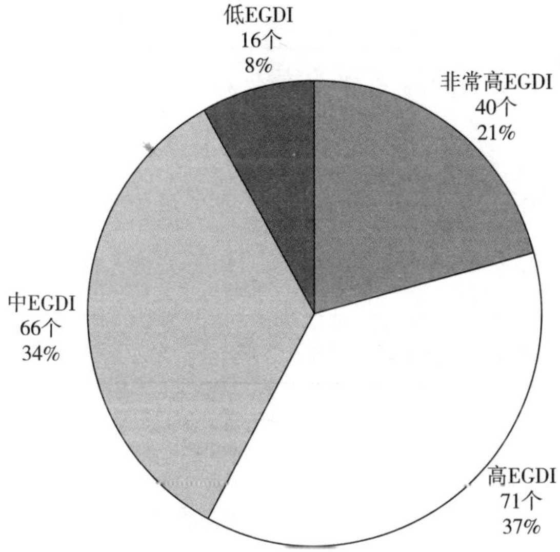

图 1　2018 年按电子政务发展指数分组的国家数量及占比

资料来源：联合国经济和社会事务部。

2018 年调查报告排名前十的国家依次是丹麦、澳大利亚、韩国、英国、瑞典、芬兰、新加坡、新西兰、法国、日本。丹麦在在线服务供给方面得分最高，澳大利亚在人力资本方面得分第一，韩国在线服务和基础设施都表现很好，英国比 2016 年第一的名次略有下降，瑞典提升了一个名次，主要得益于人力资本和基础设施两项相对较高的分数。值得关注的是，在线服务指数是这次调查评估的重点，通过设置 140 道问卷问题，对各国政府国家门户、在线服务门户，以及教育、医疗、金融、环境等各级政府部门网站的调查充分评估各国在线服务发展水平。

报告显示，我国2018年EGDI世界排名第65，达到0.6871，其中，在线服务指数0.8611，电信基础设施指数0.4735，人力资本指数0.7088，与第一名丹麦相比，我们在电信基础设施、人力资本方面还落后较多。值得关注的是，在线服务指数自2003年以来不断提高，实现了从0.3低水平到0.8较高水平的突破，这主要得益于我国政府不遗余力地推动基于互联网的一站式服务。

（二）日本早稻田大学与国际CIO学会联合发布《第14届（2018）国际数字政府排名评价报告》

2018年10月，日本早稻田大学数字政府研究所与国际CIO学会联合发布《第14届（2018）国际数字政府排名评价报告》。报告通过10个指标、35个子指标的指标体系对65个国家和地区的数字政府建设情况进行评估。

表2　日本早稻田大学－国际CIO学会数字政府评价指标体系

指标	子指标
1. 网络准备度/基础设施(NIP)	1－1 互联网用户数 1－2 宽带用户数 1－3 移动蜂窝用户数
2. 管理优化/效率(MO)	2－1 优化意识 2－2 集成业务架构 2－3 行政和预算系统
3. 在线服务/功能应用(OS)	3－1 电子采购 3－2 电子税务系统 3－3 电子定制系统 3－4 电子健康系统 3－5 一站式服务
4. 国家门户/主页(NPR)	4－1 导航 4－2 互动 4－3 接口 4－4 技术方面
5. 政府CIO(GCIO)	5－1 政府CIO存在 5－2 政府CIO授权 5－3 CIO组织 5－4 CIO发展计划

续表

指标	子指标
6. 政府推广(EPAR)	6-1 法律机制 6-2 启动机制 6-3 支持机制 6-4 评估机制
7. 开放政府(OGD)	7-1 法律框架 7-2 社会 7-3 组织
8. 网络安全(CYB)	8-1 法律框架 8-2 网络犯罪对策 8-3 互联网安全组织
9. 新兴ICT技术的使用	9-1 云计算的使用 9-2 物联网的使用 9-3 大数据的使用

资料来源：日本早稻田大学-国际CIO学会。

排名前10的国家或地区依次是丹麦、新加坡、英国、爱沙尼亚、美国、韩国、日本、瑞典、中国台湾、澳大利亚。与联合国电子政务调查报告相比，两份报告前10名国家或地区的重合度达到70%。同样的，该报告也强调大多数政府都在以公民为中心和需求拉动的在线服务方面取得了卓越的成就。

报告通过14年的研究发现了电子政务的五个新发展趋势：一是电子政务的重新定义；二是人工智能和物联网在数字政府中的应用；三是扩大电子政务和智慧城市的规模；四是区块链技术在数字政府中的应用；五是数字政府应用于反腐败。人工智能、物联网、大数据和云计算的兴起和发展对2018年数字政府的推广产生了一定的影响，但是这些技术在数字政府活动方面尚未取得很大进展，很少有国家同时采用人工智能和物联网技术来提高服务质量和工作效率，其中大部分应用这些技术的国家仍集中在丹麦等发达国家。

根据排名数据，中国名列第32，相较于2017年第44名上升12个名次。

报告对中国政府开放数据方面的进步给予了肯定，被形容为未来就像电子商务的发展一样充满希望。同时也指出，与其他经济体相比，中国的电子政务发展进程相对缓慢。除了“管理优化”指标外，所有排名部分的表现都可以被认为是落后于先进国家。缺乏政府首席信息官（GCIO）不仅削减了评估分数，更重要的是影响了政府层面ICT计划的执行。

（三）欧盟发布《电子政务基准报告2018》

2018年11月，欧盟委员会发布第十五份《电子政务基准报告》，具体包括背景报告、深度报告和国家报告。报告对28个欧盟成员国，及冰岛、挪威、土耳其等6个非欧盟成员国的电子政务水平进行了分析评价。报告显示，欧盟数字公共服务以用户为中心和移动友好性不断提升。但是，为了实现欧洲创建数字单一市场的雄心，跨界移动需要更多的努力。必须进一步改善透明度和eID的使用，作为信任数字政府的关键驱动因素。

欧盟电子政务整体表现得分是四个顶级基准指标的平均分。这四个指标分别是：以用户为中心、透明度、跨界移动性和关键促成因素。从这四个指标都能够看到各个国家的进展。

表3　欧盟电子政务评估指标体系

指标	指标说明
以用户为中心	在线使用公共信息的速度和便捷度
透明度	政府机构的运营，服务提供程序和用户对其个人数据的控制程度
跨界移动性	人们可以在国外使用公共服务的程度
关键促成因素	eID，电子文档和真实来源等的可用性

资料来源：欧盟。

报告显示，10个欧盟国家（马耳他、奥地利、瑞典、芬兰、荷兰、爱沙尼亚、立陶宛、拉脱维亚、葡萄牙、丹麦）和挪威正在提供高质量的数字服务，日常生活如搬家、寻找或失去工作、创业或学习等重要事件的得分高于75%。与此同时，由于实现欧洲创建数字单一市场的目标的雄心壮志，最落后的国家正在逐步弥合性能差距。

以用户为中心是欧洲最成熟的顶级基准指标，总体平均值为82%，透明度指标达到59%，跨界移动性达到54%，关键促成因素得分为54%。欧洲在以用户为中心方面最先进，表明公共行政部门密切关注用户需求和偏好。尽管有所改进，但还需要进一步努力提升透明度、跨界移动性和关键促成因素。此外，2018 年基准报告中新引入的网络安全评估需要采取行动：欧洲各地的公共管理部门需要保证基础安全级别。在3500 个经过分析的欧洲公共网站中，只有不到10%通过了基本测试。

二　政府践行数字技术应用，智慧化水平明显提升

（一）云计算依然是重要政务信息基础设施

云计算是实现政府集约化、提高效率的重要技术工具。美国行政管理与预算办公室于2018 年9 月发布了云智能建议（Cloud Smart Proposal）。这是美国自2010 年发布“云优先”策略7 年来的首次云计算政策更新，为各机构迁移到安全可靠的云网络提供了路径。这项新战略将支持各机构实现额外的节约、安全并提供更快捷的服务。“云优先”是在云计算技术兴起之时发布的，而“云智能”将以草案形式征求意见，它“更新了原来的方法，并填补了政策上的一些空白，从而使相关机构能够根据其需求更加迅速地采纳、精简一些活动”，而不是“一刀切”。

专栏　美国云智能战略主要内容

一是安全。①可信互联网连接（TIC）。基于TIC，减少外部连接的数量，统一联邦机构所使用的外部网络连接的安全标准。②持续的数据保护及意识。各机构都应为与其身份和证书管理系统相一致的云托管数据确定管理模型。此外，如果供应商部署云解决方案，则应该确定一个服务水平协议（SLA），为机构提供对其数据的机密性、安全性和可用性的持续了解。③联

邦风险与授权管理项目（FedRAMP）。FedRAMP 是一个政府范围内的项目，已被证实在为大型云服务提供商提供安全评估、授权和持续监控的标准化方法上具有重要意义。利用 FedRAMP 项目中的网络安全专业知识将使联邦政府能够继续提高采用云系统的机构安全实践的效率和有效性，同时消除安全专业人员、供应商和机构领导的负担。

二是采购。①类别管理。联邦政府将采用类别管理来改进支持“云智能”战略的采购模式，增加在联邦市场中使用经验证的云载体，并开发新载体以满足新兴需求。②服务水平协议。为确保更智能的云采购和行政机构间的使用，需采取双轨方法，首先对合同条款和条件进行审查和确定，其次，根据总统《关于加强联邦网络和关键基础设施网络安全》的行政命令，各行政部门和机构负责人负责管理其企业的风险，责任不能通过服务水平协议外包。③合同的安全要求。各机构需要为高价值资产合同提供保障，并考虑开发人员、制造商和供应商采用系统安全和隐私工程概念的要求，推动安全与隐私设计原则、安全编码技术和可信计算方法的目标集成。

三是劳动力。①确定当前和未来工作职责的技能差距。机构首席信息官和首席人力资源官应合作进行符合任何法规或规定的技能差距分析，并在适当情况下利用行业预测来帮助预测未来的劳动力技能和职位需求。②保留并重新培训现有的联邦雇员。各机构需要为现有雇员制定并实施再培训战略，侧重于培训和专业发展机会，使现有雇员能够获得急需的技能和证书。③征募人才以弥补技能缺口。包括利用行业招聘最佳实践、增加薪酬灵活性，以及迅速消除员工招聘的官僚障碍。各机构必须建立人才管道，不断向联邦政府输送网络安全人才。④员工沟通、参与和过渡策略。在迁移到云之前，各机构应执行通信计划，帮助员工了解实现“云智能”战略所需做出的转变。⑤迅速消除人才招聘的官僚障碍。采用精简的招聘流程和可执行的人力资本策略，各机构领导必须查明并迅速消除妨碍机构迅速雇用人才的官僚障碍。

资料来源：《从“云优先”转向“云智能”：美政府发布〈云智能战略〉草案》，国防科技要闻，2018 年 9 月 29 日。

英国于2018年4月发布政务云10（G－Cloud 10）框架，这是英国政务云框架自2012年首次发布以来的第10版。截至目前，通过G－Cloud框架花费了近30亿英镑，其中48%用于中小型企业（SME）。G－Cloud 10响应市场的速度更快，并且可以申请销售网络安全服务的内容，供应商可以集中存储信息，方便地从G－Cloud复制信息迁移到G－Cloud 10上。另外，还能提供更简单的申请流程和更快的应用程序，让政府采购变得更加清晰简单，政府可以以合适的价格从合适的供应商那里购买合适的技术和服务。

亚洲云计算协会发布的2018云就绪指数（CRI）报告显示，亚太地区加强云计算能力，新兴市场继续迎头赶上。该指数通过10个指标衡量亚太14个经济体云计算准备程度，2018年排名第一的是新加坡，紧随其后的是中国香港和新西兰。报告指出，亚太地区在云计算基础架构和监管方面优势巨大，但是在治理和安全性方面则相对落后。

（二）利用区块链技术增强安全性和可追溯性

区块链技术作为这两年的新兴技术，以其安全性高受到政府、企业的推崇。日前区块链技术已经在电子投票、医疗健康、海关通关、税务等领域开展应用。

在电子投票方面，2018年5月，西弗吉尼亚州成为美国第一个允许通过区块链进行互联网投票的州。使用区块链进行选举是该技术最有希望的应用之一。其安全和身份保护功能可以减少欺诈，帮助选民相信他们的投票保持匿名，增加投票率，并允许选举即时出结果。使用这项技术，选民可以在智能手机上扫描他们的拇指，并在选举日投票。如果每个人都通过区块链投票，没有人可以投票两次。该投票的记录将是不可侵犯的，并且每个投票站都会立即记录投票的每个ID。

在医疗健康方面，许多区块链倡议正在萌芽。例如，总部位于英国的Medicalchain帮助患者访问和控制他们的数据，并为不同用户提供不同级别的访问。区块链公司Gem正在使用基于区块链的全球患者标识符，该标识符可以与医院记录以及来自医院记录的数据相关联。个人的健身体验也可以通过区块链获得提升。

在海关通关方面，区块链已经在许多海关部门进行测试，包括在英国、韩国、新加坡、哥斯达黎加、墨西哥、秘鲁和东非15国集团。英国离开欧盟关税同盟时，其海关申报量将从5500万增加到超过2.5亿，英国目前的软件程序无法完全处理。区块链可以提供如下功能：将产品追溯到它们的原产地，这有助于确定货物的来源和适当的关税，例如，欧盟对运往欧盟包裹的关税；区块链条目可以在28个英国边境机构中实时安全、透明地共享，这些机构需要分析食品安全和知识产权合规等进货情况；每个边境机构都可以对任何一批货物以及与之相关的所有文书工作和事件进行纵览，从而减少每个机构的管理成本并便于清关。

哥伦比亚承诺实施区块链和物联网等创新技术的新政策。在社会影响方面，使用基于区块链的应用来改善民主进程和参与已经促使哥伦比亚的机构和区块链倡导者之间建立了伙伴关系。哥伦比亚国立大学和波哥大市政厅联合为当地学生提供基于区块链的应用程序，通过这些应用程序，他们可以选出学生领袖。更广泛地说，虽然随着时间的推移，哥伦比亚的选举制度取得了进展，但区块链技术可以提供一个安全的数字化环境，这样的环境不会被黑客攻击或改变，可以保护选民身份，并降低成本。

在中国，2018年7月2日，国家税务总局批复授权深圳成为全国首个试点区块链电子发票的城市。深圳市税务局统计，目前全市已有7家开票服务商及1个报销平台与区块链电子发票系统实现了对接。截至2018年12月12日，已上线的32家试点企业共开具区块链电子发票17570张，现已完成注册接入企业涉及餐饮业、停车服务、零售业、互联网服务、金融业等行业，共计209家企业。

（三）应用人工智能技术辅助政府决策

2018年各国政府依然探索人工智能在政府管理和服务中的应用。德勤发布的一项人工智能对政府影响的研究报告《人工智能增强型政府》表明，人工智能技术能够帮助政府部门预测欺诈交易，通过面部识别犯罪嫌疑人等，它将逐渐改变政府运作的方方面面。报告显示，通过自动化计算机执行的常规任务，每年可以节省数百万个工作小时（约 43 亿次）。在低端范围，自动化可以每年节省 9670 万个小时，能节省 33 亿美元；在高端范围，每年可节省的时间增加到 12 亿小时，每年可能节省 411 亿美元。

例如，美国国土安全部的公民身份和移民事务部已经创建了一个虚拟助理 Emma，它可以准确地响应人类语言。目前每月大约有 50 万个问题显示出相关的答案，通过人工智能技术 Emma 从它自己的经验中学习，当虚拟助理回答更多的问题时，它会变得更聪明。客户反馈告诉 Emma 哪些答案有帮助，通过“监督学习”的过程中磨炼它对数据的掌握。

在防灾减灾方面，人工智能技术正日益发挥重要作用。例如，将动态传感器安装在印度洋的底部，用来检测波浪和水流状况，并通过测波浮标和卫星链路向应急机构传输数据。无人机正被越来越多地用于评估灾后损失。例如，卡塔尔的人工智能应灾软件 AIDR 是一款免费的开源软件，能够对社交媒体的信息进行自动收集和分类，包括在人道主义危机中发布的推特消息。AIDR 最大限度地利用机器智能，并在灾害发生时帮助分析社交媒体上出现的大量数据、视频、图像和文本。2017 年，印度商业和工业部成立了一个特别工作组，研究如何利用人工智能实现印度经济增长。该工作组于 2018 年 3 月发布了一份报告，报告确定了人工智能能够快速融入的 10 个领域，包括公共事业服务、教育等。

三　数据的战略地位得到强化，数据资源开发利用加快推进

（一）数据作为重要的战略资源日益成为共识

各国政府高度重视数据的发展和应用。美国于 2018 年 3 月发布的《总统管理议程》强调了为未来创建数据战略和基础设施的重要性。议程提出了保证数据战略长期发展的四个关键组件。一是组织数据治理，将政府数据

作为战略资产进行管理。二是访问、使用和增强，改进数据传播和标准化。最大化公开可用的非敏感数据。最大化敏感数据供公众使用，同时保持安全性和隐私。三是决策和问责，提供高质量的数据。促进外部研究。促进公共问责制和透明度。四是商业化、创新和公共使用，通过公开数据来吸引私营部门，这将鼓励创新，并允许更多地使用政府数据，而不仅仅是政府可以自己实现的能力。总统的管理议程还建立了跨机构优先（CAP）目标，将数据作为战略资产，以推动制定和实施联邦数据战略计划的可持续进展。由小企业管理局、美国商务部、科技政策办公室以及管理和预算办公室牵头的CAP目标旨在利用数据作为战略资产来促进经济增长，提高联邦政府的效率，促进监督并提高透明度。

2018年5月，白宫管理和预算办公室（OMB）和开放数据企业中心（CODE）共同举办了一次关于利用数据作为战略资产的圆桌会议，该活动汇集了联邦和行业数据专家，开始制定一项战略，以改善联邦数据的方式，改善政府服务的提供，为政府政策提供信息，在美国经济中创造价值和就业机会，并使政府更加有效和高效。

同样，欧盟早在2018年1月就召开了在公共信息再利用指令（PSI）下公共部门信息再利用的高级别圆桌讨论会。会议从技术和非技术角度提供和再利用公共部门信息中存在的障碍和影响，上述障碍的具体例子和如何解决这些障碍的最佳做法，政策方向和旨在改善欧洲数据提供和共享的可能措施。从讨论中可以看出，存在技术障碍（特别是在标准、数据语义和API方面），但数据持有者和再利用用户都认为这些可以在当前的立法框架内解决，尽管它需要投入时间和资源，确定适当的解决方案。据与会者称，PSI重用的最相关障碍仍然涉及数据访问（数据不可用或不共享）以及成员国的不同收费做法。在这些领域以及（事实上）排他性协议的主题中，一些利益相关者要求更多的欧盟干预，因为需要为所有再利用用户制定统一、明确和公平的规则，以便能够重新使用跨境数据。此外，与会者表示，继续推动提高公共部门的意识和促进公职人员的文化变革非常重要。

中国政府数据开发利用取得了显著进展。目前已经有贵州、福建、广东、浙江等8个省份设立了大数据相关的管理机构。在公共信息资源开放方面，2018年1月，中央网信办、国家发展改革委、工业和信息化部联合印发《公共信息资源开放试点工作方案》，确定在北京、上海、浙江、福建、贵州开展公共信息资源开放试点。《2018中国地方政府数据开放报告》对我国46个地方政府的数据开放情况进行了评估，包括8个省级地方政府、38个副省级与地市级地方政府。报告分析指出：在地域分布上，我国的政府数据开放平台建设呈现从东南沿海地区向内陆不断扩散的趋势。目前，在已上线平台的各级地方政府中，地市级数量最多，有31个；省级行政区和副省级城市数量相当，分别为8个和7个。报告认为，从全国来看，除副省级城市平台占比接近五成外，我国上线政府数据开放平台的省市整体占比依旧偏低。在政务信息资源共享方面，目前71个部门、31个省级政府和新疆建设兵团都已经全面接入电子政务的外网和国家数据共享的交换平台，“网络通”的工作基本实现。基于“网络通”，基本建成了全国一体化的数据共享交换平台体系，构建了包含53万条目录的政务数据资源体系，这为支撑跨部门、跨地区的政务服务提供了一个基本保障，目前交换量达到340亿条。

（二）开放政府数据传统领先国家名次下降

近年来，开放政府数据一直是各国发展的重点，但是2018年9月万维网基金会发布的《开放数据晴雨表》2018年报告显示，长期以来，英国一直是全球开放数据“领头羊”，但在过去五年中，其开放数据倡议几乎没有变化，导致4分小幅回落。从好的方面来看，英国已经建立起数据管理实践，开放数据运动已经达到次国家级水平，数据培训选项现在可以广泛提供。然而，政府的政策并没有像其倡议的那样发展。它已经软化了对开放的最初坚定承诺，并采用了新的“适当时开放政府数据”政策。有迹象表明，政府正在考虑放弃公开数据的愿望。其他退步的领域包括减少社会公众的参与，以及减少对开放数据创新文化的支持。信息权（RTI）和数据保护框架也落后于最佳实践。最后，虽然影响力仍然相当强劲，但包容努力有弱点的迹象。

美国的衰退更加明显。美国在公开数据中投入的资源越来越少，政府的表现在几乎所有指标上都出现了倒退，特别是在过去两年，导致11分的下降。随着开放数据计划的削弱，政府已经退出了冠军组织。该国的RTI框架值得特别关注，因为近年来政府对《信息自由法》（FOI）请求的响应越来越少。唯一改进的领域是数据管理实践、数据培训计划的可用性，以及围绕包容和创业的一些新出现的影响。联邦政府以下一级的公开数据也没有变化。尽管美国开放数据网站于2018年8月发布新闻称，最近Data. gov目录首页上的数据集总数发生了显著变化，这种波动是由于与创建重复数据集的收获过程相关的技术问题。技术团队正在仔细地删除副本并恢复全部功能。

四 平台化、组件化工具日益普及，数字服务稳步推进

英国推行政府即平台战略，政府转型战略自2017年2月实施一年来取得了显著成效。根据英国政府数字服务小组（GDS）的统计，目前共计有175项服务使用GDS开发的一个通用组件，例如，驾驶员和车辆标准局使用GOV. UK Notify提醒人们何时需要对他们的车辆进行MOT测试，该服务现在拥有超过50万名用户。国际贸易部通过使用GOV. UK Notify和GOV. UK平台即服务等组件在great. gov. uk上的服务，例如“出口很棒”、“寻找买家”和“寻找供应商”，以及“在海外销售”，使设计、开发和交付非常快。地方部门也在利用这些通用组件。例如，巴斯和东北萨默塞特委员会使用Notify让居民了解垃圾收集日，而GOV. UK Pay和GOV. UK Verifyare也可供地方当局使用。到目前为止，已经通过GOV. UK Notify发送了超过2230万份通知，超过3930万英镑的付款通过GOV. UK Pay实现。同时，还提供帮助公务员更好地完成工作的工具，包括GovWifi——所有政府的单一WiFi登录，已经看到超过350万笔交易。GovWifi现已在全国340多个地点开放，包括100个法庭、地方议会、学校和医院，以及英国边境部队的舰队。

欧盟电子政务的总体表现正朝着正确的方向发展。如今，58%的欧盟公民选择在网上与他们的公共行政部门取得联系，而公共服务的总在

线可用率为82%。数字解决方案有助于增强公民对政府的信任。欧洲将在9月29日eIDAS电子识别手段跨境识别规则生效时朝着这个方向迈出一大步。

德国新政府发布“数字化战略目标”。2018年3月4日，德国社会民主党成员投票通过组阁协议，将与默克尔领导的联盟党组建大联合政府，默克尔将再度出任德国总理。组阁协议中，数字与网络议题占有不少篇幅，新一届德国政府将会推出宽带基础设施，推进欧洲数字经济发展，且高度重视网络安全问题。关于强化教育领域数字化举措，德国新一届政府将通过“Digitalpakt#D”计划拨款35亿欧元（约合人民币274亿元），在全德国中小学和大学实现互联网接入。为了打造“数字化工作4.0”，新一届政府将推出国家继续培训战略，并设法消除远程办公的障碍。

中国的在线公共服务取得显著进展。习近平总书记在2018年全国网络安全和信息化工作会议上强调，要“加快推进电子政务，构建全流程一体化在线服务平台，更好解决企业和群众反映强烈的办事难、办事慢、办事繁的问题”。国家先后出台了《关于加快推进“互联网+政务服务”工作的指导意见》《关于深入推进审批服务便民化的指导意见》《国务院关于加快推进全国一体化在线政务服务平台建设的指导意见》等政策文件。目前全国30个省（自治区、直辖市）和新疆生产建设兵团已建成省级政务服务平台，30多个国务院部门建设开通了部门政务服务平台。其中，20个地区构建了省、市、县三级以上网上政务服务体系，浙江、广东、贵州等地区构建了省、市、县、乡、村五级网上政务服务体系。31个已建成的省级平台提供的22152项省本级行政许可事项中，16168项已经具备网上在线预约预审功能条件，占72.98%，平均办理时限压缩24.96%[①]。一些地方和部门依托平台创新政务服务模式，“只进一扇门”“最多跑一次”“不见面审批”等改革措施不断涌现，取得了积极成效。

---

① http://www.gov.cn/zhengce/2018-08/03/content_5311618.htm.

参考文献

联合国经济和社会事务部:《2018 联合国电子政务调查报告》, 2018 年 7 月。

日本早稻田大学数字政府研究所和国际 CIO 学会:《第 14 届（2018）国际数字政府排名评价报告》, 2018 年 10 月。

欧盟委员会:《欧盟电子政务基准报告 2018》, 2018 年 11 月。

万维网基金会:《开放数据晴雨表》, 2018 年 9 月。

亚洲云计算协会:《2018 云就绪指数（CRI）报告》, 2018 年。

德勤:《人工智能增强型政府》, 2017 年 7 月。

国家和地区篇

Reports on Countries and Regional

B.7
数字中国建设迈上新台阶

路广通*

摘　要： 2018年，在国家政策大力推动下，我国数字经济高速发展，数字经济在国民经济中的作用不断扩大，进入结构不断优化、产业数字化比例持续提升的关键时期。具体而言，我国数字产业快速发展，5G、人工智能等领域迈入世界前列。在工业领域，新一代信息技术和制造业深度融合成为数字经济发展的关键，工业互联网开始由概念走向现实。在消费领域，跨境电商、新零售、短视频等新模式新业态持续涌现，对扩大内需、促进消费升级有着重要意义。在国际层面，我国数字经济发展的机遇与挑战并存，"一带一路"、5G等领域的国际合作取得了积极进展。

* 路广通，国家工业信息安全发展研究中心助理工程师，硕士，研究方向为平台经济、区域信息化、电子政务等。

关键词： 工业互联网 5G 消费升级 人工智能 “一带一路”

2018年，我国数字经济规模位居世界第二，仅次于美国。数字经济在GDP中占比和增长呈现“双提升”，发展迅猛。① 与此同时，我国数字经济的国际影响力也与日俱增，数字经济相关企业在全球占据了重要地位，数字经济发展潜力依然巨大，前景广阔。

一 我国数字经济的全球影响力不断提升，数字经济总体水平位居世界前列

麦肯锡全球研究院的数据显示，中国现已成为全球领先的数字化大国，零售电商交易额占比达到世界总量的42%，移动支付业务额高达美国的11倍。② 而在上海社科院发布的《全球数字经济竞争力发展报告（2018）》中，我国以63.05分名列第二，但与美国的84.24分差距较大，“数字创新竞争力”成为我国的短板，我国在技术研发、人才支撑、创新转化上与发达国家差距较大。③ 此外，在阿里研究院发布的《2018全球数字经济发展指数》中，我国同样排名第二，并在数字消费者分指数中排名第一。④ 这反映出我国数字经济总体水平已居世界前列，但在核心技术、人才支撑等领域还需要进一步提高。

在电通安吉斯集团和牛津经济研究院合作发布的2018年《数字经济社会指数》中，中国排名第三，仅次于英国和美国。该指数包括三个维度——活跃度（增长速度）、包容性（增长广度）和信任度（有利于增长的外部环境），其中中国在信任度维度上排名第一。在所有被调研分析的市场中，中国市场是对数字经济未来最为乐观的。而在包容性维度上中国排名第

① 中国网络空间研究院：《世界互联网发展报告2018》，2018年11月。

② 麦肯锡全球研究院：《数字时代的中国：打造具有全球竞争力的新经济》，2017年12月。

③ 上海社会科学院：《全球数字经济竞争力发展报告（2018）》，2018年10月。

④ 阿里研究院：《迎接全球数字经济新浪潮：2018全球数字经济发展指数》，2018年9月。

二，接入数字经济的方式多样。但在活跃度维度上我国相对落后，排名第八，这反映出我国核心信息通信技术行业的实力仍然较弱。[①]

在企业层面上，我国数字经济相关企业在全球占据了重要的地位。在福布斯发布的《2018 全球数字经济 100 强排行榜》中，中国大陆地区有 16 家企业上榜，数量仅次于美国。[②] 而在《全球数字经济竞争力发展报告(2018)》公布的“全球数字经济 100 强企业”中，我国企业占到了 11 个，仅次于美国和日本。[③] 截至 2018 年 2 月，全球市值排名前 20 的上市互联网企业中，我国占到7 个。

二　数字产业快速发展，5G、人工智能等领域步入全球领先地位

2018 年，我国电子信息产品制造业、软件和信息技术服务业稳中向好，前沿技术产业取得重大突破，“互联网 +”持续深入渗透，数字经济市场主体不断壮大。从跟随到并跑，从模仿到原创，从国内到国际，我国成长起众多的信息通信企业。在云计算、大数据、人工智能等领域，我国新企业成立数量全球领先，增加了上百家“独角兽”企业。在此基础上，数字产业总体呈现快速增长的态势。

（一）电子信息产品制造业、软件和信息技术服务业稳中向好，智能手机等产品全球影响力大幅提升

电子信息产品制造业加快结构调整，推动转型升级，生产和投资增速在工业各行业中保持领先水平。工信部的数据显示，2018 年规模以上电子信息产品制造业增加值同比增长 13.1%，快于全部规模以上工业增速 6.9 个百分点。出口交货值同比增长 9.8%，主营业务收入同比增长 9%，利润同比增长

① 电通安吉斯集团、牛津经济研究院：《数字经济社会指数》（中国版），2018 年 9 月。

② 福布斯：《2018 全球数字经济 100 强排行榜》，2018 年 9 月。

③ 上海社会科学院：《全球数字经济竞争力发展报告（2018）》，2018 年 10 月。

2.8%；固定资产投资同比增长16.6%，增速同比回落5.3个百分点，高于制造业整体投资增速7.1个百分点。软件和信息技术服务业业务收入加快增长，但利润总额增速有所放缓。我国软件和信息技术服务业完成软件业务收入63061亿元，同比增长14.2%，全行业实现利润总额8079亿元，同比增长9.7%；从业平均人数近643万人，增长4.2%。

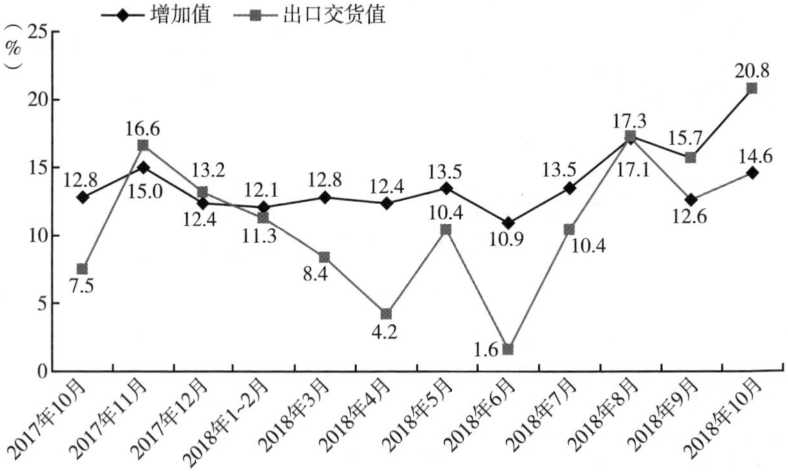

图1　2017年10月以来电子信息产品制造业增加值和出口交货值分月增速

资料来源：工信部运行局。

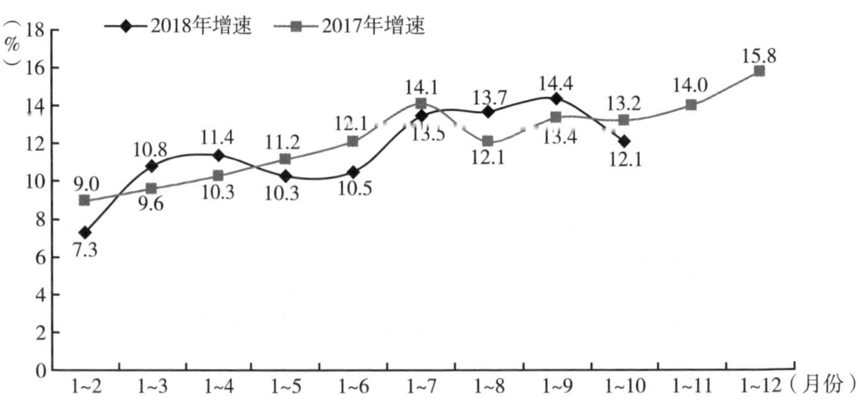

图2　2018年软件业利润总额走势

资料来源：工信部运行局。

在主要产品中，我国智能电视、智能手机、集成电路、显示屏、电脑等的产能和出货量均为全球第一。在智能手机上，2018 年全球出货量前六名的企业，我国占到 4 家。该 6 家厂商在 2018 年全球智能手机市场占据了 74%的份额，其中我国四家企业占比超过一半。IDC 的报告显示，2018 年全球智能手机出货量总体下滑约 4%，但华为和小米两家企业的手机出货量增幅均超过 30%。我国企业在全球智能手机市场中的地位显著提升。

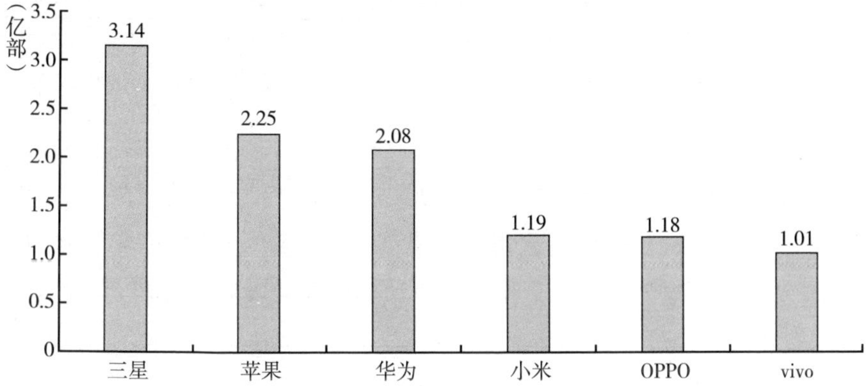

图 3　2018 年全球智能手机出货量 TOP6

资料来源：旭日大数据。

（二）前沿技术产业取得突破性进展，5G 和人工智能领域位居世界前列

2018 年，我国关键技术产业快速发展。大数据领域的专利公开量约占全球的 40%，我国形成了京津冀、长三角、中西部和东北等一批聚集发展区。预计 2018 年我国大数据市场规模将达到 280 亿元，未来五年（2018～2022 年）年均增长率约为 27.29%。[①] 此外，基于大数据、深度学习、边缘计算的新一代人工智能正在快速兴起，语音识别、机器视觉、自然语言处理等技术逐步成熟，智能网联汽车、医疗影像辅助诊断、身份识别等智能化产

① 《2018～2022 年中国大数据产业规模预测分析》，中投投资咨询网，2017 年 12 月。

品的集成应用态势良好。

5G 领域，中美两国在激烈的全球竞争中占据了领先地位。我国的华为是目前全球唯一能把 5G 基站和最先进的微波技术结合起来成为一个基站的企业，也是唯一能够提供包括商用 5G CPE 的 5G 端到端产品与解决方案的厂商。截至 2019 年 2 月，华为全球 5G 商用合作伙伴最多，有 50 余个，4 万余个 5G 基站已发往世界各地，领跑整个行业。同时，华为已与全球领先运营商签订了 30 个 5G 商用合同，其内容包括为乌克兰、巴西等国打造下一代 5G 网络基础设施，联合德国电信、英国沃达丰等国际大型通信运营商合作开发 5G 网络技术。全球 160 多座城市、211 家世界 500 强企业选择华为作为其数字化转型的伙伴。①

人工智能领域，我国的全球竞争力大幅提升，在国务院《新一代人工智能发展规划》和工信部《促进新一代人工智能产业发展三年行动计划（2018 ~2020 年）》的指导下，我国取得了突破性的进展。德勤发布的《中国人工智能产业白皮书》显示，中国已成为人工智能发展最迅速的国家之一，2018 年中国人工智能市场规模有望超过 300 亿元，人工智能企业数量超过 1000 家，位列全球第二。② 清华大学发布的《2018 中国 AI 发展报告》指出，中国在 AI 领域论文总量和高被引论文数量上都排在世界第一，人才拥有量排名全球第二；全球人工智能专利布局最多；此外，中国人工智能领域的投融资占到了全球的 60%。③

（二）互联网和相关服务业蓬勃发展，“互联网 +”持续深入渗透

随着数字经济的持续发展，数字溢出效应开始显现。数字经济作为一种经济模式，已经渗透到国民生活的各个领域，对于降低全社会成本、提高社会集约化水平有着重要的意义。截至 2018 年 6 月，我国即时通信用户规模达到 7.56 亿，网络新闻用户规模达 6.63 亿，网络购物用户规模达 5.69 亿，

① 以上数据来源于华为官网，https://e.huawei.com/cn/。
② 德勤：《中国人工智能产业白皮书》，2018 年 11 月。
③ 清华大学：《2018 中国 AI 发展报告》，2018 年 7 月。

手机支付用户规模达5.66亿，网上外卖用户规模达3.64亿，网络直播用户规模达4.25亿，在线政务服务用户规模达4.7亿，共享单车和网约出租车的用户规模也分别达到2.45亿和3.46亿。① 数字经济的商业模式正在和新一代信息技术相结合，对国民生活的各个领域起到提质降本增效的作用。

2018年，我国规模以上互联网和相关服务企业（简称“互联网企业”）完成业务收入9562亿元，同比增长20.3%，在2017年同期较高基数上保持快速增长；全行业研发投入490亿元，同比增长19%。同期，信息服务业务收入规模达8594亿元，同比增长20.7%，占互联网业务收入的比重为89.4%。

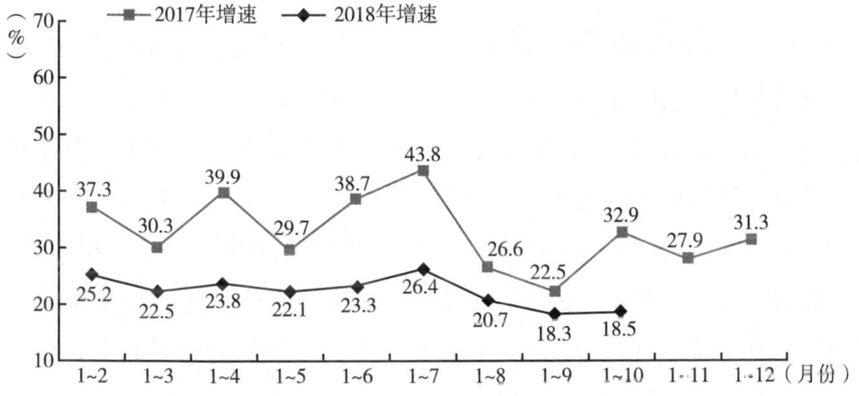

图4　2017～2018年信息服务业务收入增长情况

资料来源：工信部运行局。

三　产业数字化成为增长关键引擎，工业互联网开始由概念走向现实

我国产业数字化深入推进，数字技术与实体经济深度融合不断加速，制

① 中国互联网络信息中心（CNNIC）：第42次《中国互联网络发展状况统计报告》，2018年8月。

造业数字化转型成为产业数字化的主攻方向，云和工业互联网赋能数字化转型逐渐成为发展重点。2018 年，我国企业数字化研发设计工具普及率和关键工序数控化率分别达到67.4%和48.4%。[①] 工业互联网作为新一代信息技术与制造业深度融合的产物，在2018 年从概念探讨迈入全面实施的新阶段。工厂内外网络改造步伐加快，一批工业互联网平台发展壮大，航天云网、树根互联、海尔 Cosmo 等工业互联网平台规模化商用，实现对底层生产设备的直接连通，优化资源配置，提升资产能效，有力地推动工业互联网新模式新业态壮大。

（一）政府高度重视工业互联网

自 2017 年下半年以来，我国陆续出台一系列政策、规划，积极推动工业互联网从概念走向现实。2017 年 9 月，工信部印发了《工业电子商务发展三年行动计划》。11 月，国务院印发了《关于深化“互联网 + 先进制造业”发展工业互联网的指导意见》。2018 年 6 月，工信部又发布了《工业互联网发展行动计划（2018～2020 年）》和《工业互联网专项工作组 2018 年工作计划》。截至 2018 年底，我国已初步形成“东西南北中”标识解析国家顶级节点布局架构[②]，共培育超过 50 家有一定影响力的区域工业互联网平台，工业设备连接数量超过 10 万台套，制造业重点行业骨干企业“双创”平台普及率超过 75%。IDC 预测，2018 年全球工业互联网支出预计将达到 1890 亿美元，中国将成为工业互联网支出最高的国家。

（二）大型互联网企业积极布局产业互联网

伴随着阿里、腾讯等企业的核心产品用户达到 10 亿级，以及我国新增网民数量的减少，各大互联网企业正积极探索 2B 业务，同时也“赋能”

---

① 数据来源于两化融合服务平台。

② 工业互联网标识解析体系“东西南北中”布局架构，指的是北京、上海、广州、武汉、重庆 5 个工业互联网标识解析国家顶级节点城市，其中，重庆节点于 2018 年 12 月正式启动，这标志着我国工业互联网“东西南北中”的布局架构初步形成。

传统产业的数字化转型。截至2018年末，阿里云智能支持了80%中国新生的创新和创业公司，阿里旗下的“钉钉”打造数字化管理和智能组织，升级了几百万企业组织。腾讯也宣布“拥抱产业互联网”，提出为各行各业进入“数字世界”提供“数字接口”“数字工具”，共建“数字生态共同体”。百度则提出开放自己在搜索领域累计的技术成果、智能语音搜索技术、百度地图定位技术、百度云数据平台等为AI开发者和创业者提供土壤，创造机会。

（三）制造业企业大力推动数字化转型升级

《中国两化融合发展数据地图（2018）——新时代　新发展　新引擎》显示，我国制造业转型升级成效显著，重点行业数字化、网络化、智能化发展路径各有不同。工业互联网已成为我国两化融合发展的切入点，而企业上云是当前推动工业互联网发展的重点路径。2018年，43.5%的制造业企业使用了云服务，但公有云服务市场渗透明显不足。上云企业中通过建立或应用互联网开放社区实现价值网络中各相关主体动态协同的企业比例为78.7%，较未上云企业高出37个百分点。[①] 另外，海尔、三一重工等制造业企业全面布局物联网，纷纷在智能家居、智慧物流等领域入手，不约而同地从制造、运输、产品三方面来发展工业互联网。

（四）连接消费者的制造业服务化转型不断创新

网易严选、小米有品、淘宝心选、京东京造等电商品牌近年逐步兴起，将消费者与制造业直连。通过与电商平台进行定制合作，制造业“前店后厂”的模式逐渐向“工厂制造、互联网销售”模式转变。例如网易严选，一边通过品类精选和品质控制让消费者以更少的钱买到更有品质的商品；另一边采取ODM（原始设计制造商）方式，委托国内垂直领域优质代工厂进

① 国家工业信息安全发展研究中心、两化融合服务联盟：《中国两化融合发展数据地图（2018）——新时代　新发展　新引擎》，2018年12月。

行生产加工。对于工厂而言，缩短了供应链各项环节，从下单、生产、检测、物流到客服都被统一协调，提高制造效率，给予制造业更多价值。在此基础上，制造业新模式新业态不断涌现。智能制造、柔性制造、分享制造等新模式日渐丰富，个性化定制、体验式消费等新业态创新活跃。

四　新模式新业态持续涌现，数字经济促进消费升级的作用日益明显

随着我国产业结构转型升级，消费对经济增长的作用越来越突出。与此同时，国际形势日益复杂多变，以往由外需引领的出口需求变得越来越不稳定。2018 年，跨境电商、新零售等模式蓬勃发展，对扩大内需和消费升级发挥了重要作用。此外，在人均收入不断提升、人民生活水平和受教育程度持续上升的背景下，我国 8 亿网民的需求正开始从原有物质需求、社会需求，转向以短视频等互联网应用为代表的心理需求，这也带动了网络娱乐市场的快速发展。

（一）政府积极出台相关政策法规扩大内需

2018 年 1 月，国务院办公厅发布了《国务院办公厅关于推进电子商务与快递物流协同发展的意见》，对近年来电子商务与快递物流融合发展中出现的新情况、发现的新问题，给出了具体的指导意见。8 月，工业和信息化部、国家发改委印发了《扩大和升级信息消费三年行动计划（2018～2020 年）》。提出到 2020 年，信息消费规模达到 6 万亿元，年均增长 11% 以上。信息技术在消费领域的带动作用显著增强，拉动相关领域产出达到 15 万亿元。同月，国务院同意在北京等 22 个城市设立跨境电子商务综合试验区，并指出试验区应着力在跨境电子商务企业对企业（B2B）方式相关环节的技术标准、业务流程、监管模式和信息化建设等方面先行先试，为推动全国跨境电子商务健康发展探索新经验、新做法。9 月，国务院办公厅印发《完善促进消费体制机制实施方案（2018～2020 年）》，提出进一步扩大和升级信

息消费，完善消费领域信用信息共享共用机制，加强消费领域大数据应用。2019 年 1 月，《电子商务法》正式实施，将微商、代购、直播购物等涉及线上交易的商业活动均纳入管辖范畴，并且对电子商务领域出现的删除评价、默认搭售、平台二选一、用户选择权、知情权等一系列问题制定了规则，为电子商务的良性发展提供了保障。

（二）跨境电商、新零售蓬勃发展带动消费升级

2018 年，我国跨境电商发展迅猛。中国电子商务研究中心的数据显示，2018 年上半年中国进口跨境电商交易规模高达 1.03 万亿元，预计 2018 年全年将达到 1.9 万亿元。2018 年上半年中国海淘用户规模高达 7500 万人，预计 2018 年全年将达到 8800 万人。[①] 2018 年“双 11”开场仅 6 小时后，天猫国际的总成交额就已超 2017 年“双 11”全天。“双 11”全天，天猫平台上澳大利亚 swisse、日本 moony、澳大利亚 chemistwarehouse、德国爱他美等品牌跨境成交额过亿元。此外，有 14 个品牌销售额过 5000 万元，123 个品牌过千万元。

与此同时，新零售从概念走入现实。其突出特点是线上服务和线下体验相融合，如今已经覆盖到经济活动的各个领域，打破了电子商务相关市场边界。互联网公司和线下商场的合作案、收购案不断，将诸多市场合并为同一市场。2018 年 1 月，腾讯、苏宁、京东、融创联手 340 亿元入股万达商业，京东和沃尔玛将全面“共享库存”。此外，大润发、好邻居等线下零售企业也纷纷与美团、阿里等线上平台融合。

（三）以短视频为代表的网络娱乐市场快速发展

第 42 次《中国互联网络发展状况统计报告》显示，2018 年上半年，网络娱乐市场需求强烈。网络音乐原创作品得到扶持，网络文学用户阅读方式多样。网络文化娱乐内容进一步规范，网络音乐、文学版权环境逐渐完善，

① 中国电子商务研究中心：《2018 年（上）中国跨境电商市场数据监测报告》，2018 年 9 月。

网络游戏中违法违规内容得到整治，视频行业构建起以内容为核心的生态体系，直播平台进入精细化运营阶段。①

2018 年我国网络娱乐市场中增长最快的是可以满足碎片化娱乐需求的短视频行业。截至 2018 年 6 月，我国短视频用户规模为 5.94 亿，占网络视频用户的 97.5%；预计全年行业的市场规模将超 118 亿元，同比增长 106%。短视频用户规模和使用时长呈现爆发式增长态势，在整个视频内容行业市场规模中的占比迅速扩大。② 此外，从地域分布上看，短视频用户已经向三、四线城市深度下沉，三线及以下城市用户占 52%，显示出数字经济“打破传统地域边界”的特点。③ 此外，国内短视频公司国际化发展势头也良好。2018 年 3 月，快手在越南的安卓和 IOS 应用市场排名均占据榜首位置，刷新了中国 APP 在越南取得的最好成绩。7 月，抖音全球月活跃用户数超过 5 亿。抖音海外版在日本、泰国、越南、印尼、印度、德国等国家先后成为当地最受欢迎的短视频 APP。

五 数字经济发展环境不断优化，各级政府高度重视数字经济发展

2018 年，中央和地方层面大力推动数字经济政策环境的优化。4 月，全国网络安全和信息化工作会议强调要发展数字经济，加快推动产业数字化，依靠信息技术创新驱动，不断催生新产业、新业态、新模式，用新动能推动新发展。一是从地方层面看，截至 2018 年底，超过 34% 的省份出台了数字经济文件，约有 25% 的省份拟制定或出台相关法律或者政策文件。二是从全国层面看，电子政务建设成效显著，电子政务进入“互联网 + 政务服务”效能全面提升新阶段。《电子商务法》于 2018 年 8 月在全国人大常委会表

① 中国互联网络信息中心（CNNIC）：第 42 次《中国互联网络发展状况统计报告》，2018 年 8 月。

② 中国网络视听节目服务协会：《2018 中国网络视听发展研究报告》，2018 年 11 月。

③ 火星文化、卡思数据、新榜研究院：《2019 短视频内容营销趋势白皮书》，2018 年 12 月。

决通过，并自2019年1月1日起正式实施。《电子商务法》立法历时五年，是我国法律体系应对数字经济发展的重大举措。而《个人信息保护法》和《数据安全法》也已被列入全国人大立法规划。

（一）政府数字化转型持续深入

我国“互联网+政务服务”取得显著成效。截至2018年6月，我国在线政务服务用户规模达到4.70亿，占总体网民的58.6%。其中，通过第三方互联网平台获得政务服务的使用率达到42.1%，各级党政机关在腾讯开通政务微信账号超过51万个，在新浪开通政务微博账号超过13.4万个。已有21个省（区、市）基本完成综治信息化综合平台建设并投入使用，综治视联网系统已覆盖各省和333个地市级、2795个县、13472个乡镇（街道）等基层单位。

2018年3月，根据中共中央印发的《深化党和国家机构改革方案》，将中央网络安全和信息化领导小组改为中国共产党中央网络安全和信息化委员会，使机构常设化。6月，国务院办公厅印发了《进一步深化“互联网+政务服务”推进政务服务“一网、一门、一次”改革实施方案》，提出拓展政务服务移动应用，推动线上线下集成融合，“让数据多跑路”等。7月，国务院发布了《国务院关于加快推进全国一体化在线政务服务平台建设的指导意见》，提出推进政务服务一体化，推动实现政务服务全国标准统一、全流程网上办理，促进政务服务跨地区、跨部门、跨层级数据共享和业务协同。11月，国务院办公厅印发了《政府网站集约化试点工作方案》，提出建设集约化平台，形成标准规范，构建信息资源库，提供一体化服务，强化安全保障等。

（二）各地积极出台数字经济相关发展规划

在国家政策的引导下，各级地方政府将大力发展数字经济作为推动经济高质量发展的重要举措，加快数字经济政策落地实施。浙江省提出把数字经济作为“一号工程”来抓，大力发展以数字经济为核心的新经济，加快构建现代化经济体系。贵州省政府发布《贵州省数字经济发展规划（2017～2020年）》，提出到2020年探索形成具有数字经济时代鲜明特征的创新发展道路，信息技术在三次产业中加快融合应用，数字经济发展水平显著提高，数字经济增加值占地区 GDP 的比重达到 30%。福建省政府发布《福建省人民政府办公厅关于加快全省工业数字经济创新发展的意见》，提出要坚持创新引领与融合发展，坚持市场主导与政府引导，坚持包容审慎与安全规范，推动数字技术向工业各领域、各环节渗透，激发工业强劲发展动能。陕西省政府印发《陕西省 2018 年数字经济工作要点》，部署了陕西省 2018 年数字经济工作的 20 项主要任务，提出了全省数字经济工作的 7 项保障措施。广西壮族自治区出台《关于深入实施大数据战略加快数字广西建设的意见》主文件和 13 个配套文件，并于 2018 年 9 月发布《广西数字经济发展规划（2018～2025 年）》，将积极推动数字产业集聚发展，重点培育发展大数据、云计算、人工智能、物联网、区块链、集成电路、智能终端制造、软件和信息技术、北斗卫星导航等数字产业，超前布局未来网络等新兴前沿领域。

表 1　2018 年以来部分省市数字经济相关政策

地区	时间	政策
福　建	2018 年 4 月	《2018 年数字福建工作要点》
广　东	2018 年 4 月	《广东省数字经济发展规划（2018～2025 年）》
山　西	2018 年 4 月	《山西省促进大数据发展应用 2018 年行动计划》
广　东	2018 年 5 月	《广东省信息基础设施建设三年行动计划（2018～2020）》
陕　西	2018 年 5 月	《陕西省 2018 年数字经济工作要点》
安　徽	2018 年 6 月	《关于加快建设"数字江淮"的指导意见》
贵　州	2018 年 6 月	《关于促进大数据云计算人工智能创新发展加快建设数字贵州的意见》
吉　林	2018 年 7 月	《关于以数字吉林建设为引领加快新旧动能转换推动高质量发展的意见》
广　西	2018 年 8 月	《关于加快数字广西建设的若干措施》
广　西	2018 年 9 月	《广西数字经济发展规划（2018～2025 年）》
江　苏	2018 年 9 月	《智慧江苏建设三年行动计划（2018～2020 年）》
安　徽	2018 年 10 月	《安徽省支持数字经济发展若干政策》
黑龙江	2019 年 1 月	《黑龙江省新一轮科技型企业三年行动计划（2018～2020 年）》
河　南	2019 年 1 月	《河南省 5G 产业发展行动方案》
北　京	2019 年 1 月	《北京市 5G 产业发展行动方案（2019～2022 年）》
河　北	2019 年 2 月	《河北省人民政府办公厅关于加快推进新型智慧城市建设的指导意见》
山　东	2019 年 2 月	《数字山东发展规划（2018～2020 年）》

资料来源：国家工业信息安全发展研究中心整理。

六　共建“一带一路”，共享发展成果

2018年，国际形势日益复杂多变，全球贸易保护主义抬头。在这样的形势下，我国一如既往地坚持多边主义，积极建设“一带一路”，用做大蛋糕的办法推进我国同世界各国经贸关系的大发展，努力实现合作共赢，在政策沟通、设施联通、资金融通等方面取得了显著成就。

（一）促进数字经济相关政策沟通

近年来，“一带一路”与《东盟互联互通总体规划2025》、欧亚互联互通战略、俄罗斯的“欧亚经济联盟”、蒙古国的“草原之路”、哈萨克斯坦的“光明之路”、印尼“全球海洋支点”计划、菲律宾“大建特建”计划等多双边战略规划持续对接。海上丝绸之路建设也稳步推进。在电子商务领域，截至2018年11月，我国已经与捷克、古巴等15个国家签署了“数字丝绸之路”建设合作谅解备忘录，与阿联酋等7个国家共同发起了《“一带一路”数字经济国际合作倡议》。截至2018年12月，我国已分别与阿根廷等17个重点国家签署电子商务合作备忘录并建立双边电子商务合作机制，合作伙伴遍及五大洲，“丝路电商”成为经贸合作新渠道和新亮点。

（二）通过建设立体化国际信息大通道推动设施联通

在“一带一路”合作框架下，我国通过与各国共同建设集通信光缆、卫星通信、数字微波等多种技术手段于一体的立体化国际信息大通道，有效改善了“一带一路”沿线发展中国家信息基础设施落后、互联网普及率偏低、国际网络互联和信息互通存在障碍等诸多问题，有力地提升了各国设施互联互通水平。2018年1月，澜湄合作六国联合发布《澜沧江－湄公河合作五年行动计划（2018～2022）》，提出要积极推进跨境陆缆和国际海缆建设和扩容，持续提升澜湄国家间网络互联互通水平。9月，中国联通主导的首条南大西洋国际海底光缆全线贯通。12月，国内首个以航运为主题的“一带一路”

国际综合物流服务品牌“丝路海运”在福建开行，16 条外贸集装箱班轮航线被纳入首批“丝路海运”航线。截至 2018 年 11 月，我国已经与沿线十几个国家建成 30 多条跨境陆缆和多条国际海缆，系统容量超过 80Tbps。

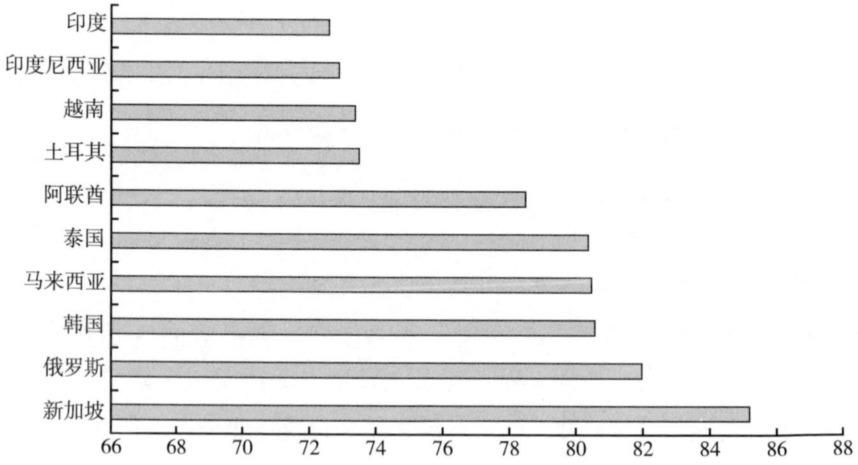

图 5　数字丝路畅通度排名前十的国家

资料来源：国家信息中心《“一带一路”大数据报告（2018）》。

（三）通过金融科技等抓手推动资金融通

“一带一路”沿线国家和地区实现贸易的自由化、便利化和经济社会的发展，离不开资金的支持。而近年来，中国的金融科技企业通过信息技术驱动金融创新，并出海开展业务，为沿线国家和地区的资金融通发展注入了新的活力。2018 年，中国 - 东盟信息港数字经济产业联盟启动，中阿网上丝绸之路经济合作试验区暨宁夏枢纽工程加速推进，为“一带一路”资金融通创造了土壤。同时，蚂蚁金服在“一带一路”沿线 9 个国家和地区打造了本地版钱包，和生态伙伴一起在全球服务了超过 9 亿的用户。金融科技集团 WeLab 在印尼推出了移动借贷产品 maucash，将顶尖的金融科技信贷技术引入印尼市场，而品钛（PINTEC）与新加坡大华银行宣布成立合资公司，向东南亚输出信贷技术服务以助推当地金融发展。

参考文献

阿里研究院：《迎接全球数字经济新浪潮：2018 全球数字经济发展指数》，2018 年 9 月。

电通安吉斯集团、牛津经济研究院：《数字经济社会指数》（中国版），2018 年 9 月。

德勤：《中国人工智能产业白皮书》，2018 年 11 月。

中国电子商务研究中心：《2018 年（上）中国跨境电商市场数据监测报告》，2018 年 9 月。

福布斯：《2018 全球数字经济 100 强排行榜》，2018 年 9 月。

国家工业信息安全发展研究中心、两化融合服务联盟：《中国两化融合发展数据地图（2018）——新时代　新发展　新引擎》，2018 年 12 月。

火星文化、卡思数据、新榜研究院：《2019 短视频内容营销趋势白皮书》，2018 年 12 月。

麦肯锡全球研究院：《数字时代的中国：打造具有全球竞争力的新经济》，2017 年 12 月。

清华大学：《2018 中国 AI 发展报告》，2018 年 7 月。

上海社会科学院：《全球数字经济竞争力发展报告（2018）》，2018 年 10 月。

中国互联网络信息中心（CNNIC）：第 42 次《中国互联网络发展状况统计报告》，2018 年 8 月。

中国网络空间研究院：《世界互联网发展报告 2018》，2018 年 11 月。

中国网络视听节目服务协会：《2018 中国网络视听发展研究报告》，2018 年 11 月。

《2018～2022 年中国大数据产业规模预测分析》，中投投资咨询网，2017 年 12 月。

B.8
美国数字经济整体优势不可撼动

方元欣*

摘　要： 作为世界头号经济强国，美国是全球数字经济中无可争议的领导者和开拓者。近年来，美国将持续推进数字经济作为经济发展的重点，并不断强化数字技术创新和数字化转型，以谋求国家竞争发展的新优势。2018 年，美国推出了独具特色的数字经济测度方法，并首次对本国的数字经济规模进行测量估算，衡量了数字技术对各经济领域的渗透程度。整体而言，美国数字经济发展态势良好，以大型互联网企业为首，在推进新一代信息技术、数字化转型和数字贸易等领域硕果累累，继续巩固其领先地位。同时美国政府高度重视国际数字贸易规则的制定，通过开展双多边谈判，积极推动数据跨境流动规则全球化，进一步建立对其有利的国际数字贸易新秩序。

关键词： 数字经济测度　数字化转型　数字技术创新　国际数字贸易规则　跨境数据流动

当前，全球正处在从工业经济向数字经济加速转型过渡的大变革时代，如何正确定义数字经济、衡量数字经济规模、加强数字产业发展、制定国际数字贸易规则和建立国际数字贸易新秩序已成为各国面临的主要挑战。作为

* 方元欣，国家工业信息安全发展研究中心助理工程师，硕士，研究方向为数字经济国际合作、数字经济测度、数字贸易。

数字经济强国，美国对此表现出了高度敏感性和前瞻性，以巩固其既有优势。

一　定义和测度数字经济，估算数字经济整体规模

数字经济是信息通信技术（ICT）发展到一定阶段，伴随信息技术革命而出现的一种新经济形态，对其发展水平进行量化评价势在必行。2018 年，美国商务部推出了新的数字经济指标体系，从增值、产出和就业等方面衡量数字经济对于整体经济的推动作用，报告结果显示，当前美国数字经济整体规模呈现加速增长态势，对整体经济的拉动作用十分强劲，也成为就业增长的重要推动力。

（一）狭义口径下的数字经济指标体系得以呈现

2018 年 3 月 15 日，美国商务部下属经济分析局（BEA）公布了最新的研究成果文件《数字经济的定义和测度》（Defining and Measuring the Digital Economy，简称“BEA 报告”），主要用于衡量美国数字化对经济指标（如 GDP、生产率等）的影响以及数字化对各经济领域的渗透程度。BEA 报告通过三个步骤来分析数字经济的估算方法：首先是定义数字经济的概念，其次依照数字经济的定义来划定研究商品和服务的范围，最后估算相关产品和服务的产出、增值、就业、补偿和其他指标。其中，对数字经济的定义参照了 OECD 的指标体系，在互联网技术（IT）和 ICT 范围内，报告提出了一个三部分框架：①数字基础设施，主要是指支持计算机网络和数字经济的存在和使用的基本物理材料和建筑设施；②电子商务，主要包括通过计算机网络发生的所有商品和服务的购买和销售；③数字媒体，BEA 将其定义为人们在数字设备上创建、访问、存储或查看的内容。

相较于传统评价信息化发展水平的指标体系，BEA 现有数字经济测度的指标体系更加注重衡量和细致评价数字技术在经济社会各方面的应用水平和产生的效果。但该指标体系仍有待完善，一方面，该体系只衡量了狭义口径下的数字经济规模，不包含“部分数字化”产品和非数字化产品的数字

表 1　BEA 数字经济指标体系

一级指标	二级指标	指标说明
数字基础设施	计算机硬件	构成计算机系统的制造物理元件，包括监视器、硬盘驱动器、半导体、无线通信产品以及音频和视频设备产品等
	软件	个人计算机和商业服务器等设备使用的程序和其他操作信息，包括商业软件和公司内部开发的自用软件
	电信设备和服务	通过电缆、电报、电话、广播或卫星远距离数字传输信息所需的设备和服务
	建筑设施	为数字经济生产者创造数字经济商品或提供数字经济服务的建筑物以及为数字产品提供支持服务的建筑物。具体包括建设数据中心、半导体制造厂、光缆安装、交换机和中继器等
	物联网（IoT）	有互联网功能的设备，如家电、机械和带有嵌入式硬件的汽车，允许它们相互通信并连接到互联网
	支持服务	数字基础设施功能所需的服务，如数字咨询服务和计算机维修服务
电子商务	企业对企业（B2B）电子商务	利用互联网或其他电子手段进行商品和服务交易的商务活动。制造商、批发商和其他行业参与企业间和企业内电子商务，以生产最终消费的商品和服务为准
	企业对消费者（B2C）电子商务	利用互联网或其他电子手段向消费者或零售电商销售商品和服务的商务活动
	点对点（P2P）电子商务	“共享经济”，也称为平台电子商务，涉及通过数字应用促进的消费者之间的商品和服务交换。具体包括乘车调度、住宿租赁、交付和快递服务、景观美化、食品准备、消费品租赁、洗衣服务和清洁服务等
数字媒体	直销数字媒体	企业直接向消费者销售数字产品，包括单次或订阅服务
	免费数字媒体	部分公司免费向消费者提供数字媒体，如 YouTube 或 Facebook。通常情况下，提供这些服务的企业通过吸引广告来赚取收入。除此之外还包括 P2P 数字媒体内容
	大数据	部分公司将生成大型数据库作为其正常运营的一部分，如使用数字媒体来收集消费者行为或偏好的信息。公司通过出售这些信息或以其他方式赚取收入

资料来源：美国商务部经济分析局，经国家工业信息安全发展研究中心整理。

部分，比如，物联网基础设施和线上广告服务尚未估算在内，原因在于未找到合适的运算方法将其中的数字化部分和非数字化部分分离。另一方面，部分指标缺乏数据或难以统计，造成其可操作性还有待提升。

（二）数字经济对整体经济发展的驱动作用显著

BEA 报告显示，数字经济是美国 GDP 增长的重要引擎，整体呈现三个特点。一是数字经济的增长速度十分显著。据统计，2016 年，美国数字经济实际增值高达 13302 亿美元（通货膨胀调整后），相比 2005 年增长了 82.2%。从 2006 年到 2016 年，数字经济增值的增长速度超过整体经济增值的增长速度。数字经济的实际增值年均增长率为 5.6%，相比于总体经济 1.5% 的增长率较为显著（见图 1）。二是数字经济对总体经济增长的贡献明显。从 2005 年到 2016 年，数字经济增值占 GDP 的比重稳定在 6.2% 左右。2016 年，数字经济增值为 12202 亿美元（以现值美元计算），占美国 GDP（18624.5 亿，现值美元）的 6.5%（见图 2）。三是数字经济整体发展不平衡，数字产品增值的增长率高于数字服务。在各组成类别中，硬件增值的平均增长率最高，为 11.8%，电子商务与数字媒体次之，平均增长率为 8.6%，而电子信息产业发展相对缓慢（见图 3）。

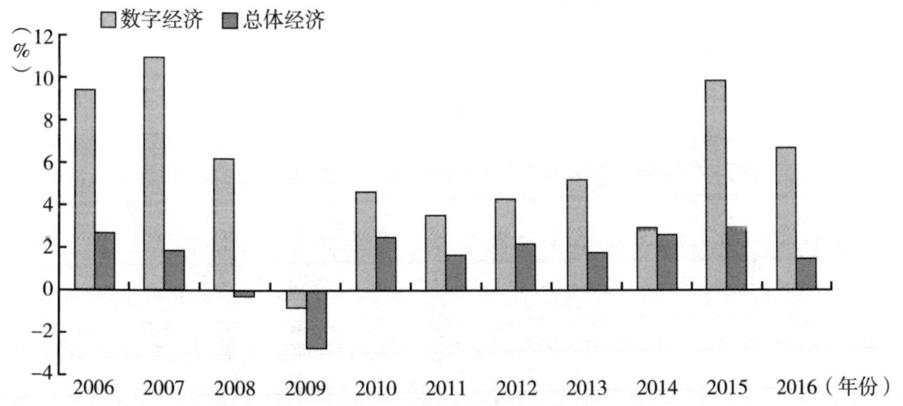

图 1　数字经济和总体经济增值的同比增长率

资料来源：美国经济分析局。

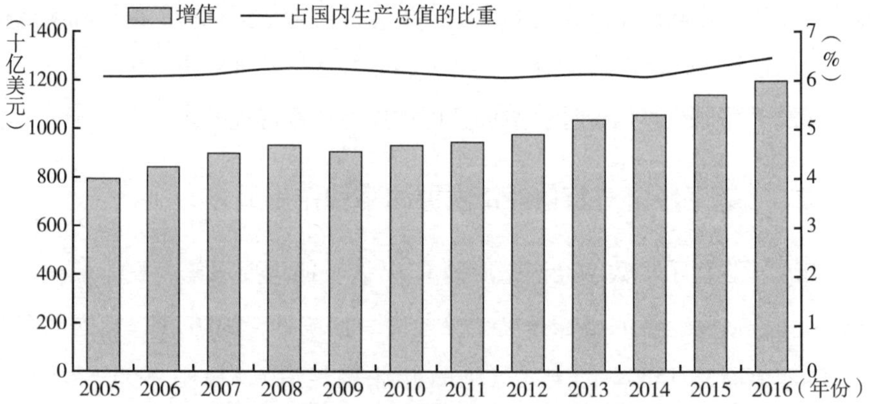

图2　数字经济增值及占国内生产总值的比重

资料来源：美国经济分析局。

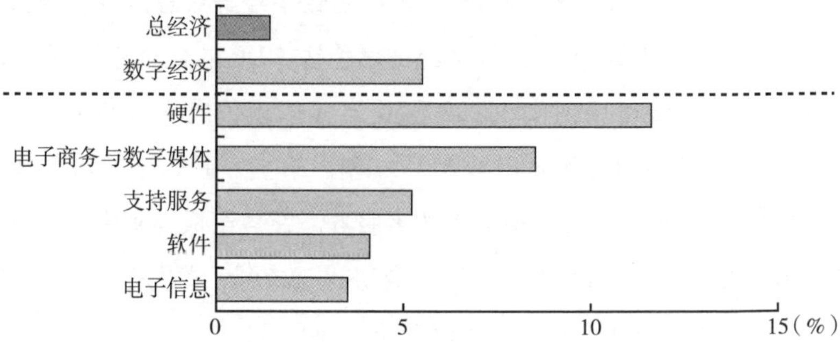

图3　数字经济各类别增值的年均增长率（2006～2016年）

资料来源：美国经济分析局。

（三）数字经济给劳动力市场带来正向效应

2016年，数字经济为美国提供了590万个就业机会，占总就业人数的3.9%，超过88%的雇员在数字服务行业就职，其中以计算机系统设计和相关服务行业居多，共有187万名员工，在电子商务零售业领域工作的有98.4万名，在广播和电子信息领域工作的有86.9万名。2011～2016年，数字经济就业以3.7%的年均速度增长，相比于整体经济1.7%的平均就业增长率较为显著（见图4）。

此外，数字经济领域的薪资数据呈向好态势。2016 年，数字经济从业者的总薪酬（包括工资和福利）为 6740 亿美元，占整体经济从业者总薪酬的 6.8%。数字经济领域的平均年薪超过 11 万美元，而整个经济体的平均年收入仅为 6.6 万美元。

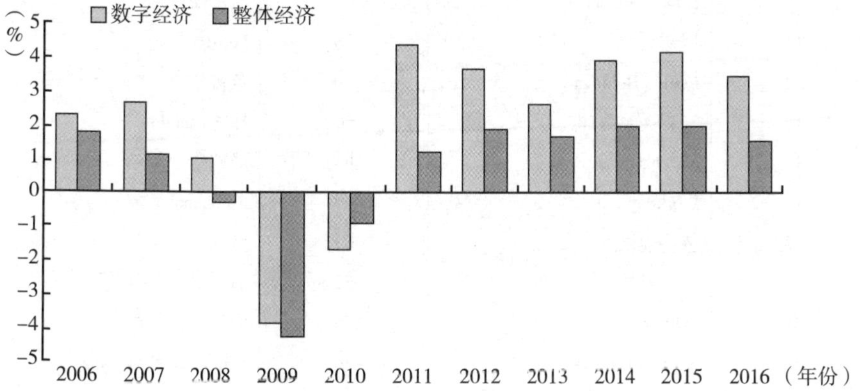

图 4　数字经济领域就业和整体经济就业的同比增长率

资料来源：美国经济分析局。

二　以互联网巨头企业为代表，数字经济产业强势崛起

2018 年 9 月，福布斯发布了全球数字经济 100 强榜单，美国上榜企业高达 49 家，涉及 IT、硬件、媒体、数字零售和电信等众多领域，其中亚马逊、Netflix、NVIDIA、Salesforce 和 ServiceNow 高居榜单前五名，Facebook、苹果、高通等其他科技巨头也位列其中，详细名单如表 2 所示。

表 2　福布斯全球数字经济 100 强榜单美国企业排名

排名	公司	排名	公司
1	亚马逊(Amazon)	4	Salesforce
2	Netflix	5	ServiceNow
3	NVIDIA	6	Square

续表

排名	公司	排名	公司
7	Analog Devices	52	Discovery
8	Palo Alto Networks	53	IPG Photonics
9	Splunk	54	Lam Research
10	Adobe System	57	康卡斯特
11	博通公司	58	Fortive
12	Leidos Holdings	59	英特尔
13	安森美半导体	60	捷普(Jabil)
14	Match Group	64	威瑞信
16	Workday	66	Amphenol
17	特许通讯	69	微软
19	美光科技	72	迪士尼
21	Twitter	75	应用材料公司
22	Arista Networks	76	Microchip Technology
26	Facebook	86	Advanced Micro Devices
36	Vmware	87	Cognizant Technology Solutions
37	Worldpay	88	DISH Network
38	苹果	91	NetApp
39	CDW	93	高通
40	戴尔科技	96	Skyworks Solutions
45	财捷公司	98	思科系统
48	红帽公司	99	慧与
51	Alphabet		

资料来源：福布斯数字经济 100 强榜单，经国家工业信息安全发展研究中心整理。

（一）加码发展人工智能产业

美国硅谷是当今全球人工智能（AI）产业发展的重点聚集区域，截至 2017 年，已汇聚 AI 企业 2905 家，占全球的 48.11%，位列全球第一，并且正以谷歌、微软、亚马逊等为代表形成集团式发展。据普华永道（Pricewaterhouse Coopers）预测，到 2030 年，美国 AI 产业规模将达到 3.7

万亿美元。值得注意的是，AI 软件系统行业的市场集中度很高，美国该行业具有很强的全球竞争优势，IBM、谷歌、Megvii Technology、Wipro 和英特尔是全球 AI 软件系统市场的主要供应商。

2018 年，美国政府机构采取多项举措来巩固和保障其在人工智能领域的领先地位和话语权。5 月，白宫举办“美国产业人工智能”峰会，邀请众多先进互联网企业共同探讨 AI 产业发展前景，对人工智能研发、技能培训和产业应用等多个议题进行讨论，传递重要政策信号。在峰会上，白宫宣布组建人工智能特别委员会，支持国家 AI 研发生态系统，加大互联网企业在 AI 发展与应用方面的支持力度。6 月，美国国防部成立联合人工智能中心（JAIC），旨在让国防部各人工智能项目形成合力，加速人工智能能力的使用，扩大人工智能工具的影响，并计划 5 年内投入 17 亿美元。9 月，美国 DARPA 宣布未来五年将投资 20 亿美元开发下一波人工智能技术，用于资助 DARPA 新的和现有的人工智能研究项目。11 月，美国成立了人工智能国家安全委员会，旨在确保美国在人工智能和相关技术方面的竞争力。12 月，美国白宫宣布计划于 2019 年春季发布新版人工智能研究战略，用于更新 2016 年发布的人工智能研究与发展战略。

（二）云计算市场寡头格局更趋明显

经过最初几年的普及和市场预热后，2018 年美国的云计算开始逐步迎来规模化发展。云计算产业链逐渐形成了软硬件平台提供商、系统集成商、服务提供商、应用开发商的产业架构，价值链上下游各个部分都已经有了自己的代表群体。最先在企业内部进行云计算部署实践的几家企业，如谷歌、亚马逊、微软，和在云计算方面投入最大的前若干名公司，如 HP、IBM 等，都开始快速增长，获取越来越多的公共云增量市场。尽管许多中小企业也表现出强劲的发展潜力，提供云计算产业上下游某个环节的产品服务，大企业仍然扮演了“第一推动力”的角色。

市场研究公司 Synergy Research Group 的最新数据显示，截至 2018 年第三季度，亚马逊云 AWS 在全球占霸主地位，微软和谷歌分别排在第二位和第三位。亚马逊、微软和谷歌在公共云市场中的主导地位更为明显，仅亚马逊就占据了全球40%的市场份额，其连同微软和谷歌占据全球近65%市场总额。

表3　2018年第三季度全球各地区公共云市场份额排名

排名	全球	北美	欧、中东、非	亚太地区	拉丁美洲
1	亚马逊	亚马逊	亚马逊	亚马逊	亚马逊
2	微软	微软	微软	阿里云	微软
3	谷歌	谷歌	谷歌	微软	谷歌
4	阿里云	Salesforce	IBM	谷歌	Salesforce
5	IBM Salesforce	IBM	Salesforce	腾讯	IBM

资料来源：Synergy Research Group，经国家工业信息安全发展研究中心整理。

（三）企业积极推动物联网产业发展

美国各大巨头企业均希望在物联网中确立自己的领导者地位。例如，通用电气为了引领各种物联网端点具备智能化，牵头与一众技术巨头结盟建立起物联网联盟。英特尔和信息技术产业协会（ITI）启动国家物联网战略对话（NISD），组织行业伙伴和组织协同制定美国物联网发展战略，帮助美国政府充分认识物联网带来的经济效益和社会效益，供美国决策者参考。具体建议包括：一是先决条件——物联网定义，国会和政府应该采用广泛的物联网定义作为未来物联网决策的初始水平；二是国家物联网战略优先，国会应立即颁布，总统签署成为法律，把物联网战略放在优先位置，使美国引领全球物联网未来；三是确保联邦和国际物联网标准法规的一致性；四是保证物联网安全；五是智能基础设施解决方案优先；六是投资物联网公共私营伙伴关系、研究和测试平台。

总体来看，美国在发展物联网产业上，高度重视倾听企业的呼声。例如，为改变联邦政府间和企业间缺乏协作和对话的情况，减少不必要的障碍，避免冲突和重复监管的问题，2018年5月，美国政府启动“SMART物联网法案”制定，希望通过制定法案更好地构筑美国物联网发展软环境。此外，6月，加州通过了一项关于物联网设备的网络安全法，这是美国首个物联网安全法，可能会成为美国其他各州遵循的标准。

三　美国基于自身优势，推进全球数字贸易规则化

随着数字技术与商业贸易的快速融合，数字贸易正逐渐成为数字经济时代主要的经济形态。美国的数字技术、产品和服务在世界都处于领先地位，数字化的服务贸易占美国服务贸易总量的一半以上。仅2018年第一季度，美国18家主要互联网公司（包括亚马逊、Alphabet、Facebook、Netflix和Paypal等）的营收就达1056亿美元。此外，美国也高度重视在国际上推广其数字贸易规则，在WTO、TTIP、TISA等多双边协定以及G20、APEC等国际论坛中都试图将消除数字贸易壁垒作为重点解决的议题。

（一）积极推动数据跨境流动规则全球化

自美国贸易代表办公室（USTR）成立了数字贸易工作组（DTWG）以来，美国不仅进行相关立法，保障政府对数据的“长臂管辖”，更是在全球范围内积极推广其数字贸易规则，力求破除对其不利的数字贸易障碍，从而在数字领域上塑造以美国利益为核心的未来国际格局。

2017年8月，USTR发布了《数字贸易的主要限制》（*Key Barriers to Diqital Trade*）研究报告，归纳了限制数字贸易发展的主要贸易监管和政策措施，其中包括数据保护、网络安全、知识产权、内容审查、市场准入及投资限制等。2018年3月，美国国会通过了《澄清境外数据合法使用法案》（*Clarify Lawful Overseas Use of Data Act*，S. 2383，H. R. 4943）（CLOUD Act），设计了执法机构跨境访问、获取、调用数据的规则机制，让美国政府能够合法地从全球各地调取数据，同时还规定了将数据发送到境外的条件和过程。CLOUD Act采用“实际控制标准”代替“数据存储地标准”，只要数据到了美国企业、外国企业在美分支机构等与美国相关的数据控制者手中，

美国政府部门就能够通过法律程序直接调取存储在境外的数据，达到“国内国外一盘棋考虑”。3月，USTR发布的《2018国家贸易评估报告》（2018 *National Trade Estimate Report*）列举了美国数字贸易的15项障碍，主要来自中国、欧盟、印度尼西亚、韩国、尼日利亚、俄罗斯、泰国、土耳其、越南9个国家和地区。其中，中国最多，有4项；印度尼西亚次之，有3项。就数字贸易障碍而言，“对数据本地化的要求”涉及国家最多，共有中国、印度尼西亚、尼日利亚、俄罗斯、土耳其、越南6个国家。

表4　USTR发布的对美数字贸易15项障碍

序号	国家	内容
1	中　　国	对跨境数据流动的限制,对数据本地化的要求
2	中　　国	对专线和VPN的限制
3	中　　国	对云计算的限制
4	中　　国	网络过滤和屏蔽
5	欧　　盟	成员国间的新闻聚集费用
6	印度尼西亚	数据本地化要求
7	印度尼西亚	互联网服务壁垒
8	印度尼西亚	数字产品关税
9	韩　　国	限制基于位置数据的跨境转移
10	尼日利亚	数据本地化要求
11	俄罗斯	数据本地化要求
12	泰　　国	网络拦截
13	土耳其	数据本地化要求
14	越　　南	对在线广告的限制
15	越　　南	数据本地化要求

资料来源：腾讯研究院。

（二）双多边谈判重建数字贸易国际规则

2018年，美国政府积极、主动、全方位地参与双边、多边、区域的数字贸易规则制定，争取建立国际数字贸易新秩序。在数字贸易国际规则制定上，重点针对“数据的自由流动”和数字产权的保护，制定相应的数字贸易标准。目前特朗普政府要求禁止各国政府获取源代码，防止源代码泄露，从而达到有效保护企业和个人的知识产权的目的。

在一系列双多边贸易谈判中，美国将其数字贸易标准作为重要约束性条件。2018 年 4 月，美国向 WTO 总理事会提交了对联合声明的新议案（JOB/GC/178)，该文件提出了七项议题：信息自由流动、数字产品的公平待遇、保护机密信息、数字安全、促进互联网服务、竞争性电信市场和贸易便利化。9 月，美国、墨西哥和加拿大三方签署《美墨加贸易协定》（The United States-Mexico-Canada Agreement，USMCA)。协定增加了数字贸易和数据跨境流动等相关章节，强调确保数据的跨境自由传输、最大限度减少数据存储与处理地点的限制，形成一体化数字生态系统。2019 年 1 月，美欧日召开贸易部长三方会议并发布联合声明，强调在强制技术转移、WTO 改革、数字贸易与电子商务等领域上开展深度合作，合作内容包括共同制定法律法规、发展新规则、投资审查和出口管制等。随后，USTR 对外公布了“美国－欧盟”的特别协商目标摘要，对数字商品与服务的贸易和跨境数据流动提出了要求，例如，确保承诺不对数字产品征收关税，防止欧盟对跨境数据自由流动的限制。但这些目标与欧盟最新发布的《通用数据保护条例》（*General Data Protection Regulation*，GDPR）存在一定冲突，所以美国对其跨境数据流动规则的推行成功与否仍有待观望。2019 年 1 月 25 日，由美欧日牵头的 70 个 WTO 成员方在达沃斯签署《关于电子商务的联合声明》，确认有意在世贸组织现有协定和框架基础上，启动与贸易有关的电子商务议题谈判。美国主要围绕数据存储、跨境流动及其监管等重要议题将其国内政策向外扩展，为新一轮数字化规则全球博弈做准备。

总体来说，美国凭借强大的经济基础和创新能力，仍将持续在数字经济发展和技术创新上扮演全球领导者的角色。从美国 2018 年在数字领域的政策举措和战略计划来看，今后十年美国仍会持续将国内数字领域的规则加强向外推广，灵活利用好产业政策和自由竞争市场原则，从而塑造新的数字贸易国际秩序。

参考文献

美国商务部经济分析局：《数字经济的定义和测度》，2018 年 3 月。

福布斯：《2018 全球数字经济 100 强排行榜》，2018 年 9 月。

美国贸易代表办公室：《全球数字贸易的市场机遇与主要贸易限制》，2017 年 8 月。

美国国会：《澄清境外数据合法使用法案》，2018 年 3 月。

美国贸易代表办公室：《国家贸易评估报告》，2018 年 3 月。

B.9

欧盟争做数据治理“排头兵”

路广通*

摘　要： 欧盟是全球数字经济的重要参与者，其数字经济总体规模位居世界前列。欧盟在电子政务、数字基础设施等领域领先全球，先发优势十分明显，但互联网企业发展和传统产业数字化转型方面落后于其竞争对手。针对这一情况，2018年欧盟实施了《通用数据保护条例》(General Data Protection Regulation, GDPR)，提出了数字税，以限制外国科技企业利用欧洲公民数据。此外，欧盟及其各主要成员国积极出台数字经济相关规划，加快建设欧洲数字单一市场，并将人工智能领域作为数字经济发展的重点。但受难民危机、英国脱欧、“黄马甲”、债务危机等的影响，欧盟发展数字经济的精力十分有限。

关键词： 欧盟　GDPR　数字税　数据治理　人工智能

欧盟是全球数字经济的重要参与者，其数字经济总量位居世界前列，欧洲数字化程度最高的国家在全球也居于领先地位。但欧盟内部数字化发展尚不平衡，并且在数字经济企业和新模式新业态发展上落后于中美等竞争对手。2018年，从欧盟到英、法、德等主要成员国，皆出台了一系列政策法规以推动数字经济向前发展。但受制于频频发生的内部危机，政策的实际执行显得有心无力。

---

* 路广通，国家工业信息安全发展研究中心助理工程师，硕士，研究方向为平台经济、区域信息化、电子政务等。

一 欧盟是全球数字经济的重要参与者，其优劣势均十分明显

欧盟是全球经济的重要一极，其先进的研发能力、发达的工业基础、庞大的内部市场和完善的产业链为欧洲发展数字经济创造了巨大的先发优势。在电子政务和数字基础设施领域，欧盟占据了全球领先地位，但在互联网企业发展和传统产业数字化转型方面，欧盟落后于其全球对手。2018 年，从欧盟到英、法、德等主要成员国，都将人工智能作为数字经济的发展重点。但欧盟各国的数字经济发展水平尚不平衡，欧洲数字单一市场的建设有待提升，且受内部危机影响严重。

《世界互联网发展报告 2018》公布的“世界互联网发展指数”中，得分前 25 名的国家中有 13 个是欧洲国家，11 个是欧盟国家(包括英国)。[①] 2018 年 10 月，欧盟委员会发布了《国际数字经济和社会指数报告》(I－DESI)，对比欧盟成员国与中、美、俄、日等 17 个非成员国的数字化表现。在该项研究中，丹麦排名第一，芬兰、荷兰、英国、瑞典、卢森堡等其他五个欧盟成员国名列前十。欧盟数字经济和社会委员表示，欧盟数字化领头国家在全球也处于领先地位，但作为一个整体，欧洲地区仍有较大的提升空间。[②]

（一）欧盟及各主要成员国家积极出台数字经济相关规划

随着新一代信息技术的迅猛发展，欧盟敏锐意识到数字经济发展对于推动地区经济社会发展的重要作用和意义，陆续出台一系列政策法规，把数字经济作为推动发展的新动力、新引擎。欧盟委员会专门设置了数字经济与社会委员和相关部门，负责数字经济政策的指导运行，包括支持欧洲数字单一

① 中国网络空间研究院：《世界互联网发展报告 2018》，2018 年 11 月。

② 中华人民共和国商务部，http：//www. mofcom. gov. cn/article/i/jyjl/m/201811/20181102802826. shtml。

市场建设，欧洲电信网络和数字服务与数字创新和中小企业事务。2018 年，从欧盟委员会到欧盟各主要成员国，都出台了一系列规划纲要，积极推动数字经济向前发展。

欧盟层面上，制定了统一的研究和创新框架，以保持其在科技领域的领先地位。2018 年 6 月，欧盟委员会发布了“地平线欧洲”（Horizon Europe）计划（第九期研发框架计划），计划成立欧盟创新理事会（EIC），预计投资 1000 亿欧元以帮助欧盟站在全球研究与创新的前沿，发现和掌握新的、更多的知识和技术。其中，数字产业预计投入 150 亿欧元。此外，欧盟还提出了首个“数字欧洲计划”，预计投资 92 亿欧元，以提高对高性能计算和数据、人工智能、网络安全和先进数字技能的前沿投资。还预计投入 30 亿欧元用于“连接欧洲设施数字化服务”，通过提供可在任何欧洲项目中重复使用的基本功能来支持数字单一市场。

国家层面上，英、法、德等欧盟主要国家纷纷出台战略、政策、方案，积极推动本国数字经济向前发展。2018 年 1 月，英国发布了《数字宪章》（*Digital Charter*），旨在使英国成为全球最安全的网络国家和成立数字企业的最佳之地，在促进创新、鼓励高科技产业发展规章制度上领先世界。6 月，数字经济发展领先全欧的荷兰发布了《荷兰数字化战略：为数字化未来做好准备》（*Dutch Digitalisation Strategy: Getting the Netherlands Ready for the Digital Future*）。9 月，法国发布了《利用数字技术促进工业转型的方案》，加速向“未来工业”转型，帮助中小企业和工业部门实现数字化升级。同月，德国发布了《高技术战略 2025》（HTS 2025），明确了德国未来七年研究和创新政策的跨部门目标和举措，旨在进一步推动德国科学技术发展，为德国未来高技术的发展提供指导。

（二）电子政务和数字基础设施发展领先全球

在电子政务领域，欧盟占据了全球领先地位。根据联合国经济和社会理事会发布的《2018 联合国电子政务调查报告》，在 2018 年电子政务发展指数（EDGI）评估中，欧洲的区域 EDGI 值为全球第一（0. 7727），大大领先于第二名的美洲（0.5898）。尽管欧洲国家仅占被调查国家总数的22%，但在评分为EGDI得分非常高的所有国家中，欧洲国家占到了67%。中EGDI值组别和低EGDI值组别的82个国家中没有欧洲国家。欧洲国家EGDI得分的最低值也高达0.53，几乎等于世界平均值（0.55）。欧洲的EGDI离差也是最小的，区域内国家发展水平相对均衡。[①]

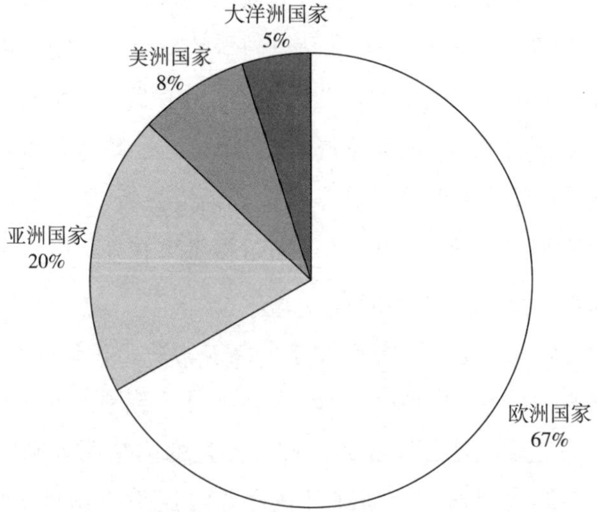

图1　2018联合国电子政务发展指数，EGDI得分非常高的组别区域分布

资料来源：联合国经济和社会理事会。

在数字基础设施方面，欧盟同样占据优势。在宽带覆盖率上，欧洲虽未实现其发展目标，但整体水平依旧领先。2018年6月，欧盟审计院发布报告显示，欧盟宽带覆盖率整体有所改善，几乎所有成员国都实现了宽带覆盖。宽带网速方面，2018年8月M－Lab发布的全球宽带网速排名显示，欧洲国家网速普遍较快，在前10名中占据9位，在前20名中占据15位。

① 联合国经济和社会理事会：《2018联合国电子政务调查报告》，2018年9月。

表1　M－Lab 2018 年全球宽带网速排名（Top 10）

单位：Mbps

排名	国家/地区	平均网速	排名	国家/地区	平均网速
1	新加坡	60.39	6	比利时	36.71
2	瑞典	46.00	7	荷兰	35.95
3	丹麦	43.99	8	卢森堡	35.14
4	挪威	40.12	9	匈牙利	34.01
5	罗马尼亚	38.60	10	泽西岛	30.90

资料来源：M－Lab，国家工业信息安全发展研究中心整理。

在 IPv6 方面，欧洲国家也享受着先发优势。比利时是世界上 IPv6 用户占比最高的国家，也是世界上第一个实现“大多数连接使用 IPv6”的国家，截至 2018 年 10 月，IPv6 用户占比达到 58.12%。同一时期，德国、希腊、瑞士、卢森堡、英国、瑞典、芬兰等国的 IPv6 用户占比也位居世界前列，IPv6 用户占比世界排名前十的国家中，欧洲国家占到 6 个。

表2　2018 年 10 月全球 IPv6 用户率排名（Top 10）

单位：%

排名	国家	IPv6 用户占比	排名	国家	IPv6 用户占比
1	比利时	58.12	6	瑞士	33.43
2	印度	52.51	7	乌拉圭	32.36
3	美国	42.08	8	卢森堡	32.30
4	德国	41.35	9	英国	26.72
5	希腊	37.27	10	日本	25.01

资料来源：国家工业信息安全发展研究中心整理。

（三）互联网企业发展和传统产业数字化转型相对滞后

相对于其数字经济体量和市场规模而言，欧洲缺乏全球领先的科技企业。在全球化时代，经济活动的参与者越来越多样，打破国家边界的跨国公司和平台企业在全球数字经济中发挥着重要作用。在福布斯发布的《2018 全球数字经济 100 强排行榜》中，欧洲企业占到了 14 家，落后于美国和中国，并且排名最高的欧洲企业仅仅位列第29。[①] 在2018年不同时段全球市值前20名的上市互联网企业中，欧洲企业极少出现。在欧洲市场上，中、美等国的科技企业已经占据优势。截至2018年3月，谷歌在欧洲搜索引擎市场拥有91.5%的份额。而根据IDC的数据，2018年三星、华为、苹果三家企业占据了欧洲市场手机出货量前三名，总市场占有率约为70%。此外，亚马逊是欧洲市场上最大的电子商务平台，而2018年深陷危机的Facebook也在欧洲拥有近3亿的月活用户。[②] 欧盟担心其正在沦为数字化时代中美两国科技巨头的数据原产地和消费市场。

工业时代领先全球的欧洲企业，在产业数字化转型方面稍显落后。普华永道发布的《2018年全球数字计划运营调研》按照数字化程度将所调研的企业分为数字化冠军、数字化先锋、数字化追随者和数字化菜鸟四类。其中，数字化水平最高的"数字化冠军"在全球企业中占10%。在亚太地区，有19%的企业被评价为数字化冠军，而在欧洲、中东和非洲地区，数字化冠军仅占5%。调研同时指出，32%的亚洲企业计划在未来五年建立成熟的数字生态体系，而在欧洲、中东和非洲地区企业中该比例为15%。[③] 对此，普华永道德国合伙人 Reinhard Geissbauer 博士表示："亚洲企业在工厂自动化、员工队伍甚至IT架构网络等方面几乎从零开始，即无须升级、整合或摒弃大量复杂的历史遗留系统和设施，因此独具优势，易于建立稳健的数字化运营。"也就是说，欧洲企业在工业时代所积累的传统制造业资源，如今正在成为制约其数字化转型的负担。

（四）人工智能成为欧盟各国数字经济发展重点

在新一代信息技术，尤其是5G和人工智能领域，欧盟优势并不明显。5G和人工智能更像是中美两国的竞赛，印度和以色列等新兴经济体也都发力追赶。为扭转这种趋势，欧盟及各主要成员国将人工智能作为

① 福布斯：《2018全球数字经济100强排行榜》，2018年9月。

② Facebook：《2018年第二季度财报》，2018年7月。

③ 普华永道：《2018年全球数字计划运营调研》，2018年6月。

其发展重点，力图通过该领域的突破维护欧盟在科技上的领先地位。与其他竞争对手不同的是，欧盟在制定 AI 战略时往往非常重视人工智能的伦理问题。

欧盟层面上，欧盟委员会在 2018 年多次更新了其人工智能领域战略规划。2018 年 4 月，欧盟委员会提交了《人工智能通讯》（*Communication Artificial Intelligence for Europe*）报告，描述了欧盟在国际人工智能竞争中的地位，并制定了欧盟 AI 行动计划。同月，欧洲 25 个国家签署了《人工智能合作宣言》（*Declaration of Cooperation on Artificial Intelligence*），希望通过合作不断提升欧洲人工智能的研发能力，共同发展和推动人工智能的应用。12 月，欧盟委员会发布了《人工智能协调计划》（*Coordinated Plan for Artificial Infalligence*），根据该计划，未来欧盟将通过增加投资、增加数据供给、培养人才和确保道德伦理等四个方面，使欧洲成为全球人工智能开发和部署、道德和安全等领域的领导者。同月，欧盟委员会任命的人工智能高级专家小组（AI HLEG）发布了人工智能开发和使用的道德草案《可信赖人工智能的道德准则草案》（*Draft Ethics Guidelines for Trustworthy AI*），提出可信赖人工智能应具备的要素，以及人工智能不可为的基本原则。

国家层面上，英、法、德等欧洲三大经济体纷纷在 2018 年出台人工智能领域的相关政策。2018 年 3 月，法国发布了《有意义的人工智能：走向法国和欧洲战略》（*For a Meaningful Artificial Intelligence*：*Towards a French and European Strategy*），计划到 2022 年在 AI 研发和人才引入方面投入 15 亿欧元，以扭转人才外流的局面，并追赶美国和中国的科技巨头。4 月，英国发布了《产业战略：人工智能领域行动》（*Industrial Strategy*：*Artificial Intelligence Sector Deal*），支持人工智能创新以提升生产力，并宣布对人工智能行业进行 10 亿英镑的联合投资。此外，英国上议院还发布了《英国人工智能发展的计划、能力和志向》（*AI in the UK*：*Ready*，*Willing*，*and Able*）。7 月，德国发布了《联邦政府人工智能战略要点》（*Strategy Paper about its Goals in Artificial Intelligence*），旨在进一步提升人工智能基础研发能力，拓展应用领域，11 月，又发布了《人工智能德国制造》（*AI Made in Germany*），计划在 2025 年前投入 30 亿欧元用于人工智能战略的实施。

（五）受内部危机影响严重，欧盟数字经济发展尚不平衡

2018 年，欧洲各主要国家在积极规划数字经济的同时，执行上却显得有心无力。其数字经济领域的最新政策在一定程度上是为了应对眼前的危机而制定的。德国受难民危机持续冲击，于 2018 年 1 月正式实施《网络执行法》（Netz DG），加强对境内社交网络平台的监管，打击“仇恨、煽动性言论以及虚假新闻内容”。英国在脱欧进程中遭遇多重掣肘，力图在脱欧后继续享受欧盟单一市场并与欧盟保持协调一致；为了在脱欧后通过 GDPR 的“充分保护”认定，通过《数字宪章》（*Digital Charter*）加强对个人数据的保护，并完善了其隐私保护规则；为了留在欧盟研发框架内，提出在脱欧后以会员费作为交换，以第三方身份参与“地平线欧洲”计划。此外，英国还响应欧盟“数字税”的号召，表态从 2020 年起征收“数字服务税”。法国疲于应对国内“黄马甲”抗议活动，意大利、西班牙等国尚未摆脱债务危机的阴影，都对其数字经济发展造成了影响。

此外，欧盟内部存在数字经济发展不平衡的问题，欧洲数字单一市场建设有待提升。根据欧盟委员会发布的《2018 年数字经济和社会指数（DESI）报告》（*Digital Economy and Society Index 2018*）[①]，欧盟 28 个成员国 DESI 平均得分为 54.0 分，表现最优秀和最差国家之间的差距很大，最高分差超过 30 分。丹麦、瑞典、芬兰、荷兰等西北欧国家得分最高，罗马尼亚、希腊、保加利亚等中东欧国家得分最低。英国是欧洲四大经济体中表现最好的，排名欧洲第 7。德国则处于欧盟中游水平，在欧盟 28 个成员国中排名第 14，得分仅比欧盟均值略高。法国排名第 18，略低于欧盟均值，数字化水平与其经济地位不符。而意大利则排名欧盟倒数第 4，数字化发展相对乏力。

---

① 欧盟委员会：《2018 年数字经济和社会指数（DESI）报告》，2018 年 5 月。

二　围绕数据治理展开积极防御，GDPR 成为欧盟数据保护之盾

2017 年 11 月，欧洲议会国际贸易委员会通过了《数字贸易战略》（Towards a Digital Trade Strategy）报告，该报告强调，欧洲应尽快行动，占据制定全球数字贸易规则的主动权，平衡考虑跨境数据自由流动和个人隐私保护，形成能够体现欧盟价值、保护欧盟利益的数字贸易战略。GDPR 就是对上述报告的回应，其核心是通过加强对个人隐私权的保护，抢占全球数字贸易规则的主动权，维护欧盟在全球数字贸易中的利益。

（一）GDPR 赋予欧盟公民前所未有的隐私权利

2018 年 5 月，欧盟网络数据隐私保护新规 GDPR 正式生效。GDPR 取代了欧盟各成员国的相关立法，成为欧盟内部唯一统一的数据保护条例，其对个人信息的保护达到前所未有的高度，被称为“史上最严格的数据保护法”，必将对全球数字经济产生深远影响。

在个人隐私权利上，GDPR 进行了一系列创新，增设了两项新的个人隐私权，即“删除权”和“移植权”。删除权又被称为“个人数据的被遗忘权”，它要求企业在系统或组织内，根据欧洲公民的需求，通过技术手段实现对个人信息的“遗忘”。这个“遗忘”不一定是物理上删除，也可以通过去标识化、匿名化等手段，保证用户隐私的痕迹不会被使用和暴露。而移植权也被称为“数据的可携带性”，它要求企业必须把其平台上和用户个人信息相关的所有数据打包，按照可读的方式提供给用户，通过这种方式告诉用户企业在平台上收集和存储了用户的哪些个人信息。并且欧盟公民有权要求将其数据从一个数据服务供应商转移到其他供应商的存储空间，以便使用。

从隐私保护手段上，GDPR 创新性地规范了用户知情同意书的使用条件，并且限制了互联网企业利用算法和数据进行“个性化推荐”。GDPR 不仅要求企业在处理个人数据时必须经用户授权同意，还要求同意书不得使用冗长、复杂的专业术语，而是应易于理解。针对互联网企业利用算法来进行

自动决策的情况，GDPR 赋予了欧洲公民拒绝企业利用收集到的个人信息来进行自动判断和决策的权利。这种拒绝权利可能会导致企业不能利用个性化的个人信息和行为来进行客户画像和自动推荐等，避免“大数据杀熟”。[①]

（二）GDPR 对企业提升了保护要求，扩大了管辖范围加大了惩罚力度

GDPR 对企业提出了前所未有的数据保护要求，并且通过一层层的组织设计确保其实施。在数据保护上，GDPR 要求公司表明收集数据的正当理由，仅收集其业务所需的数据，并且在保护个人权利的前提下设计新产品，这极大地增加了企业合规成本。[②] 而在组织方面，GDPR 设计了从欧盟到各成员国再到企业的全方位数据保护体系。在欧盟层面上，GDPR 要求欧盟设立数据保护委员会，用于处理涉及跨成员国的企业违规案件。在国家层面上，要求各成员国成立数据保护局，对企业的商业行为进行监管。在企业层面上，要求企业任命数据保护官，确保其行为合规。

此外，GDPR 还扩大了对企业的管辖范围，加大了惩罚力度。在管辖范围上，GDPR 不仅覆盖了所有在欧盟有经营实体的企业，也适用于在欧盟境外从事与欧盟公民信息相关业务的企业。也就是说，如一企业与欧盟公民交易或使用欧盟公民个人数据，无论该企业的总部、数据存储和处理地点是否在欧盟境内，都应遵守条例规定。在惩罚力度上，根据企业的违法程度，GDPR 设定两个等级的处罚标准。对于滥用欧盟公民个人数据，且严重违反条例规定的企业，监管者有权处以最高 2000 万欧元或企业上一财年全球营业额 4% 的罚金（择金额较高者）。如企业行为仅一般违反条例规定，则将被处以最高 1000 万欧元或企业上一财年全球营业额 2% 的罚金（择金额较高者）。

---

① 上述创新中，“删除权”、“移植权”和“针对算法的自动决策”与我国的《网络安全法》区别最大，这是我国企业在开展欧洲业务时尤其需要注意的。

② 《在过度分享时代定义隐私预期标准》，《经济学人》2018 年 8 月，https://www.economist.com/blogs/openfuture/2018/08/open-future-11。

（三）GDPR 有望成为欧盟构建数字贸易壁垒的核心

从实施以后的效果来看，GDPR 绝不仅仅是对企业责任和公民权利的规范，更是欧盟向其数字经济领域的全球竞争对手（中美两国）构建数字贸易壁垒的重要手段。欧盟的经济总量与中美两国相当，但在数字经济时代，始终没有产生像亚马逊、谷歌、阿里、腾讯这样的互联网巨头企业。在欧洲市场上，亚马逊、谷歌、苹果、华为、Facebook 等都占据着重要的地位。在很长的一段时间里，欧盟只能坐视中美两国的公司利用欧洲公民的数据拓展全球业务。而在 GDPR 生效后，能够对这些外国企业开展极为严厉的监管，欧盟国家自然不会手软。2018 年 10 月，爱尔兰宣布对 Facebook 展开调查。12 月，德国又宣布对正在欧洲拓展业务的摩拜单车进行调查。2019 年 1 月，法国更是对 Google 开出了 5000 万欧元的罚单。

除了令中美两国的互联网企业在欧洲市场上的合规成本大大升高以外，GDPR 还令欧盟可以挑选其认可程度较高的国家或地区进行“充分保护”认定，进而使这些国家或地区的企业优先通过 GDPR 认证，优先进入欧盟市场，使用欧盟公民的数据。这相当于为欧盟建构起了以自己为核心的数字贸易体系和数字贸易壁垒。2019 年 1 月，日本成为第一个与欧盟实现“数据跨境充分性互认”的国家，为欧日双方的企业打开了数据流动之门。在此基础上，个人数据可以从欧洲经济区流向日本，而不受进一步的阻碍。如欧盟司法、消费者权益及性别平等专员 Věra Jourová 所说，“这一充分性认定创造了世界上最大的数据安全流动区域”。这也体现出欧日双方在这一领域有着共同的诉求，即维护其在全球经济中的领先地位，避免在数字化时代的全球产业链中成为互联网大国的“新殖民地”。

三　提出“数字税”以争夺互联网红利，加强境内数据流动和跨境数据调取

如前文所述，欧盟在数字经济时代缺乏全球领先的大型科技企业。在欧

盟内部市场上，搜索引擎、网络社交、电子商务、通信设备等领域都被中美两国科技巨头占据。欧盟担心其正在沦为数字化时代全球产业链中的“新殖民地”，即沦为中美两国科技巨头的数据源产地和消费市场。为了扭转这种趋势，欧盟提出对使用欧洲公民数据的科技企业征收“数字税”，同时加快构建欧洲数字单一市场，促进欧盟境内的数据流通。

（一）“数字税”的提出及其主要内容

数字经济是一种新的经济形态，深刻改变了企业的价值创造方式，用户在价值创造中开始发挥重要作用。用户访问互联网，留下数据，企业利用算法做大数据分析，据此可投放广告、进行精准推送，从而获取利润。传统的税收规则是由企业实体所在地的税务部门向其征税，其他地区的用户尽管在此过程中创造了价值，但这些地区无法向那些利用了本地数据的域外企业征税。为了改变这种“不在用户所在地征税，而在算法的开发地征税”的规则，确保对数字经营活动以“公平和利于增长”的方式征税，欧盟委员会于2018年3月公布了数字经济公平税收（Fair Taxation of the Digital Economy）的新规则，提出两项数字税建议。

一是建议各成员国统一改革数字活动税收规则，对外国数字平台征税。根据该建议，满足以下三个标准之一的数字平台将被认定为在欧盟成员国境内拥有应缴税的“数字存在”或“虚拟常设机构”：①在该欧盟成员国的年收入超过700万欧元；②一个纳税年度内在该成员国的用户超过10万个；③一个纳税年度内公司与用户签署的数字服务合同超过3000项。数据显示，目前在欧盟开展业务的数字公司的实际税率只有9.5%，而传统企业的税率达到23.2%。这一建议使欧盟成员国能够对外国数字企业在其领土内创造的利润征收与传统企业相同的税费。

二是建议各成员国对数字活动的某些收入征收临时税。征收临时税可以确保那些还未有效征税的活动能给成员国带来即时收入。这有助于避免成员国对数字活动采取单边措施征税，避免损害欧盟单一市场。临时税的征收对象是全球年收入达到7.5亿欧元且在欧盟的收入达到5000万欧元的公司，主要适用于“用户在价值创造中发挥主要作用的活动”，如售卖线上广告位所得、互联网平台企业从事数字中介活动所得、销售用户数据所得等。

（二）各方对于数字税的立场

数字税建议出台后，Google、Amazon、Facebook、Apple 等大型科技公司首当其冲，受到的影响最大。于是，人们取四家公司的首字母，把数字税称为“GAFA 税”。这四家数字巨头均是美国企业，因此美国强烈反对此方案，积极对欧洲国家施压，全力阻挠数字税通过。虽然受欧洲舆论关注较少，但我国的阿里、腾讯、京东、华为、美团等企业实际上也都符合了数字税的征收标准，一旦数字税建议获得通过，就将被课以重税。因此，与 GDPR 相类似，数字税同样是欧盟针对中美两国互联网巨头出台的反制措施，其目的是将利用欧洲公民数据获取的互联网红利留在欧洲。

在欧盟内部，税制改革需要欧盟 28 个成员国一致同意，目前各成员国尚未达成统一意见。爱尔兰、瑞典、丹麦、芬兰、马耳他、卢森堡等税率较低的小国可能会承受较大的损失，它们均对数字税表示了公开的反对。德国也因担忧美国的报复而稍有动摇。而法国、英国、意大利、西班牙、奥地利等国是数字税的强烈支持者。英国于 2018 年 10 月宣布将自 2020 年起按在英国收入的 2% 征收“数字服务税”，征收对象为全球营收超过 5 亿英镑且赢利的搜索引擎、社交平台、在线市场等。法国也在 2018 年 12 月做出承诺，如果欧盟未能在 2019 年春季对数字税达成一致，则法国将自 2019 年起从国家层面单独推行这一政策，向亚马逊、Facebook、Google 等企业征收 3% 的数字税。

（三）加强境内数据流动和跨境数据调取

欧盟一方面在数据领域展开积极防御，通过 GDPR 提升外国企业的合规成本，提出数字税争夺外国公司占据的互联网红利。另一方面，还出台了一系列政策法规推动欧盟境内的数据流动。在围绕整个欧盟的边界构筑起“数据防御壁垒”的同时，欧盟也在积极构建自身边界内的数字单一市场。

此外，欧盟还试图效仿美国，筹划跨境数据调取相关法案，推行数字经济时代的“长臂管辖”。

在构建欧洲数字单一市场和促进欧盟境内数据流动方面，2018 年 4 月，欧盟委员会发布了《建立一个共同的欧盟数据空间》（*Towards a Common European Data Space*），围绕公共部门数据开放共享、科研数据保存和获取、私营部门数据分享等事项提出了建立欧盟共同数据空间的多项举措。10 月，欧洲议会又发布了《非个人数据在欧盟境内自由流动条例》（*Regulation “on a Frameworkfor the Free Flow of Non-personaldata in the European Union”*），推动建立单一的欧洲数字市场，减轻欧盟企业的负担，促进欧盟境内非个人数据的自由流动。

在跨境数据调取方面，欧洲也积极筹划相关法案。2018 年 3 月，美国通过了《澄清域外合法使用数据法案》（GLOUD 法案），给予美国执法机构无限的管辖权，基本上允许美国从世界任何地方获取任何数据。4 月，欧盟委员会也表示正在制定“欧洲版的 GLOUD 法案”——《欧洲数据提交令》（*European Production Order*），以便执法及司法当局能更快速地获取存储在全球的电子证据。依据该令，欧盟成员国的执法或司法当局可直接向在欧盟境内提供服务的企业请求提交电子证据。此外，新法案还将创建一个《欧洲数据保存令》（*European Preservation Order*）。依据该令，欧盟成员国的执法或司法当局可强制要求欧盟境内的服务提供商保存特定数据，以便主管当局获取。

参考文献

Facebook：《2018 年第二季度财报》，2018 年 7 月。

福布斯：《2018 全球数字经济 100 强排行榜》，2018 年 9 月。

《经济学人》：《在过度分享时代定义隐私预期标准》，2018 年 8 月。

联合国经济和社会理事会：《2018 联合国电子政务调查报告》，2018 年 9 月。

普华永道：《2018 年全球数字计划运营调研》，2018 年 6 月。

欧盟委员会：《2018 年国际数字经济和社会指数（I – DESI）报告》，2018 年 10 月。
欧盟委员会：《2018 年数字经济和社会指数（DESI）报告》，2018 年 5 月。
上海社会科学院：《全球数字经济竞争力发展报告（2018）》，2018 年 10 月。
中国网络空间研究院：《世界互联网发展报告 2018》，2018 年 11 月。

B.10 日本倡导通过数字创新促进经济社会发展

郑　磊*

摘　要： 2008年金融危机以来，全球经济处于漫长的恢复期，新旧动能换挡仍然是困扰经济复苏的主要因素。从2009年美国“信息高速公路”重新启动开始，欧盟各国、日本和澳大利亚等全球主要经济体陆续针对数字经济推出数字经济发展国家战略。日本数字经济发展时间较早，社会整体数字化程度较高，日本经济社会饱受老龄化困扰，数字化变革被日本政府视为进一步提升日本经济发展的关键要素之一。近年来，日本政府高度重视新一代信息技术的发展，特别是在围绕人工智能研发与应用、通过物联网技术构建超智能“社会5.0”、制订互联工业计划推动制造业全面数字化转型、推进跨境数据自由流动等方面制定了诸多政策，借此来构筑日本经济增长新动能。

关键词： 数字经济　人工智能　社会5.0　互联工业　跨境数据自由流动

日本数字经济发展起步较早，1997年日本通产省开始使用“数字经济”

* 郑磊，国家工业信息安全发展研究中心工程师，中级经济师，硕士，研究方向为数字经济战略、数字贸易、数据治理。

一词，同时提出了一系列振兴数字信息产业的政策措施。日本在此基础上不断深化信息产业方面的相关政策，推动传统产业转型升级，并依托信息技术不断创造出新业态和新价值，为数字经济的发展打下了坚实的基础。得益于日本数字信息产业的发展，日本在政策体系、法律法规市场育成等方面都积累了大量经验，为数字经济的发展创造了非常有利的客观发展环境。近年来，日本通过建成世界一流的信息基础设施，强化发展数字信息产业，并凭借其信息产业发展所积累的技术优势，不断拓展数字技术在其他产业的应用，促进其他产业的数字化，提高了社会整体的数字化程度，推动了在不同领域的结构性改革，促进了实体经济的转型升级，并创造了新产业，为数字经济的总体发展打下坚实的基础。

一　良好的信息产业基础造就了日本数字经济发展

日本数字信息产业的基础设施建设处于世界领先水平，为数字经济的腾飞奠定了良好基础，取得了一些明显的成果。一方面在于日本 ICT 产业已成为对日本 GDP 贡献第三大的产业，仅次于商业与不动产业，2016 年日本 ICT 产业规模达到 45.4 兆日元（约合人民币 7.3 万亿元）。另一方面是日本社会整体数字信息化水平较高，日本的互联网普及率、宽带普及率、手机上网水平等体现数字信息化水平的相关领域均居世界前列。早在 2015 年 6 月底，日本超高速宽带服务已经实现家庭全覆盖；2017 年，日本移动互联网用户达 1.2 亿人，同比增长 17.3%，占总人口的 92%；截至 2018 年，日本互联网用户达到 1.18 亿，互联网普及率高达 93%。日本数字经济的整体发展速度明显快于经济的整体发展速度，对整体经济的拉动作用显著，既为解决就业问题提供了有效途径，同时也在积极利用数字信息产业价值创造出口，提升国际竞争力。根据上海社会科学院发布的《全球数字经济竞争力指数（2017）》报告，日本数字经济规模为 2.3 万亿美元，数字经济占 GDP 比重为 45.9%，日本在全球数字经济竞争力排名中位于第五位。2018 年 9 月，福布斯发布的《2018 全球数字经济 100 强排行榜》中，共有 5 家日本企业上榜。

表 1 福布斯发布的全球数字经济 100 强榜单中日本企业排名

排名	公司	排名	公司
28	东京电子	63	TDK
33	基恩士	81	村田制作所
47	NEXON		

资料来源：国家工业信息安全发展研究中心整理。

二 将人工智能视为发展数字经济的核心

日本对于人工智能的态度非常现实，尤其是在近年来日本人口老龄化加重而引发经济增长乏力的背景下，日本寄希望于在智能机器人领域的全球领先地位，积极推动人工智能的快速发展。日本政府特别重视通过开发、推广更加智能的机器人技术，以及促进人工智能技术的广泛应用，借以缓解劳动力短缺的问题，提高相关产业的全要素生产率。

（一）政府高度重视

为推动人工智能发展，扩大在汽车、机器人领域的既有技术优势，缓解日本社会的老龄化问题，2016 年 4 月，日本首相安倍晋三在“面向未来投资官民对话会议”上，提出了设定人工智能研发目标和产业化路线图，同时为了促进技术整合，安倍还要求总务省（MIAC）、文部科学省（MEXT）和经济产业省（METI）打破行政壁垒，组建“人工智能技术战略”会议，责成上述三省所主管的研究所，分别承担通信技术、基础研究和产业转化平台功能。

表 2 日本“人工智能技术战略”会议职责分工

人工智能技术战略会议		
总务省	文部科学省	经济产业省
脑信息通信	基础研究	实用性研究及推广
语音识别、多语种翻译	科技成果创新	人工智能的社会应用
社会认知	预见性基础技术研发	标准制定
创新网络建设	巨型计算机、人才培养等	规模化目标研究

资料来源：日本文部科学省《平成 28 年版科学技术白皮书》。

2016年6月，日本政府通过新版《日本再兴战略》，将人工智能技术视为发展数字经济的核心尖端技术，计划到2020年创造出30万亿日元（约合人民币1.8万亿元）的经济附加值。2017年3月，“人工智能技术战略会议”发布了《人工智能科技发展战略报告》，明确了日本以2020年和2030年为时间界限的AI发展进程，提出了“三步走工程表”，即阶段1：在各领域，推进数据的一般应用；阶段2：打破各领域的界限，推进AI以及数据的应用；阶段3：各个领域实现融合，形成良性生态。预计达成阶段1与阶段2约在2020年，阶段2与阶段3在2025～2030年。4月，日本政府出台《下一代人工智能促进战略》，为人工智能的技术重点、突破路径、产业布局和人才培养制定蓝图。5月，日本经济产业省公布了《新产业构造蓝图》，提出利用人工智能及物联网等技术，普及自动驾驶汽车及建立新医疗系统。6月，为了完善知识产权保护和利用规则、促进放宽限制及产业重组，日本政府还将向国会提交《产业竞争力强化法》和《专利法》等相关法律的修正案。此外，日本政府正式将2017年确定为人工智能元年，在2017年政府预算中，多个部门对人工智能技术研发给予了资金支持，其中包括如下几个。

（1）总务省：预算4.1亿日元，内部补贴273亿日元（约合人民币17亿元）。主要用于模仿大脑分类学习等技能的人工智能开发，以及脑信息通信技术和社会认知解析技术研发的推进。预算6亿日元（约合人民币3000万元），主要用于物联网、大数据、人工智能等信息通信平台的实证研究。

（2）文部科学省：预算71.09亿日元（约合人民币4.4亿元），主要用于人工智能、大数据、物联网等网络安全一体化项目。理化研究所相关事业经费14.5亿日元（约合人民币9000万元），科学技术振兴机构新设相关课题经费11.5亿日元（约合人民币7100万元），既有相关研究经费28.49亿日元（约合人民币1.77亿元）。

（3）经济产业省：预算45亿日元（约合人民币2.7亿元），主要用于人工智能和机器人核心技术研发。同时提供大量补贴资金，通过

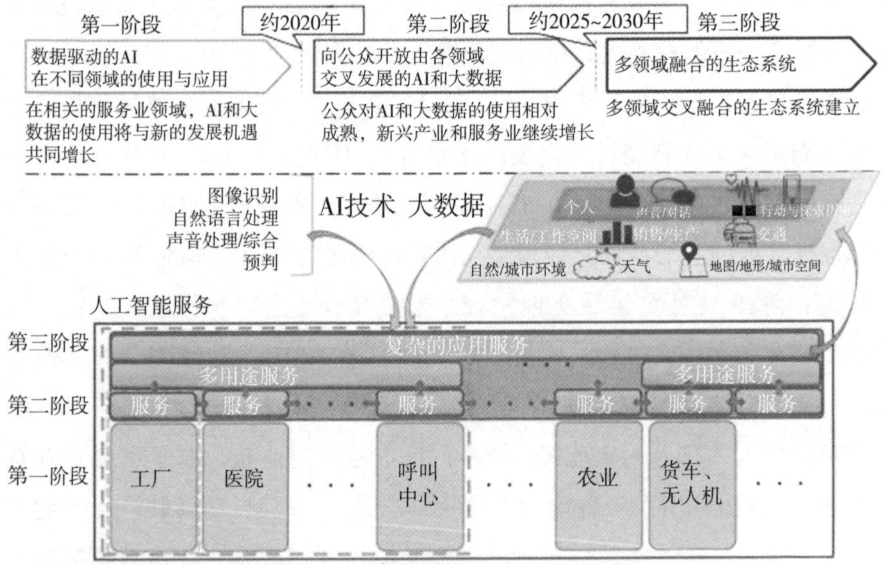

图1　日本人工智能发展阶段性计划

资料来源：《日本人工智能科技发展战略报告》。

新能源产业技术综合开发机构（NEDO）委托民间企业和大学开展相关研发活动，并补贴产业技术综合研究所（AIST）进行相关研发。2016年第二次补充预算195亿日元（约合人民币12亿元），主要用于人工智能全球研发基地建设，并对产业技术综合研究所相关活动给予100%补贴。

（4）厚生劳动省：预算4.7亿日元（约合人民币2910万元），主要用于临床人工智能数据系统实证研究。预算1.8亿日元（约合人民币1140万元），主要用于探索人工智能支持新药研发活动。

（5）农林水产省：预算500亿日元（约合人民币31亿元），主要用于新一代农林水产创新技术研发。预算40.88亿日元（约合人民币2531万元），主要用于重点委托研究项目。2016年补充预算117亿日元（约合人民币7.2亿元），主要用于创新性技术与目标明确技术研发，以及熟练农民经验可视化项目。

（6）国土交通省：预算3亿日元（约合人民币1857万元），2016年补充预算0.6亿日元（约合人民币372万元），主要用于物联网、人工智能、机器人等技术应用。预算4.86亿日元（约合人民币300万元），2016年补充预算0.9亿日元（约合人民币560万元），主要用于与海洋活动相关的物联网、人工智能、机器人等应用技术研发与实证。

进入2018年，日本政府大力推进AI的研究体制，并将专门的对策研究机构设立在新能源产业的技术综合开发机构——NEDO（New Energy and Industrial Technology Development Organization）。8月举行的“人工智能技术战略”会议提出了“应用AI技术，促进产业化发展”的主要课题。此外，人工智能与芯片的结合，也是日本非常关注的话题。由于硅片加工的微型化已经接近3nm的极限，“后摩尔时代”已经引起广泛关注。日本政府认为，为了能在现场实时利用AI技术，高性能计算机的进一步低耗功率及小型化，人脑型、量子型等全新架构的开发会成为全新热点。

（二）企业积极响应

受到政府的政策鼓励，日本企业也纷纷加入人工智能的相关研发与应用中。2017年本田、丰田在无人驾驶领域布局不断，无人物流、机器人、物联网、AI药品开发成为焦点产业，NEC、东芝、富士通等企业相继开始了大规模的AI研发计划。

（1）富士通出资7亿日元，向理化研究所订购用于人工智能开发的超级计算机，并在5年内投资20亿日元，在该所设立人工智能研发基地，共同进行相关基础性研究。富士通还出资60亿日元，在法国进行人工智能研发的风险投资。

（2）丰田通商投资60亿日元，用于车用新技术专利研发，对人工智能、自动驾驶等技术专利投资平均每件投入5亿日元。日本电产计划投资300亿日元，在京都设立生产技术研究所，专门针对人工智能、物联网等尖端技术进行研发。三菱重工、日立公司准备与IBM联手，开发火电厂远程监控人工智能系统。神户制钢在对加古川钢厂的技术改造中，考虑引入人工智能技术进行炉温预测监控，以保证设备平稳运行。

（3）东京三菱 UFJ 银行也已开始向客户免费提供基于人工智能的风险投资评估。东京金融交易所与富士通合作，计划采用人工智能技术对外汇交易进行更为有效的管理。

（4）横滨市与 NTT 公司合作，着手开展人工智能向导系统的实证试验。NTT 还计划开展人工智能在公交运行管理方面的试验。

（5）大阪商工会议所将进一步推动人工智能、物联网、机器人等尖端的实证试验，预计正在进行的 60 个项目及新设的 16 个项目，将使大阪府的实质 GDP 增长率达到 3%，带来每年 6000 亿日元的额外增长。另据 EY 综合研究所的估算，2020 年人工智能的日本国内市场为 23.1 万亿日元，2030 年将达到 87 万亿日元。其中的近 40% 为交通运输领域，零售加制造领域的份额也接近 40%。

三　不断完善超智能社会“社会5.0”概念以促进社会融合发展

为解决少子高龄化、环境和能源领域存在的问题等社会问题，继德国工业 4.0、美国工业互联网之后，2016 年 1 月 22 日，日本内阁会议通过第五期（2016～2020 年度）科学技术基本计划，正式提出超智能社会“社会 5.0”这一概念。而要实现“超智能社会”，必须从战略、制度、人才等方面加快推进产业竞争力建设，加速实现网络空间和物理空间的高度技术性融合，后以人工智能、大数据处理和网络安全等基础技术为支撑，建设包括地理信息、卫星观测、能源供给、医疗、地球环境信息等资源的数据库，在此基础上开发建设能源价值链最优化平台、地球环境信息平台、统一材料开发平台及高等级公路交通系统等 11 个社会服务系统平台。

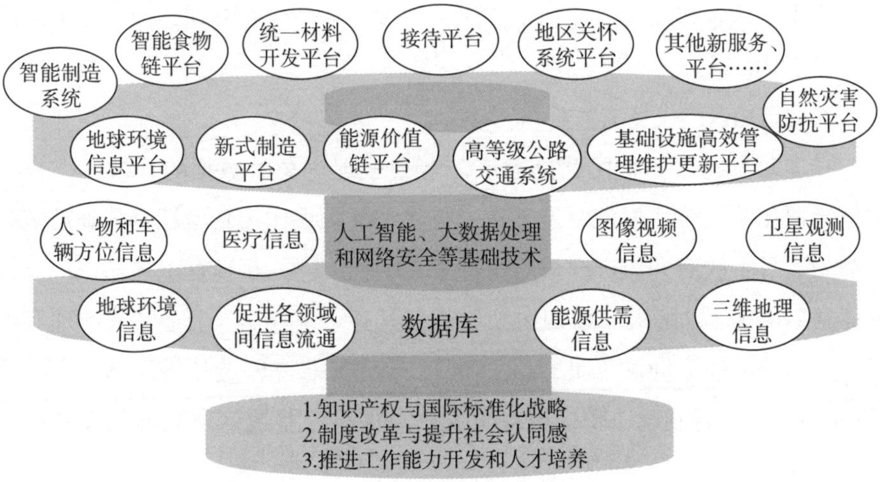

图2　日本超智能社会“社会5.0”

资料来源：日本文部科学省《平成28年科学技术白皮书》。

（一）完善政策措施

1. 构筑人才、知识、资金的良性循环体系

通过企业与研究机构联合研发及催生风险企业等一系列措施，打破人才、知识和资金之间的壁垒，推进构建创新体系，培养研究开发人才。面向“超智能社会”一系列重要课题的实施方案和组织架构，日本已建立“未来社会创新项目推进平台”“智能化物联网推进委员会”等专业平台或机构，前者由文部科学省负责，以“未来社会、人和生活方式的变化”为研究对象，对社会智能化重点项目给予资助；后者由经济产业省、总务省协调，大学、科研机构、产业界的专家人员共同参与，下设“技术开发”“制度改革”“数据流通”等专业推进组。

2. 指定专门的特区进行与“超智能社会”相关的技术试验活动

日本的特区制度分为国家战略特区、综合特区和结构改革特区三个层次，国家战略特区处于最顶层，其目标为提高日本优势产业的国际竞争力。截至2016年3月底，日本政府已指定千叶县千叶市、神奈川县藤泽市湘南

地区等十个国家战略特区专门承担无人驾驶、智慧医疗和新能源等技术的演示检验工作。

3. 构筑知识产权及信息安全保障机制

日本政府通过“官民圆桌会议”等形式促进公共数据的开放，推进与数据流通相关法律法规的制定工作，并将公共数据作为新型社会基础设施的一部分。日本政府知识产权战略本部于2017年5月16日发布《知识产权推进计划2017》，以解决“第四次工业革命”背景下数据大流通带来的现有知识产权系统不适应问题。此外，日本政府还在科技金融领域引入“沙箱”（Sand Box）监管制度，积极应对个人信息保护、制造商及数据服务商承担责任等问题。

（二）出台后续政策

为进一步推动超智能社会“社会5.0”概念落地实施，日本政府于2016年6月至2017年6月间又相继发布了《日本复兴战略2016》、《经济财政运营与改革基本方针2017》和《未来投资战略2017》等纲领性文件，提出以数字技术的进步和物联网产业的发展来构筑面向未来的经济系统，实现经济发展和社会变革。此外，2017年1月，内阁府发布了2017年度“科学技术创新综合战略”重点实施策略，并提出相关预算的概算要求额度为9538亿日元（约合人民币580亿元）。进入2018年后，日本政府分别于6月、8月、10月、11月召开7次未来投资会议，将物联网、大数据、人工智能、机器人等作为面向第四次工业革命的重点领域，通过制定各种政策，强化上述领域的发展，用于切实支撑和推进日本超智能社会“社会5.0”构想的实施。

四 依托互联工业计划推动制造业迈向智能化

2017年3月在德国CeBIT展会上，日本首相安倍晋三首次官方提出了“互联工业”（Connected Industry），一时间备受关注。作为日本国家战略层面的产业愿景，“互联工业”强调“通过各种关联，创造新的附加值的产业社会”，包括物与物的连接、人和设备及系统之间的协同、人和技术相互关联、既有经验和知识的传承，以及生产者和消费者之间的关联。其中一点值得注意的是，熟练的技术员和年轻的技术员相接，实现技术的传承，由此创造更多的价值。与中国的工业互联网有所不同，日本的“互联工业”是一个更大的体系概念，与日本提出的“超智能社会”社会 5.0 密切相关。它强调物与物关联（IoT）、人与机械和系统的协同与共创、人与技术的关联、跨越国境企业之间的关联、跨越年代人与人的关联/技能及智慧的继承，以及生产者与消费者的关联。“互联工业”面向各种各样的产业，通过企业、人、数据、机械相互连接，产生新的价值，同时创造出新的产品和服务，借此提高生产力。

（一）基于调研找出日本制造业当前发展瓶颈

根据日本经产省在 2016 年做的调查，日本数据采集领域发展迅速，但获取的数据如何能够灵活运用，人们仍未能看到很好的解决方法。此外，日本制造业的净资产收益率 ROE 长期低于欧美同行，2016 年日本制造业上市公司的净资产收益率为 5.83，较大程度低于欧美企业。当前社会有很多新的变化方向，包括从物品“拥有权”走向“使用权”的共享社会，包括在产品基础上构建服务一体化的解决方案等。这些挑战和变化，需要很好地应用物联网、大数据、人工智能以及机器人等工具，才可以实现“互联工业”的愿景。

（二）日本政府积极推动工厂智能化及物联网应用

日本政府先是通过示范应用案例的整理和可视化［制造白皮书、应用实例·在线地图（RRI）、智能工厂示范项目、机器人引进示范项目实例说明手册等］的推广，增强工厂对智能化的认知程度。其次，建立中小企业的外部支援（建立了“智能制造声援团”对中小企业进行支持，专家派遣，普及中小企业容易使用的工具等），以提供技术、人员、工具的支撑。并且，政府和企业一起建立了新的支援体制，也就是所谓的“产官学”合作。目前，在日本负责推进物联网IoT发展的团体一共有三个，分别是机器人革命协会RRI、物联网IoT推进实验室和工业价值链IVI（Industrial Value-chain Initiative）。2018年6月，经济产业省继续发布了“智能制造支援队”的更多支援措施，更加细致地提供了支援中小制造企业的措施。除此之外，还有一系列关于物联网投资方面的资金援助、“互联工业”的税收制度、机器人革命倡议协议会的“核心中小企业行动小组”。10月，在日本经产省主办召开的“互联工业大会2018”上，工业价值链IVI被指定为骨干企业促进“制造平台开放合作事业”事宜。

（三）日本经济产业省制定更为详尽的推进措施

为了推进“互联工业”，日本经济产业省制定了相应的工作计划。2017年10月，日本经济产业省提出了互联工业“东京倡议”，确立了今后的五个重点领域的发展：无人驾驶－移动服务、生产制造－机器人学、生物－材

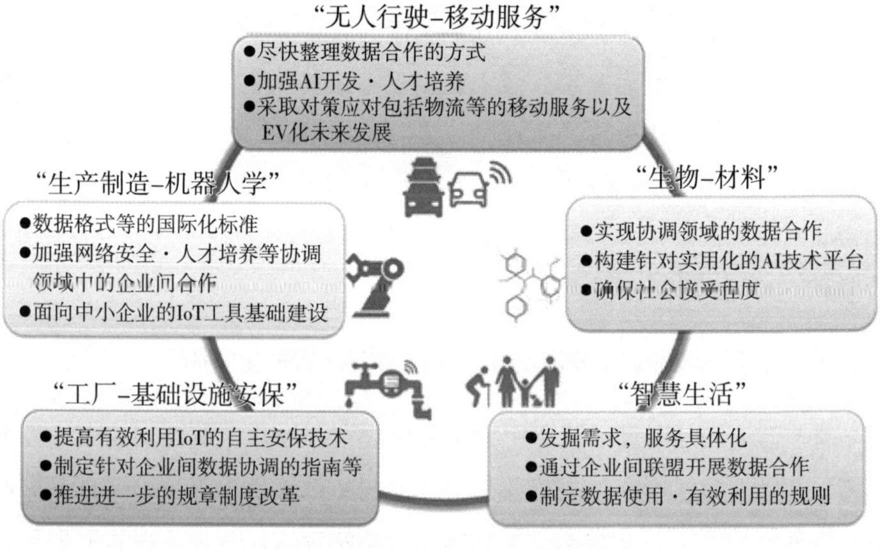

图3　互联网工业的五个重点领域

资料来源：《日本互联工业计划》。

料、工厂-基础设施安保和智慧生活。此外，以上这五个领域都是采取交叉式的政策来推进的，主要是三类横向政策：一是实时数据的共享与使用；二是针对数据有效利用的基础设施建设（如培养人才、研究开发、网络空间的安全对策等）；三是国际、国内的各种横向合作与推广（如向中小企业的推广普及等）。自日本提出“互联工业”以来，日本经济产业省对内分别于2017年5月、7月、8月，2018年5月、6月召开了6次部长级交流会用于推进“互联工业”计划；对外于2017年12月与2018年10月分别召开“互联工业”讨论会，用于促进以“互联工业”为主题的国际交流活动。此外，2018年6月，日本经产省发布《2018年日本制造业白皮书》，认为日本制造业已经处于一个“非连续创新”的时期，它把这个时期称为“第四次工业革命”，并再次强调了“互联工业”的重要性。

五 高度重视推进跨境数据自由流动

（一）日本寄希望于对“真实数据”展开争夺

1. 围绕“从网络到现实”的虚拟数据争夺中，日本处于不利地位

当前全球正在围绕数据资源展开争夺其合理开发利用的话语权。以2018年为时点，全球大型IT企业，除去美国的GAFA（Google、Amazon、Facebook、Apple）以外，来自中国的百度、阿里巴巴、腾讯（BAT）也逐步在全球释放其影响力。在此背景下，日本经济产业省、日本公正贸易委员会、日本总务省召开相关会议，在上述企业已经占领全球数据市场的前提下，指出了促进美国诞生具有革新性企业的“事前审批较少的自由市场”以及中国能够诞生超强竞争力的“封闭的巨大数据市场”这一事实。与此同时，日本的大型IT企业，无一家企业入围全球市值前10位，在全球数据资源争夺上，与GAFA等企业相比，相差甚远。

2. 围绕“由现实到网络”的真实数据争夺中，日本具有很大潜力

GAFA对于一些传统的领域并未进行渗透。例如，个人健康及医疗数

据、汽车行驶数据、工厂设备的开工数据等。根据 Gartner 的预测，到 2020 年全球真实数据带来的经济价值将达到 1.9 万亿美元；麦肯锡的预测为到 2025 年其经济价值为 3.9 万亿 ~ 11.1 万亿美元；埃森哲的预测为 2030 年将达到 14.2 万亿美元。目前，全球各国正围绕真实数据展开竞争。

从日本的立场上来看，日本在“第四次工业革命”上给人留下了处于后发位置的印象，在数据霸权争夺上处于不利位置。但是从全球各国的反馈来看，日本仍然有着非常强的竞争力。以上述的经济价值的预测为前提，Gartner 指出，日本在其基干产业的“制造业”“医疗健康”产业两大领域中所拥有的潜在的世界数据市场十分巨大。根据埃森哲的估算，日本的数据市场规模将仅次于美国与中国，为世界第三位。世界经济论坛（WEF）于 2018 年 10 月 17 日发表的《国际竞争力报告》显示，2018 年国际竞争力位于第一的是美国，分数为 85.6 分，而日本虽然排名第五，但分数仅比美国低 3.1 分，在亚洲仅次于新加坡，位于第二。

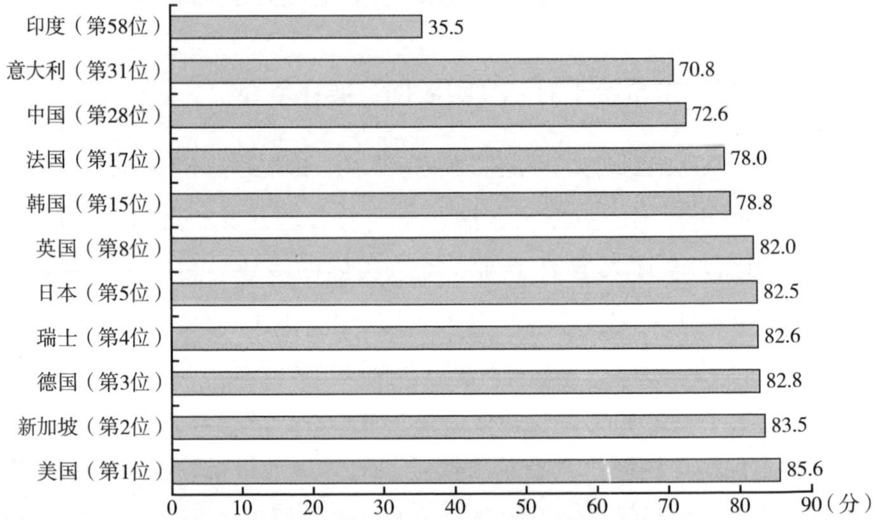

图 4　世界主要国家国际竞争力排名

资料来源：世界经济论坛，The Global Competitiveness Report 2018。

2018 年的排名是基于实现第四次工业革命对未来国际竞争力的预测，也可以理解成是对围绕数据竞争的当前状况的总览，日本在此排名中取得较高评价是因为其人力资源中的健康得分世界排名第一，商业环境（ICT Adoption）得分排名世界第三位，基础设施得分排名世界第五，市场规模（Market Size）得分排名世界第四，制造品市场（Production Market）得分排名世界第五，创新生态环境（Innovation Capability）得分排名世界第六。日本在汽车等制造业，以及健康、医疗、介护等医疗健康产业上，存在大量的现实数据的积累，可通过对现实数据的有效收集，确立对数据的主导权。

（二）日本在推进数据跨境流动上采取的策略是紧跟美国的步伐

1. 世界各国及地区对于跨境数据流通限制的动向

出于GAFA等公司对于数据获取的防御方法，世界各国及地区都采取了不同的限制措施。从表3可以看出，世界多国和地区跨境数据流动采取了不同程度的限制。

表3 世界各国及地区对跨境数据流动采取的措施

原则上限制	基本限制	部分限制			原则上自由
		种类	条件	领域	
中国 俄罗斯 印度尼西亚 越南 文莱 尼日利亚	欧盟	韩国 印度 马来西亚 哈萨克斯坦 白俄罗斯	巴西 哥伦比亚 阿根廷 秘鲁 乌拉圭	加拿大 澳大利亚 新西兰 土耳其 中国台湾 委内瑞拉	美国 日本 其他国家和地区

资料来源：国家工业信息安全发展研究中心整理。

通常将对数据跨境流动所做出的限制称为“数据本地化措施”。日本认为，根据其相关措施来分类，可分为“对个人信息及商业信息境外流动的限制”“数据本地化保存”“数据开发必须在本国进行的数据本国处理措施”等，各国及地区采取的方式方法各异。

与日本、美国的立场对立的国家，即对跨境数据流动进行极大限制的有中国、俄罗斯以及欧盟成员国等33个国家和地区。欧盟虽然与日美一样，对于跨境数据流动采取的是“自由促进”立场，但对于数据向欧盟以外的地区的移动，需要数据输入国具备“在法律上的安定性及在操作上的确定性”的条件。即使是对于支持跨境数据自由流动的日本与美国，但凡企业与欧盟之间涉及交易往来，只要有数据的跨境流动，就需要满足欧盟所提出来的相关条件。

2. 日本在跨境数据流动上采取的是“原则上自由”的立场

日本高度重视数据治理，在数据治理上采取的是与美国相同的保证“原则上自由”的原则。① 之所以采取这样的立场，是因为日本的外需依赖率较低（日本出口依赖率为18%、世界平均为32%、英国为28%、德国为46%），与其他发达经济体相比，日本的外需仍有较大的增长空间，因此，通过创造便捷日本与海外进行数据的相互流动以及利用的有利条件，能够释放潜在的服务出口。

虽然说是原则自由，但是日本也根据其《情报保护法》第24条的判断基准来选择与之相适配的合作国。并且，对于相关事业者来说，只要被日本情报保护委员认可为“同一水准”的国家或地区，在本人同意的基础上，原则上就可以进行自由的相互数据转移。日本已经同美国［以及相关APEC的认证制度“跨境隐私保护规则”（CBPR）的参加国的墨西哥、加拿大、韩国、新加坡］、欧盟（EU）28国（及适用于欧洲经济区协议遵循EU法律的冰岛、列支敦士登、挪威）构建了跨境数据流动相关的协约。日本也仍在与将于2019年3月29日脱欧的英国进行相关对话。

2017年9月，日本被数据保护与隐私专员国际大会（ICDPPC）正式认同为会员国，日本承诺将同ICDPPC会员国的78个国家和地区，一并推动数据流动。在2018年11月开幕的日美财政届人士会议上，美日经济协议会会长提出，以中国等国为主的国家，正在对数据进行围堵，这样会极大损害

① 日本经济产业省产业构造审议会新产业构造部会：《新产业构造视野》，2017年5月30日。

投资，日美应当同欧洲一起制定相关协约。基于此，日本将始终与美国保持同步，推动亚太地区数据流通网络的扩大，以及同 ICDPPC 会员国、CBPR 参加国以及欧盟进行相互协同，始终保持与国际一致的行动路线。

此外，关于日本跨境数据战略，经济产业省发布的《新产业构造视野》提出，对于个人数据，基本方针是在保护数据与流通中寻找平衡点，逐步修正个人信息保护法，促进全球数据更好地被利用。对于产业数据，其基本方针是原则上维持自由，但对于一部分数据，在考虑外国的制度和充分讨论过必要性和妥善性后再行讨论。在特定的情况下，并不是说主张不能将数据带出国外（例如，数据服务器本地化等），而是说在承认数据出境的前提下，必要的话，仍然维持由国内登录的方法。

表 4　各国对于跨境数据流通的基本战略（美国、日本、EU、中国）

	美国	日本	EU	中国
基本方针	原则自由	原则自由	原则限制	原则禁止
产业数据	无一般法律限制	无一般法律限制	有关于非个人数据自由移动法规	《网络安全法》： 对于重要信息基础设施的相关事业者禁止； 国家机密不可流通
	原则自由	原则自由	个别领域存在限制	
个人数据	无一般法律限制	《个人信息保护法》	《通用数据保护条例》（CDPR）	
	要求遵从 CBPR； 在行政领域有个别的限制； 保护国防安全方面信息	要求第三国达到相应水平； 国家指定的企事业单位，在本人同意后； 在医疗方面存在限制； 保护国防安全信息	要求第三国达到相应水平； 国家认证，相关从业者需要达标； 行政、医疗、金融、通信服务存在限制； 保护国防安全信息	

资料来源：国家工业信息安全发展研究中心整理。

（三）日本政府非常重视国际合作

在当前跨境数据流通的背景下，OECD、APEC 等组织机构基本建立了一个促进个人信息保护及跨境执法合作的国际框架。此外，日本通过建立个人信息保护委员会，积极参与国际协议规则的制定，已经被全球隐私执法网络（GPEN）、亚太隐私机构（APPA）正式认定为会员。日本认识到个人信息保护是日本强化与国际合作的重要对话途径，因此正积极推进日欧、日美以及多国的对话，深化与国际的合作。

为着力推进上述行动，2016年7月29日，日本个人信息委员会决定，为推进个人信息保护，并加强与相关国家之间实现跨境数据的有效流通，决定与美国、欧盟应该构筑能够促进跨境数据移动的有效框架，并设置定期会议。

1. 两国间的对话动向

各国对于个人信息保护相关的历史以及制度环境均不同，因此需要特别进行两国间的关于跨境数据流动的对话等，日本至今已经开展了一定程度的对话等。

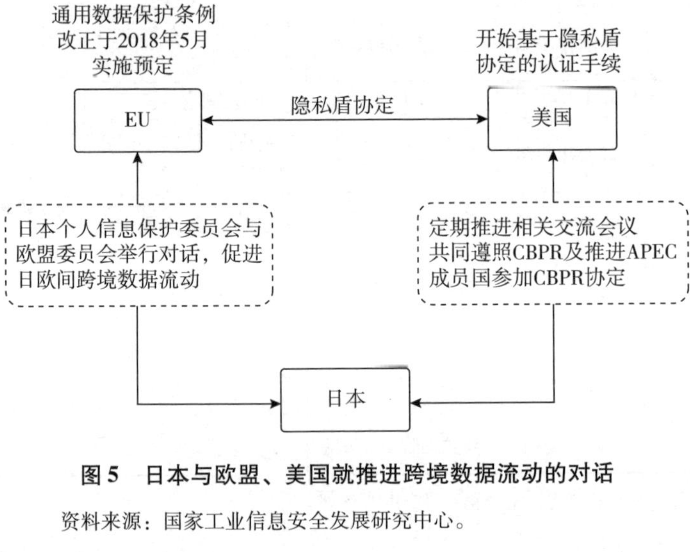

图5　日本与欧盟、美国就推进跨境数据流动的对话

资料来源：国家工业信息安全发展研究中心。

根据日本个人信息保护委员会的总体方针，对于美国，考虑到全球发展，主要需要加强促进APEC下的跨境隐私保护规则（CBPR）。对于欧盟，日本将继续在以当前的个人信息保护法（2017年5月全面执行）的基础上促进相互的数据流动，另外，充分讨论基于《通用数据保护条例》的新规则下的数据流动新路径。经过日欧之间的多次对话，2019 年 1 月，欧盟委员会正式对日本通过“适当性决议”，允许个人数据在强有力的保护下在两个经济体之间自由流动。

2. 基于 APEC 的活动

随着经贸全球化及跨境个人信息流动更加频繁，个人信息保护成为重要的课题。因此，2009 年跨境隐私执法协作机制（CPEA）、2011 年跨境隐私保护规则被确立出来，旨在促进 APEC 经济体的数据保护管理机构之间的信息共享和跨境隐私执法协作。CPEA 的成员包括来自美国、加拿大、日本、韩国、新西兰、澳大利亚等国家的数据保护机构。CBPR 是衡量基于 APEC 的隐私保护框架，加入该体系需要相关机构就跨境隐私程序制定符合该体系的内部业务规则。现在已有美国、墨西哥、加拿大、日本等四国加入。

3. “围绕着信息自由流动”的国际合作动向

2017 年 9 月意大利都灵举行的 G7 信息通信产业大臣会议召开，主题是围绕第四次工业革命和信息的自由流通进行。近年来，信息（数据）的利用已成为一个日益重要的问题，国际讨论也变得活跃起来。围绕这一主题展开最激烈讨论的是在 2016 年 4 月举行的“C7 香川，高松信息通信部长会议”（以下简称“香川高松会议”）。

“香川高松会议”就传播新的信息和通信技术，如物联网和 AI，以及实现人员和物品相互连接的连接世界（Digital Connected World）相关政策进行了深入讨论，并通过了“数字全球统一宪章”和“G7 信息和通信部长联合声明”，“香川高松会议”是 21 年以来再次召开的信息和通信部长会议，也再次确认 ICT 领域的国际合作的重要性。此外，在部长级会议的同时，还举行了由产业界、学术界和政府专家组成的“G7 ICT 多方利益相关者会议”，会议结果将报告给部长级会议。以此为契机，今后 G7，乃至于 G20，都将召开以信息通信、信息化为主题的部长级会议。

图 6 为日本 2016 年下半年以来国际合作的进展情况。

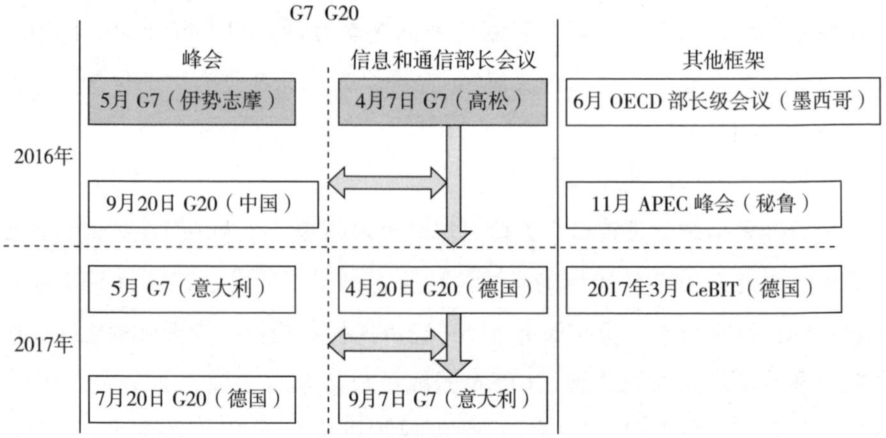

图6　日本就跨境数据流动参与的国际组织的相关会议

资料来源：国家工业信息安全发展研究中心整理。

参考文献

蓝庆新、马蕊、刘昭洁：《日本数字经济发展经验借鉴及启示》，《东北亚学刊》2018 年 11 月。

李国庆：《日本智慧城市建设特征及对中国的启示》，《中共福建省委党校学报》2017 年第 6 期。

甄子健、吴松、柏燕秋：《日本人工智能发展研究》，《全球科技瞭望》2018 年 3 月。

朱启超、王姝：《日本“超智能社会”建设构想：内涵、挑战与影响》，《日本学刊》2018 年第 2 期。

陈骞：《日本政府人工智能发展举措》，《上海信息化》2017 年第 10 期。

王达、高晓巍、詹可容：《日本科学技术创新综合战略 2017》，《今日科苑》2017 年第 7 期。

邱丹逸、袁永：《日本科技创新战略与政策分析及其对我国的启示》，《科技管理研究》2018 年第 10 期。

〔日〕及川洋：《互联工业：日本的成就、挑战与未来》，《质量大会专辑》2017 年第12期。

日本経済産業省:《新産業構造部会》Society5.0 connected industriesを支える「ルール高度化」,2017年4月5日。

日本総務省:《情報通信白書》平成29年版,第三节。

亀井亜希子:《GAFAの台頭　世界でデータをめぐる競争が激化》,大和総研,2018年11月。

B.11

金砖国家数字经济发展潜力巨大

王一鹤*

摘　要： 当前，金砖国家作为国际社会重要的新兴力量，在数字经济领域具有很大的发展与合作空间。金砖国家在数字基础设施、电子商务、数字产业、智慧城市等领域深化发展，逐渐成为全球数字经济领域的重要一级，数字经济发展潜力巨大。

关键词： 金砖国家　数字经济　智慧城市　数字产业

一　金砖国家数字经济发展总体情况

金砖国家作为国际社会具有重要影响力的新兴经济体，五国在数字经济领域发展对于全球数字经济发展具有重要影响。中国数字经济发展迅速，2017年数字经济总量达到27.2万亿元，位居全球第二。截至2018年6月，中国网民规模达到8.02亿人。俄罗斯于2016年底提出了建设数字经济，2017年7月俄罗斯政府正式批准《数字经济规划》，2017年数字经济规模达到了4.3万亿卢布（约合664亿美元），互联网网民数量8770万人，移动设备上网用户数量比重达到70%以上，从事互联网经济的人数达到230万人，互联网相关市场规模在GDP中的比重达到24%。2018年3月，俄罗斯国情咨文再次将发展数字经济作为一项重要的政治任务，从政府储备基金中拨款约30亿卢布（约合

* 王一鹤，国家工业信息安全发展研究中心助理工程师，硕士，研究方向为数字经济战略、数字产业。

5200万美元）用于发展本国数字经济，主要用于信息基础设施建设，加强科研能力、技术储备和信息安全等方面。巴西数字经济发展潜力巨大，2018年巴西互联网用户总数超过1亿，全球排名靠前，用户上网时间也在持续增长，具有较高的消费能力。“数字印度”正在驶入快车道。据Statista公司统计数据，印度互联网普及率为30%～35%，成为全球第二大在线市场，到2020年，互联网用户有望达到7.3亿。随着越来越多的经济活动走向数字化，数字经济正推动印度社会在很多领域经历巨大变革。根据联合国国际电信联盟《全球信息社会发展报告》，从互联网用户比例看，中国、俄罗斯、巴西、南非同处于第二阵营，互联网用户比例为53%～75%；印度处于第三阵营，互联网用户比例只有30%左右。随着智能手机的发展，南非的网络覆盖率增长至50%以上。麦肯锡报告显示，南非手机普及率达到93%。

二　金砖国家数字经济发展重点

（一）数字基础设施建设水平不均，ICT产业稳步发展

1. 金砖国家间的数字基础设施水平差距大

中国、俄罗斯、巴西的数字基础设施建设相对完善，在宽带普及率、互联网速度等方面水平相对较高，电信运营商竞争力较强。数据显示，2018年上半年，中国互联网普及率为57.7%[①]。另外，截至2018年第三季度，中国固定宽带网络平均下载速率达到24.99Mbps，同比提升52.4%。[②] 2018年俄罗斯第四代通信技术基站数量达到16万个，约占全国移动基站数量的1/3。2018年上半年，俄罗斯计划彻底取消国内网络漫游费用。俄罗斯还加紧5G网络部署，俄罗斯《数字经济国家发展计划》指出，到2022年前俄罗斯5个最大城市中将出现5G网络，并计划在2021年后进行大规模建设。

---

① 中国互联网络信息中心：第42次《中国互联网络发展状况统计报告》，2018年8月。

② 宽带发展联盟：《中国宽带速率状况报告》，2018年11月。

印度和南非数字基础设施建设相对薄弱。印度电网建设滞后，许多偏远地区尚未通电，严重阻碍高速数据服务。截至 2017 年末，全印度仍有 5.5 万个村庄无法进行移动连接。印度全国软件和服务公司协会与德勤联合发布数据显示，目前印度全国仅有 3.1 万个村庄有无线网络，无线网络渗透率低于全球平均水平。针对南非数字基础薄弱的状况，2018 年 9 月，南非总统公布了一系列经济刺激计划以振兴南非疲软的经济，规模达 35 亿美元，计划涉及农业、旅游业、制造业、医疗等多个领域，其中基础设施将是政府投资的重点领域。此外，政府还宣布设立南非基础设施基金，并在未来三年对这一基金至少注资约合 279 亿美元。南非基础设施领域将进入快速发展时期。南非作为“一带一路”产能合作的重点国家之一，在符合“一带一路”及国际产能合作的大背景下，其数字基础设施整体水平将逐步提高。

2. 金砖国家积极布局数字产业

俄罗斯经济数字化转型条件成熟，在促进新技术发展的政策支持下，俄罗斯在数字领域已拥有多个大型知名公司，如 Yandex、Mail.ru、VK、Avito、卡巴斯基公司、1C 公司等。2018 年 3 月，俄罗斯电信公司同诺基亚公司和斯科尔科沃基金会共同在斯科尔科沃创新园区启动了全国第一个 5G 试点。在移动通信资费方面，目前俄罗斯处于世界领先水平，移动通信资费仅高于全球最低的中国香港地区。在宽带服务普及率方面，俄罗斯位居全球第十，2018 年，俄罗斯宽带服务普及率约为 80%。

3. 印度 IT 产业塑造印度国家新形象

根据印度软件和服务业企业行业协会（NASSCCOM）数据，印度 IT 产业规模全球领先。年均增长率为 50% 左右。Gartner 数据显示，2018 年印度 IT 行业支出预计增长 9%，达到 871 亿美元。随着本国创业生态系统的蓬勃发展，印度企业正在越来越多地关注转型技术的投入。IT 总支出的约 15% 投入转型活动。印度智能手机产业蓬勃发展。印度电信管理局数据显示，截至 2017 年 7 月，印度手机用户总数达到 11.87 亿户。全球技术市场分析公司 Canalys 的报告称，截至 2018 年第三季度，印度智能手机出货量增长 23%，为 4000 多万部，印度成为全球第二大智能手机市场。微软创投的数据显示，2020 年前，印度创业企业数量将增长至 11500 家。其中，根据市场研究公司 Counterpoint 的数据，2018 年，印度的智能手机出货量约为 1.452 亿部，同比增长 10%。

4. 巴西加快数字化转型，利用数字技术构筑产业生态，互联网金融业发展迅速

截至 2018 年，巴西的金融科技公司已发展到近 240 家。在 2018 年毕马威发布的全球年度金融科技 100（Fintech100）榜单中，巴西有三家金融科技公司入选，分别是虚拟信用卡及数字支付商户服务商 Nubank、理财网站 GuiaBolso 及个人贷款网站 Geru。其中 Nubank 排在顶级公司榜单第 7 位，同时是巴西五大卡片发行机构之一，在 10 月初获得腾讯投资；GuiaBolso 排在顶级公司榜单第 46 位，旨在帮助巴西人管理资金；而 Geru 首次入选新兴金融科技榜单。另外，2018 年中国网信企业持续加大对巴西的投资。3 月，滴滴以 9.6 亿美元的价格收购了巴西打车企业 99；10 月，蚂蚁金服向巴西支付公司 Stone 投资 1 亿美元；同月，腾讯 2 亿美元收购巴西信用卡初创公司 Nubank 5% 的股份。AT 等巨头已为中国互联网企业大规模入场巴西吹响了号角。

5. 南非数字应用尚未转化为产业增长动力，企业数字化水平低，升级、融合等障碍重重

近年来，南非不断加强对数字货币的监管。2017 年 12 月，南非税收服务（SARS）机构宣布将探索追踪数字货币交易的方法，以对逃税行为进行起诉。2018 年 1 月，南非储备银行（SARB）宣布成立金融科技专责小组，审查世行对私有数字货币的立场，并解决监管问题，包括清算和结算风险、货币政策、交易所控制影响和金融稳定。4 月，SARB 着手建立一个自我监管机构，以控制该国的数字货币和金融科技的发展。

（二）电子商务蓬勃发展，市场潜力巨大

2017 年，金砖五国网民数合计超过 14.5 亿，超过全球网民总量四成（见图 1），网络购物用户数合计超过 8.4 亿，占全球网购用户的 50.8%；网

络零售交易额11851亿美元，约占全球网络零售总额的51.8%；跨境网络零售交易额1296亿美元，占全球跨境网络零售总额的24.5%。[①] 金砖国家网络零售交易额占比（51.8%）高于GDP占比（23.7%），跨境网络零售占比（24.5%）也高于贸易额占比（16%）。《金砖国家电子商务合作倡议》指出，金砖国家在电子商务领域合作前景十分广阔。预计到2022年，金砖五国网络零售总额将增至30061亿美元，占全球网络零售总额的比例上升到59%。

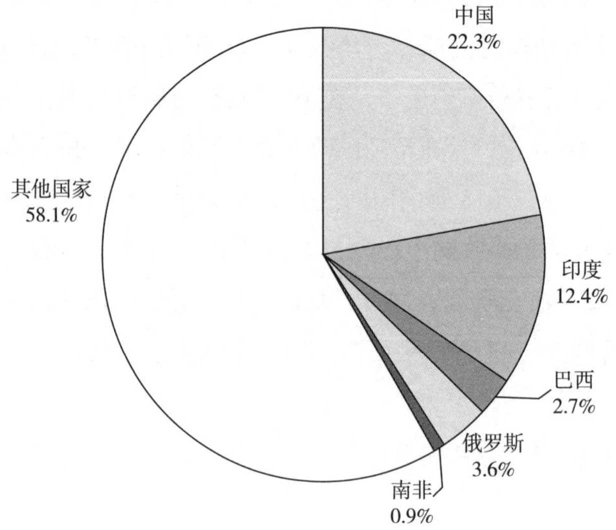

图1　2017年金砖五国网民数占比

资料来源：世界银行、CNNIC、eMarketer。

整体来看，金砖国家在B2B、B2C电子商务交易及电子政务在线服务实现度等方面表现良好，出现了以分享经济等新业态为主的企业，数字化应用方面潜力巨大。中国电子商务业绩骄人，跨境电子商务发展迅速。电子商务研究中心（100EC.CN）监测数据显示，2018年上半年，全国电子商务交易额为14.91万亿元，同比增长12.3%。

① 阿里研究院：《金砖国家电子商务发展报告》，2018年7月（2018更新版）。

1. 俄罗斯跨境电商发展强劲

俄罗斯互联网用户数量超过1亿，居欧洲首位，2017年互联网普及率达到75.8%，是金砖五国中互联网普及率最高的国家。2017年，俄罗斯网购人数超过4630万，网购使用率达到42.3%，占到人口总数的1/3左右。Ecommerce Foundation发布的2018年俄罗斯电商报告显示，2017年俄罗斯电商总产值超过159亿美元，同比增长13%。预计2018年俄罗斯电商产值达到180.6亿美元。俄罗斯跨境电商零售潜力巨大，市场规模增长迅速。2017年俄罗斯跨境电商进口实物销售额为59.1亿美元，占网络零售总额的39%。俄罗斯轻工制造业较为薄弱，通过跨境电商平台，俄罗斯消费者可以购买到国外物美价廉的商品。跨境电商已经成为俄罗斯电子商务市场的主要增长驱动力量之一。俄罗斯电商企业协会（AKIT）预计2018年俄罗斯跨境电商零售市场规模将达到71.9亿美元。俄罗斯驻华大使表示，2018年俄中跨境电商交易额将超过40亿美元。然而，俄罗斯的物流和支付体系不完善。广域的地理分布使电商订单的配送成本比较高、配送时间长，支付方面，超过80%的电商实体货物交易需要货到付款，客观上阻碍了俄罗斯电子商务的进一步扩张。

2. 印度电子商务市场前景广阔

2017年，印度最大的移动互联网公司Paytm的用户数量累计超过2.2亿，成为世界第三大电子钱包。印度社交电商成为“黑马”，资本开始涌入。2018年上半年，印度两大主要的社交电商Meesho和Shop101相继完成了1150万美元的B轮融资和500万美元A轮投资。8月，沃尔玛正式完成了对印度最大电子商务零售商Flipkart的收购，掌握了其77%的股权。分类别而言，智能手机、电视、冰箱和空调是印度电子商务销售额中占比最大的类别，智能手机销售额占印度在线销售额的38%左右，电视机则约占12%，其他家电为6%～7%。据测算，到2020年印度电子商务市场规模将超过1000亿美元，到2026年，印度电子商务市场规模将达到2000亿美元，年复合增长率高达30%。

3. 跨境电商和互联网金融为巴西数字经济发展注入强大动力

巴西电子商务市场是拉丁美洲最大的电子商务市场，根据巴西地理与统计研究所（IBGE）的数据，尽管巴西的互联网渗透率只有61%，但其中一半以上是活跃的电子商务用户，2017年电商活跃用户达到5515万。电商市场调研公司Ebit Nielsen的数据显示，2018年巴西“黑色星期五”促销节的电商销售额约为6.9亿美元，较2017年增长23%。另外，巴西互联网金融市场蓬勃发展，政策环境良好。2018年4月，巴西央行创立了两类新的互联网贷款平台：直接信贷公司（Sociedade de Crédito Direto-SCD）和用户互贷公司（Sociedadede Empréstimo entre Pessoas-SEP，即P2P贷款平台）。10月底，巴西政府再次出台法令，全力支持全外资的SCD和SEP公司。巴西政府和央行正在张开双手欢迎海外投资人进入巴西的金融市场，为寡头垄断的巴西互联网金融市场注入更多活力。

4. 南非移动终端购物趋势显著

南非网民3180万，网民渗透率达到58%，网民渗透率处于非洲领先水平。2017年，网购用户1840万，次于尼日利亚，排在非洲第二位，网购使用率为57.9%。南非电商处于初级发展阶段，规模较小。2017年南非网络零售规模达27亿美元，跨境电商进口零售额约为8.9亿美元。PayPal委托Ipsos执行的市场调研显示，2018年，南非电商市场规模将达到40.7亿美元。南非移动终端购物趋势显著，PayPal和Ipsos的报告显示，2018年南非移动电商支出将增长123%，网上零售市场潜力巨大。调查显示，通过智能手机和平板电脑完成购物的消费者超过60%。同时，消费者海淘意愿较低，72%的网购者表示，他们会因为海淘运费高、关税和税收不确定及配送时间长等负面因素放弃海淘。

（三）智慧城市深化发展，公共服务水平不断提升

1. 俄罗斯智慧城市发展逐渐深化

2018年，俄罗斯建设部向俄罗斯政府提交议案，建议将“智慧城市”纳入“住房公共服务和城市环境优先项目”，主要指标包括智慧城市网银解决方案和技术、城市资源管理质量提升工具等。同时，公共基础设施现代化改造、城市美化和效率提升应同步进行，为此工作组建议将“智慧城市”纳入优先

解决问题之列。莫斯科智慧城市建设领先。莫斯科智慧城市计划将统筹城市生活各个领域的400多个项目，旨在通过分析大数据、利用人工智能为市民创造一个可行的个性化虚拟环境。据悉，建筑领域95%的服务都将完全电子化，莫斯科信息技术局还设立专业部门以应用新技术的创新实验室。[①] 莫斯科还建立了“积极公民”的电子调查系统，这使该市成为世界上首个基于区块链技术建立国家平台的城市。开发5G无线网络也是莫斯科市政府推出“智慧城市”战略的内容。2019年，莫斯科将启动5G网络试用区，这将成为俄罗斯首都发展城市各种项目的基础。

2. 巴西智慧城市分布不均

2018年5月，巴西社会信息发展研究院（Cetic. br）公布报告指出，2017年巴西仅有18%的市政府有智慧城市系统，例如，实时监控城市交通信号灯、公交车、照明灯等设施。数据显示，在人口超过50万的城市中，70%的拥有智慧城市系统。而在人口为1万人以下的小城市中，仅有8%的有智慧城市系统。另外，首府城市中拥有智慧城市系统的比例为77%，内陆城市的比例则为18%。中西部地区拥有智慧城市系统的城市比例最高，达到21%，其次是东南部地区（20%）、东北部地区（19%）、北部地区（15%）和南部地区（14%）。便民水平不断提升。数据还显示，2017年通过电缆或光纤来连接网络的城市比例为83%。巴西城市设立政府网站的比例增至93%，政府会通过网站为市民提供服务，主要包括下载文件或表格（83%的城市提供）、表格提交（55%）、发放电子发票（51%）、行政和司法程序咨询（46%）、发放许可文件和证书（40%）等。网站还开通了沟通渠道，其中93%的网站向居民提供可以沟通的电子邮件地址，62%的提供信息服务，40%的可以在线投诉，10%的提供在线聊天服务。

3. 南非、印度也在逐步推进智慧城市建设

2017年7月，华为在南非约翰内斯堡揭牌成立了非洲首家信息通信技术创新体验中心。当地用户能够体验到智慧家庭、虚拟现实、平安城市、

① 华迪：《莫斯科“智慧城市”计划统筹各领域400多个项目》，人民网，2018年4月13日。

5G 通信技术等科技成果。该中心还与包括南非约翰内斯堡大学在内的多所高校签订了人才培训协议，旨在提升南非本地的科技发展水平。印度政府将在德里与孟买之间，打造一条总长 1482 公里的德里孟买工业走廊，发展多个智慧、可持续发展的工业城市，以打造印度的制造和服务基地。预计投入 900 亿美元，包含 24 个产业园区、8 座智慧城市、2 个机场、5 个发电项目、2 条高速运输线路及 2 个物流仓储中心，此外，还将在走廊上倾力打造横跨 7 个省邦的高新产业园区。

三　顶层设计不断完善，影响力持续扩大

总体上看，金砖国家在数字相关法律环境方面水平整体较高，但五国数字经济发展不均衡，数字鸿沟巨大。金砖各国政府重视数字经济发展，采取了一系列政策、措施和规划，以期带动互联网和数字经济发展，并探索采取监管措施来规范市场行为。

中国政府高度重视数字经济发展和顶层设计，作为数字产业的投资者、开发者和消费者，中国积极制定一系列战略规划和法律法规，促进支持数字经济规范有序发展。

2017 年，俄罗斯政府发布《数字经济计划》，涵盖调控、信息基础设施、研发、管理机制、人才与教育、信息安全、国家管理、智慧城市和数字卫生保健等九个方向的内容。随后又陆续提出了《2018 信息技术产业发展规划》《2014～2020 年信息技术产业发展战略和 2025 年前景展望》等国家战略。2018 年，俄罗斯正式实施《俄罗斯联邦数字经济计划》，该计划覆盖调控监管、教育培训、网络安全、研究、IT 基础设施等五大领域，工作重点覆盖面十分广泛。到 2019 年，政府计划形成的相关法律条例将覆盖数字经济反垄断、信息所有权、金融领域的信息技术等议题。

印度在 2012～2017 年的五年规划中，提出大力发展印度电信产业，为 13 亿人口提供通信服务，提高农村地区电话拥有量和网络普及率；手机信号覆盖所有村庄，农村地区电话普及率达到 70%，宽带连接 1.75 亿人口，

完成国家光纤网络工程，为国际移动通信增加300兆赫频率等。印度将“数字印度”建设列为政府的首要工作之一，重点聚焦电子政务、远程医疗、网络基础设施等领域，确保2019年实现25万个村庄网络覆盖，确保公民享有基础设施和服务，享有数字权。为让民众更好地体验网络生活，印度政府还要求电信部门从2018年开始，必须向每个用户每个月免费提供100MB数据流量。印度正在出台新政策，进一步刺激电子制造业，出台电子安全产品采购政策以及数据保护法等，力图从实体到法制全面推动数字经济发展。

南非政府近些年来采取了一些推动数字经济发展的政策和措施。2015年，南非提出“Internet for All”计划，从2015年到2020年，将争取实现100%的宽带普及率，并将宽带的标准从256Kb/s（千比特每秒）提升到至少2Mb/s（兆比特每秒）；此外，南非出台《制造业投资计划》和《商业外包》等计划激励ICT为南非经济发展做贡献。

巴西政府大力发展数字经济，采取一系列政策和措施，包括《数字转型巴西战略》《国家物联网计划》《2015～2018联邦公共管理：信息、通信、网络安全战略》以及若干即将生效的数据隐私法案。俄罗斯数字经济顶层布局稳步推进。巴西中央银行还探索“数据本地化”提案。

四　金砖国家合作加强，数字经济向纵深发展

（一）多边机制下数字经济合作情况

金砖国家在资源、市场、劳动力等方面具有极大的潜能和优势，单在跨境投资领域，金砖国家吸引外国直接投资占全球外国直接投资总额的20.5%，金砖国家对外投资占全球对外投资总额的14%。在数字经济领域，金砖国家在产业数字化、技术服务创新、网络信息安全保障、国际网络空间话语权提升等方面有着共同目标，不同维度的数字经济合作已经取得不少进展。

1. 金砖国家领导人会议指引数字经济合作方向

2018 年 7 月，金砖国家领导人第十次会晤在南非约翰内斯堡举行，主题为“金砖国家在非洲：在第四次工业革命中共谋包容增长和共同繁荣”。《金砖国家领导人第十次会晤约翰内斯堡宣言》提出“建设金砖国家新工业革命伙伴关系”。宣言五次提及“数字”相关内容，强调了“新工业革命”的历史进程中，五国将深化数字化和工业化等领域合作，加深贸易及科技交流，弥合数字鸿沟，并鼓励开展区块链等数字新技术的联合研究，在数字税收等更广泛的层面加深合作，提升金砖国家及广大新兴市场国家和发展中国家竞争力。

2. 金砖国家数字经济相关工作机制逐渐成熟

金砖国家大力开展数字经济多领域合作，取得积极成果。在通信领域，2017 年第三届金砖国家通信部长会议在杭州举行，主题是“数字经济时代的信息通信技术创新与融合发展”，各国达成共识要推动信息通信技术、智能制造等重点领域的深度融合，加强发展中国家数字经济能力建设，缩小数字鸿沟。在经贸领域，2017 年在上海举行的第七届金砖国家经贸部长会议，通过《金砖国家电子商务合作倡议》，决定建立金砖国家电子商务工作组；2018 年举行的第八届金砖国家经贸部长会议，通过了《金砖国家包容性电子商务合作框架》，决定加强五国信息经验分享，缩小数字鸿沟，实现共赢发展。在安全领域，通过 2017 年金砖国家领导人厦门会晤契机，金砖国家深化网络安全合作，完成“网络安全务实合作路线图”。在工业领域，2018 年金砖国家领导人在约翰内斯堡会晤上一致认可我国联合南非提出的《金砖国家新工业革命伙伴关系倡议》，要求全面启动相关工作，深化五国在数字化、工业化、创新、包容增长、投资等领域合作，联手加快经济新旧动能转换和转型升级。

3. 金砖国家工商理事会重点推进数字经济相关工作

金砖国家工商理事会是金砖国家合作的重要机制之一，近年来致力于在金砖国家工商理事会框架内推动数字经济相关工作。2017 年 3 月，金砖国家工商理事会中期会议在印度新德里举行，中国成为金砖国家工商理事会主席国，中国联通代表中国倡议并介绍了数字经济经验分享机制和金砖国家技能发展国际联盟两项规划成果。2018 年，南非成为金砖国家工商理事会主席国，时任主席指出“第四次工业革命与超算、区块链技术、人工智能等息息相关”，金砖国家将以数字经济为优先议题。《约翰内斯堡宣言》提出“我们欢迎在金砖国家工商理事会框架内建立数字经济工作组”。金砖国家工商理事会还积极通过各类平台研究、发布合作成果，2017 年与中国互联网协会联合发布《金砖五国的数字经济发展研究报告》；金砖国家工商理事会中方理事秘书处联合复旦大学金砖国家研究中心，搭建“金砖国家信息与交流平台”，为推动金砖国家之间经贸合作提供权威可信的信息服务。

（二）其他多边机制下金砖国家互动相对频繁

1. 金砖国家积极寻求二十国集团（G20）框架下的有效互动

金砖五国在 G20 框架下非正式会晤及互动相对频繁，代表新兴发展中国家积极参与规则制定，争取更多发声机会。如参与 2018 年 7 月在阿根廷举办的第二次金砖国家财长和央行行长会议，就金砖国家新开发银行、政府和社会资本合作（PPP）、加强金砖国家在 G20 框架下合作等议题进行了讨论，并强调金砖各方应加强在 G20 框架下的政策沟通。此外，金砖国家也在 G20 数字经济工作组内加强合作，共同应对数字化带来的挑战，针对《G20 数字经济部长宣言：面向发展的数字议程》及其附加的审议稿提出修改意见。在当前全球经济形势下行和贸易摩擦不断的背景下，金砖国家能否发挥合力，善用国际舞台，合理发声，争取更有利的环境，探索更有效的合作模式，都是金砖国家面临的挑战。此外，亚太经合组织（APEC）的 21 个成员经济体中，只有中国和俄罗斯两个金砖国家。在 APEC 相关工作机制中，中国和俄罗斯都支持在 APEC 框架下开展数字经济相关活动。

2. 金砖国家表示支持 WTO 框架下的多边贸易体系

在数字贸易议题上，很多国家认为除了数字技术创新，数字贸易取决于有利、可靠的全球治理框架，所以不少国家已经开始在世界贸易组织

（WTO）等国际机制内更新相关贸易条款，以适应不断扩展的数字化市场。各个国家在此议题上出现了不一致的立场：第一种是“市场化方式”，由多利益攸关方的互联网治理体系支撑，建立以“市场”为基础、产业驱动的数字贸易框架（美国、日本）；第二种是“干预主义方式”，在隐私、安全、消费者保护等敏感领域进行监管干预，平衡自由的数字贸易（欧盟、澳大利亚）；第三种是以金砖国家为代表的“看守型方式”，对互联网和数字服务进行严格的控制管理（中国、俄罗斯、印度）。面对正在发生的贸易摩擦，金砖国家领导人在2018年7月约翰内斯堡峰会上表示，多边贸易体系正面临前所未有的挑战，呼吁各国在WTO框架下保持开放的世界经济。金砖国家智库也在多种场合呼吁携手应对贸易保护主义，赞同金砖国家彼此相互支持，在WTO框架下加强磋商，运用各种可行的政策、措施和机制来实现更好的自保。

（三）我国与其他金砖国家双边合作情况

金砖国家跨国公司与全球经济深度互动，为全球经济增长注入动能。金砖国家的企业，通过跨国并购或设立合资企业，进行跨国经营。我国的跨国企业在进行跨国投资方面表现积极活跃，使我国成为众多国家的重要贸易伙伴。

1. 中巴合作以企业投资、收购为主

巴西科技、创新与通信部曾表示，力争在4G移动网络和光纤接入网络领域，实现将特许权转变为普通授权制度，以吸引更多以中国为代表的外国资本投资巴西。而以滴滴、百度、今日头条、美图公司为代表的中国互联网公司，将目光投向巴西，盯准其市场庞大且快速发展的特点，以投资、收购模式打开巴西市场；再如我国小桔科技（滴滴公司）收购巴西99公司，开启首笔跨境收购案例，除了资本层面合作外，滴滴还为后者提供技术、产品以及运营经验等，提升其营业额和满意度。

2. 中俄合作集中在数字基础设施与电子商务领域

中国连续6年成为俄罗斯第一大贸易伙伴国，俄罗斯则是中国进口能源、机电高新技术产品的主要来源地之一。两国在数字经济方面的合作日益升温，主要集中在数字基础设施和电子商务领域。中俄通信分委会 IT 与网络安全工作组会议已经举办了 18 届，两国政府和相关企事业单位就数字经济及网络安全相关问题进行沟通，2018 年会议就数字经济发展、数字基础设施等方面开展有效对话，继续开展务实合作。中国联通（俄罗斯）运营有限公司的成立旨在为中俄企业提供全球组网、数据中心等通信服务。

3. 中印逐步开启全方位数字经济战略合作

中国是印度增长最快的外资来源国，长期以来两国合作以投资为主。我国赴印投资的大部分项目集中在手机、家电、移动 APP、电商等领域；海尔等家电企业，还有小米、华为等手机厂商，利用本地化优势，在互联网领域投资；中印互挖潜力，推动数字经济相关战略合作，找到新的合作增长点，促进两国贸易平衡发展。我国和印度产业具有强烈互补性，在发展数字经济的道路上拥有广阔的合作前景。

4. 中南数字经济合作潜力有待进一步发掘

中国已连续 9 年成为南非最大的贸易伙伴、最大的投资国，游客也多。2017 年，中南双边贸易额达 391.7 亿美元。中资企业在矿业、钢铁、水泥、汽车、家电等领域，为南非当地创造了超过十万个就业岗位。中国联通已在南非布局多个 PoP 点，目前已成为当地市场上最大的家电品牌，华为手机、海信电视等中国品牌在南非家喻户晓。南非是金砖国家抗风险能力最小的国家，在全球贸易战的波及下，也必将探寻创新的合作道路。

参考文献

俄罗斯联邦政府：《数字经济规划》，2017 年 7 月。

G20：《G20 数字经济部长宣言：面向发展的数字议程》，2018 年 8 月。

阿里研究院：《金砖国家电子商务发展报告》（2018 更新版），2018 年 7 月。

专 题 篇

Special Reports

B.12
全球数据治理规则体系研究

郑 磊*

摘 要： 数据资源被誉为21世纪的石油，全球各国正围绕最大限度地利用数据资源而展开争夺。作为数字经济的发源地，美国在全球数据治理规则上的诉求最为强烈，基于其在网络空间上的优势，美国大力主导跨境数据自由流动，以便于扩大其利益。而欧盟在近年来，缺乏大型互联网企业，在数据争夺方面处于不利地位，因此欧盟主要采取的是较为保守的防卫姿态，通过出台各类法律法规应对包含美国在内的全球其他国家涉足欧盟数据资源的情况。我国围绕数据治理也开始进行一些讨论，但仍没形成较为权威的规则，迫切需要相关措施，以改变在国际竞争中所处的被动地位。

* 郑磊，国家工业信息安全发展研究中心工程师，中级经济师，硕士，研究方向为数字经济战略、数字贸易、数据治理。

关键词： 数据资源　数据治理　规则制定　美国　欧盟　中国

随着互联网使用率的日益提高，数据和信息在个人、组织和机构中持续渗透，“数据是一种宝贵资源的观点”日益成为多方共识。越来越多的国家也都将数据治理上升到战略层面，数据思维和应用已经开始逐渐渗透到公共管理和政府治理范畴内，对政府治理理念、治理范式、治理内容、治理手段等产生不可忽视的影响。在此背景下，数据治理议题，已经在全世界范围内聚集了空前广泛的关注度，成为网络空间国际治理领域对话博弈的核心命题之一。一方面，围绕各类数据的利用，在以大数据、云计算、物联网以及人工智能等为代表的新一代信息技术的普及应用过程当中，人们不断拥抱更多的发展机遇；另一方面，围绕各类数据的保护，民众在快速数字化的环境中也持续面对来源更为广泛、程度更为深刻的安全风险。

一　概论

在数字经济浪潮席卷全球的时代背景下，世界各国都面对着一系列全新的治理挑战。无可否认，海量数据的处理与应用构成了新型数字经济样态存在与发展的必要条件，时至今日，数据作为基础性战略资源的论断已然成为国际社会的普遍共识。随着欧盟 GDPR、美国 CLOUD 法案，以及英国“数据保护法案”、加拿大“隐私法”、APEC 隐私框架及 CBPR 等法律政策纷纷出台，以美欧为代表的发达国家和地区正在构建围绕数据的治理规则体系，在数字经济领域针对数据资产进行“跑马圈地”。

二　美国利用数据治理规则强化其霸权地位

美国长期致力于推动数据全球自由流动，以实现数字贸易便利化，其有关数据权属的诉求主要是数据控制权和消费者隐私权。2018 年 3 月，特朗普正式签署《澄清境外数据合法使用法案》(以下简称CLOUD法案),这使美国执法机构更易于跨境调取其公民海外信息,FBI将可凭借一纸传票,收集来自其他国家的电子邮件和个人信息,从而避开这个国家的隐私保护法和法律制度,直接反映了美国对数据控制权的诉求。加之,脸书事件以来,美国的消费者隐私保护要求有所加强。6月,美国加州快速通过了《消费者隐私保护法案》,联邦层面的隐私保护立法基本已提上议程。但不论是加州隐私法还是联邦层面的隐私保护法其严苛程度都远不及GDPR,立法理念也与GDPR有较大差异。总体而言,美国支持全球数据自由流动立场并没有改变。

(一)美国通过国内立法来推行其数据霸权

CLOUD法案采用“实际控制标准”代替“数据存储地标准”,只要数据到了美国企业、外国企业在美分支机构等与美国相关的数据控制者手中,美国政府部门就能够通过法律程序直接调取存储在境外的数据,达到“国内国外一盘棋考虑”。CLOUD法案极大地扩展了美国的数据主权和数据管辖范围,美国企业在全球互联网行业有多大的市场份额,扩展到多少国家,美国的数据主权就扩展到多大。

(二)美国拉拢盟友强推跨境隐私保护规则

美国还极力推行亚太经合组织(APEC)的“跨境隐私保护规则”(CBPR)体系。目前,包括加拿大、墨西哥、日本、韩国、新加坡、澳大利亚等在内的美国传统盟友已经宣布加入,美国的全球数据管控网络已经形成。从综合效果看,美国先通过CBPR强化企业获取数据的能力,扩大企业的数据使用范围,再通过CLOUD法案将监管企业数据合法化,利用数据治理规则巩固霸权地位的目的越发明确。

三　欧盟在全球数据治理规则上呈现“防守”态势

目前,欧盟主要作为信息技术服务的消费方而非提供方,大型网络或信息技术产业发展较慢，因此欧盟在数据治理上的立场和美国有着明显的区别，更多偏向采取立法的手段来加大对数据的保护力度。其基本思路，一是通过强化本国监管，强化对于数据属地的强制性规定以及对数据安全的评估和审查；二是通过强化基本权利保护，加强数据主体对于个人信息的控制和司法救济，同时强化企业的数据保护义务。

（一）欧盟出台条例旨在完善欧洲单一市场

2017 年 9 月，欧盟委员会发布《非个人数据自由流动条例（提案）》（*Regulation on the Free Flow of Non-personal Data*）（以下简称《提案》），《提案》将限制欧盟成员国的数据本地化要求的范围，打造一个欧盟公共数据空间，创造一个更具竞争力的数据存储和其他处理服务的统一内部市场，这将成为欧盟数字单一市场战略的重要推动力。2018 年 10 月，欧洲议会正式投票通过《非个人数据在欧盟境内自由流动框架条例》（*Regulation on a Framework for the Free Flow of Non-personal Data in the European Union*），旨在在欧洲单一市场内，消除非个人数据在储存和处理方面的地域限制，所谓的非个人数据，主要包括机器生产和商业销售产生的数据。

（二）欧盟通过 GDPR 限制境内数据出境

2018 年 5 月，欧盟《通用数据保护条例》（*General Data Protection Regulation*，GDPR）生效施行。这项法律并不是一项指令（Directive），而是生效之后欧盟国家都必须保证实施的法律。其核心内容要素主要包括与数据本地化要求有关的规则、向主管部门提供数据的可用性以及专业用户的数据迁移等相关问题。GDPR 通过对全球范围内所有在欧盟区销售产品、提供服务、保存及处理欧盟公民数据的厂商进行监管，以保护数据处理过程中欧盟公民的个人信息。相比于欧盟以往法案和其他国家法律，GDPR 适用范围更广，对数据处理要求更加严格。无论企业的业务机构是否设立在欧盟境内、数据处理或控制行为是否发生在欧盟境内，只要数据涉及欧洲公民，都必须遵守该条例。GDPR 对用户条款、数据接收者及数据保护官等进行强制要求，详细规定了个人信息处理的基本原则，如最少够用、目的限定、存储期限最小化等，保证数据处理过程绝对尊重数据主体隐私，防止个人信息被泄露和滥用。换言之，欧盟立法者希望通过 GDPR 的体系化制度设计强化提升欧盟主体对于自身个人数据享有充分的控制权，同时通过统一化的规范设计改进现有的监管机制，为个人数据处理主体的合规风控提供更为明晰的行为指南，降低业务运营的不确定性。另外，通过提升数据治理水平助益欧盟的“数字单一市场”建设规划，进而在数字经济浪潮中谋求世界级领袖地位。

（三）欧盟利用数据治理规则建立贸易“朋友圈”

GDPR 为欧盟构建起极严的数据使用壁垒，同时也使欧盟的个人信息保护与反垄断监管相结合，提供挑选“盟友”和拉拢贸易伙伴的新途径，打破美国的监控式资本主义在欧洲发展的可能性。欧盟可以挑选认可程度比较高的国家或地区进行“充足保护”认定，进而使这些国家或地区的企业优先通过 GDPR 认证，优先进入欧盟市场，使用欧盟公民的数据。这些高度认可国家包括美国、日本、加拿大等，与物理世界中的贸易伙伴大体相似。所以 GDPR 本身带着现实世界映射的一套规则，通过网络空间的规则，又能促进欧盟与这些国家的更紧密的合作伙伴关系的建立，进一步巩固贸易“朋友圈”。

四　其他国家也围绕数据治理制定相关规则，但多处于从属地位

英国为配合欧盟实施 GDPR，并在脱欧后保持与欧盟的数据贸易，出台了新的《数据保护法案》，强化数字经济时代的个人数据保护。新《数据保护法案》虽然保留了旧版法案的框架，但采纳了许多 GDPR 的核心理念，尤其是增加了数据可携带权和被遗忘权的规定，强化了机构的数据保护责任，实行严格的行政监管，以及增进与刑事司法机构之间的合作；并在儿童

信息保护、故意或过失数据处理定罪等方面提出了比 GDPR 更严格的标准，让英国民众对其个人数据安全具有信心。日本则是按照 APEC 隐私框架和 CBPR 条例对本国《个人信息保护法》进行了修订，制定向境外传输数据的规则和指南，规定“数据主体同意”的跨境数据传输模式，同时还设立了“个人信息保护委员会”作为独立监管机构。日本政府以新《个人信息保护法》的“保护充足性”为媒介，与欧盟达成了“经济伙伴关系协定”，并成为从欧盟获得保护充足性认定的首个亚洲国家。

五　全球数据治理规则体系相关动向

围绕数据治理的国际谈判，正在 G20、APEC 等多边机制，以及 WTO、FTA 等具有强制约束力的贸易规则体系中蔓延。数据治理规则的讨论和制定已经不只限于美、欧等国家或经济体为主导的单边规则，逐渐由 APEC、RECP 等区域合作议题发展到 G20、WTO 等全球范围的议题，并作为重要规则要素渗透到具有强制约束力的贸易规则体系中。2019 年在日本召开的 G20 峰会已经确定讨论数据治理相关议题，未来关于数据治理的讨论有可能向上延伸到 G20 顶层设计中。与此同时，美欧等数据治理规则体系较为完备的国家和地区，利用 WTO、FTA 等贸易规则或 APEC 等多边机制推广自己的数据治理方案，拉拢其他国家进入自己的规则体系，在获取庞大数据资源的同时，扩充经贸合作伙伴列表。

（一）各国抢抓数据治理规则

目前，各国纷纷布局数据治理规则，保护本国数据，抢占新一轮国际竞争先机。美国 CLOUD 法案以霸权主义的姿态强行获取别国数据，欧盟通过 GDPR 树立严格的数据使用壁垒，英国、日本等国也相继出台政策法规进行数据治理。围绕政府、企业、个人三个主体的数据治理体系正在加速构建，以国家数据主权为基础的数据本地化存储、跨境数据流动、跨境执法和管辖、个人隐私保护等规则成为各国数据治理规则关注焦点和主要分歧点。未来，数据治理规则必然成为国际规则的重要组成部分，各国将广泛参与全球数据治理的国际规则制定，维护本国数据利益和国家安全。

（二）网络主权和数据主权是数据治理规则体系中的重点

网络主权和数据主权确立了网络空间中各个主权国家的权力边界，代表了国家掌控本国相关数据的权力和正当性。美国 CLOUD 法案、欧盟 GDPR 等数据治理体系都是围绕数据主权，建立符合自身利益的制度和规则，保护本国数据资源不受侵犯，并尽可能获取和管辖本国之外的更多数据资源，扩大本国的利益。因此，网络主权和数据主权的界定问题也成为我国建立全球数据治理体系和数据治理规则的关键点，通过合法行使网络主权和数据主权，构建维护我国基本利益的数据治理体系，掌握国际规则制定的决定权和话语权。

（三）数据安全有待强化

数字经济时代，数据所隐含的价值逐渐显现，成为关系国家安全与发展的重要战略资源。此前美国大选中，一家具有俄罗斯背景的数据分析公司通过 Facebook 获取了 5000 万美国用户信息用于预测美国大选，在一定程度上对特朗普当选做出了重大贡献。个人隐私数据的泄露和滥用，已经不再局限于敲诈勒索、信用卡盗刷等个人财产和人身安全问题，更能影响政治生态、舆论形态，扰乱社会秩序，对国家安全和社会稳定造成重大影响。自棱镜门、Facebook 数据泄露等事件发生以后，美国加大对个人信息保护力度，利用 CLOUD 法案等法律和规则增加执法机构的证据获取途径，让 Facebook 等跨国企业不再存有数据存在境外而无法监管的侥幸心理，加强企业自律行为，对数据进行严控，积极配合政府监管与执法。欧盟则是发挥政府的作用，通过 GDPR 的严苛条例来规定个人数据的获取、使用、传输等保护措施，强制要求企业更改自身数据使用方案以达到合规，一定程度上避免了重大事件发生。

（四）美欧意图主导全球数据治理体系

美国 CLOUD 法案虽然提供了外国执法部门调取存储在美国的通信内容数据的通道，允许符合“适合外国政府”条件的国家与美国政府签订行政协定调取美国境内数据，但是我国并不符合 CLOUD 法案可交换数据国家的条件，无法通过此法案来获得数据。也就是说，美国政府可以直接给美国公司（如苹果、微软等）下令，随时调取存储在中国的数据；而中国执法机构只能通过双边司法协助程序，来跨境获取存储在美国的数据，且极为困难。根据苹果公司的声明，2013～2017 年，虽然收到了来自中国有关部门的 176 项调取数据请求，但他们并没有向中国监管机构提供任何用户账户内容。欧盟的 GDPR 则是建立严苛的数据保护标准，将我国的企业排除在外。我国不在欧盟认可的“充分性保护国家”名单中，意味着欧盟可以借助 GDPR 中界定不明晰、带有主观因素的条款，对我国企业实施更严格的标准，进行歧视性执法。例如，GDPR 中规定最高罚款 2000 万欧元或企业营业总额的 4%，但并不是所有企业都会按最高额度进行罚款，在当前中欧关系背景下，欧盟极有可能优先处罚我国企业，并处以更高标准的罚款。

（五）我国数据主权保护和数据治理体系相对薄弱

美欧已经通过 CLOUD 法案、GDPR 等法律规则构建了较为完整的数据治理体系，包含数据主权、跨境数据流动、跨境执法、个人隐私保护等方面。相比之下，我国通过《网络安全法》《个人信息保护法（草案）》等法律和相应国家标准对数据本地化存储、数据跨境流动、个人信息保护等方面的规则进行界定，但个人信息保护程度还比较薄弱，存在因个人信息泄露而危害国家安全的风险，数据治理体系尚不够完善。以我国《网络安全法》规定的数据本地化存储为例，数据本地化只能保证我国执法机关调取数据的便利性，并不能防止我国数据被别国政府机构调取。对于 CLOUD 法案中允许美国通过跨国企业获取中国境内用户数据的行为，我国尚没有合适的应对方案，这可能对我国数据主权和数据安全造成严重威胁。此外，我国也尚未制定国内执法部门合法调取境外数据的规则，加快数据治理步伐已经迫在眉睫。

参考文献

刘桂锋、钱锦琳、卢章平：《国内外数据治理研究进展：内涵、要素、模型与框架》，《图书情报工作》2017 年第 61 卷第 21 期。

张宁、袁勤俭：《数据治理研究述评》，《情报杂志》2017 年第 36 卷第 5 期。

徐雅倩、王刚：《数据治理研究：进程与争鸣》，《电子政务》2018 年第 8 期。

孙嘉睿：《国内数据治理研究进展：体系、保障与实践》，《图书馆学研究》2018 年第 16 期。

李鸣、郝守勤、何震：《数据治理国际标准研究》，《信息技术与标准化》2017 年第 Z1 期。

B.13
全球数字贸易发展情况研究

郑　磊*

摘　要： 本文研究了数字贸易的定义，就全球数字贸易发展的现状进行了阐述，系统分析了美国、欧盟、中国、非洲等国家和地区数字贸易战略侧重点和出发点，并跟踪了全球贸易规则框架下数字贸易规则发展新动态。

关键词： 数字贸易　服务贸易　电子商务　规则制定

伴随全球数字经济发展，数字贸易规模与日俱增。虽然对于数字贸易，全球仍未有明确定义，但并不影响各国依托本国优势推进数字贸易发展。其中美国对于数字贸易的理解最深刻，所提出的战略目标最具体，即可数字化的服务贸易，其规则诉求也最明确。欧盟也在发展其单一数字市场的同时，出台各种规则，以便与美国进行博弈。中国的立场更加偏向于保守，对于数字贸易的理解偏向于能够依托电子商务平台而进行的货物贸易，因此，对于规则诉求而言，与美国的立场完全不同。非洲国家一方面寄予发展数字贸易来推动经济发展，另一方面又对发达国家高度自由化的数字贸易政策感到反感，认为其干扰本国企业发展。基于现状而言，当前全球围绕数字贸易规则制定上仍然处于探索和相互博弈阶段。

---

* 郑磊，国家工业信息安全发展研究中心工程师，中级经济师，硕士，研究方向为数字经济战略、数字贸易、数据治理。

一 概论

（一）定义

对数字贸易，目前，世界贸易组织（WTO）中的非正式文件、提案，以及各类国际经济组织虽然都开始使用数字贸易的概念，但都没有明确定义，较被广泛认可的一种概念是基于美国国际贸易委员会所提出的，其认为数字贸易是“基于互联网和互联网技术的国内商业和国际贸易活动。其中，互联网和互联网技术在组织协调、生产或者传递产品、服务方面发挥着重要的作用”①。与传统国际贸易相比，数字贸易主要具备三大特征：以互联网为基础，以数字交换技术为手段，以互联网传输为媒介；为供求双方提供交互所需的数字化数据信息，实现以数字化数据信息为贸易标的；商业模式创新，提供的内容既包括产品，也包括数字服务。

表1　不同组织机构对“数字贸易”的相关定义

组织机构	概念名称	概念内容	提出时间
世界贸易组织	电子商务	通过电子方式生产、分销、营销、销售或交付货物和服务	1998年
美国国际贸易委员会（USITC）	数字贸易	通过互联网传输产品和服务的国内商务和国际贸易活动：一是数字化交付内容，如音乐、游戏；二是社交媒体，如社交网络网站、用户评价网站等；三是搜索引擎；四是其他数字化产品和服务，如软件服务、在云端交付的数据服务	2013年
联合国贸易和发展会议	电子商务	通过计算机网络进行的购买和销售行为。对联合国贸易和发展会议而言，电子商务涉及搭配实物商品以及以数字方式提供的无形（数字）产品和服务	2015年

① https：//www. Usitc. gov /publications /332 /journals /vol _ iv _ article4 _ digital_ trade_ summary. pdf.

续表

组织机构	概念名称	概念内容	提出时间
欧盟	数字贸易	被定义为“个人和企业可以在公平竞争的条件下无缝访问和行使在线活动的区域，无论其国籍或居住地”。这一举措超越了改善数字贸易环境的改革；它包含了电信行业日益激烈的竞争，以及数据保护和隐私条款的改进	2016 年
美国贸易代表办公室	数字贸易	《数字贸易的主要障碍》报告认为“数字贸易”应当是一个广泛的概念，不仅包括个人消费品在互联网上的销售以及在线服务的提供，还包括实现全球价值链的数据流、实现智能制造的服务以及无数其他平台和应用	2017 年
浙江大学“大数据 + 跨境电子商务”创新团队	数字贸易	数字贸易是以现代信息网络为载体，通过信息通信技术的有效使用实现传统实体货物、数字产品与服务、数字化知识与信息的高效交换，进而推动消费互联网向产业互联网转型并最终实现制造业智能化的新型贸易活动，是传统贸易在数字经济时代的拓展与延伸	2018 年

资料来源：国家工业信息安全发展研究中心整理。

（二）发展阶段

随着第四次工业革命的推进，全球交易的数据量急剧增加，处理速度也大幅提升。现在，互联网和移动电话的普及已蔓延到世界的每个角落，包括新兴国家，数字市场正在迅速扩大。网络空间不仅被认为是经济中不可或缺的领域，而且也被认为是世界各国政治和安全等各方面不可或缺的领域。世界贸易的发展可分为三个阶段。第一阶段是扩大传统贸易，随着运输成本的降低，逐步将生产的产品运往边境消费区。在这个阶段，交易的物品主要针对最终产品，消费者可以轻松地以较低的价格获得新产品和更便宜的产品。第二阶段是全球价值链（GVC）贸易，通过缩减运输成本和各种可调整的成本，细分生产工艺，跨越产品地缘边界，基于中间产品贸易增加，GVC向包括新兴国家在内的世界各地蔓延。第三阶段是数字贸易，通过分享想法传输数据，大幅降低信息沟通成本来实现。随着数字贸易的扩展，世界连接性得到了显著改善，有助于创建新的商业模式，提高生产力。

二 现状

国际机构从20世纪90年代后半段就认识到国际贸易中“数字贸易”的重要性。但是总体而言，就国际贸易来说，并没有形成统一的国际范式。因此从既有的统计体系中来测算数字贸易较为困难，借助于OECD的定义和联合国贸易和发展会议Information Economy Report 2017来分析全球数字贸易，可以看到全球数字贸易发展的概貌。根据相关研究，数字贸易可分为数字货物贸易、数字服务贸易、跨境电子商务、跨境数据流动等四个方面。

（一）全球数字货物贸易

全球数字货物贸易，是指围绕全球半导体、通信类机器等物品进行的跨国境交易。2002年全球数字货物贸易规模为11587亿美元，到2017年增加了1.5倍为29505亿美元。该增长率与除去数字货物贸易后的统计结果表现出来的增长率相似，因此认为，2002～2017年数字货物贸易占比实际上有所减少，由18%减少为17%。

通过分析数字货物贸易的详细品目发现，2007～2017年，数字商品的年增长率（CAGR）为3.0%以上的商品为通信机器、半导体等电子零件类、记录仪、医疗电子仪器、半导体制造机械、产业用机器人、3D打印机，即促进数字化的关联商品。与之相反的较低增长的数字商品为计算机及周边零件、其他电子零件、音像类机器等以前推进数字化的品类。

结合2017年的数字货物贸易的国家和地区排名来看，出口排名前五的国家和地区为中国、美国、韩国、德国、荷兰；进口排名前五的国家和地区为中国、美国、德国、荷兰、日本。2017年中国的进出口约三成为数字商品。中国、韩国、中国台湾、越南等亚洲国家和地区相较于发达国家而言，都显示了较为强劲的增长势头，美国、德国、荷兰持续正增长，基本维持了2007年以来的排名。

表 2　全球各国各地区数字货物贸易排名（2017 年）

单位：百万美元，%

	排名	国家和地区	2017 年金额	2017 年占比	2007 年占比	2007 年排名	年增长率
出口		世　界	2950495	100			3.0
	1	中　国	706212	23.9	18.2	1	5.9
	2	美　国	251658	8.5	9.9	2	1.5
	3	韩　国	166316	5.6	4.7	6	4.8
	4	德　国	166271	5.6	7.3	4	0.4
	5	荷　兰	148611	5.0	5.3	5	2.4
	6	日　本	140407	4.8	7.5	3	-1.5
	7	中国台湾	138711	4.7	3.7	7	5.4
	8	越　南	88899	3.0	0.1	39	40.5
	9	墨西哥	87959	3.0	3.1	9	2.5
	10	马来西亚	83425	2.8	3.5	8	0.9
进口		世　界	3163683	100			3.2
	1	中　国	522199	16.9	12.7	2	6.1
	2	美　国	451754	14.3	14.4	1	3.1
	3	德　国	155163	4.9	6.3	3	0.6
	4	荷　兰	132979	4.2	4.4	5	2.8
	5	日　本	120197	3.8	4.1	6	2.3
	6	新加坡	114841	3.6	4.4	4	1.1
	7	韩　国	113813	3.6	3.1	8	4.7
	8	中国台湾	88929	2.8	2.3	12	5.3
	9	墨西哥	87684	2.8	2.7	10	3.6
	10	英　国	65548	2.1	3.7	7	-2.6

资料来源：国家工业信息安全发展研究中心整理。

（二）全球数字服务贸易

全球数字服务贸易是指软件开发以及在线服务等跨国境的服务贸易。2005 年的全球跨境服务贸易为 2028 亿美元，2017 年实现 1.6 倍增长，达到 5273 亿美元。同时期，潜在数字服务贸易（通过 ICT 网络向海外提供的服务）从 2005 年的 6783 亿美元增长 1.3 倍达到 15487 亿美元。2005～2017 年年均增长率，数字服务贸易为 8.3%，潜在数字服务贸易为 7.1%，均高于全球服务贸易的6.0%的增长率。同时期，数字服务贸易占全球服务出口的比重从7.6%增长到9.9%；潜在数字服务贸易的比重从25.5%扩大到28.9%。

从广义的潜在数字服务贸易来看，金融服务占比为30%，计算机服务及知识产权使用费占比为25%。从2005～2017年的年增长率排名来看，前三名分别是计算机服务、信息服务、专利使用费。

2017年的数字服务贸易出口排名前10的国家和地区为爱尔兰、印度、美国、德国、中国、英国、荷兰、法国、瑞典、瑞士；数字服务贸易进口排名前10的国家和地区为美国、德国、中国、法国、荷兰、瑞士、英国、日本、新加坡、意大利。

表3　全球数字服务贸易排名前10国家和地区（2017年）

单位：百万美元，%

	排名	国家和地区	2017年金额	2017年占比	2005年占比	2005年排名	年增长率
出口		世　界	527339	100	100		8.3
	1	爱尔兰	85159	16.1	—	—	10.1
	2	印　度	54863	10.4	8.3	1	10.3
	3	美　国	38936	7.4	7.7	2	8.0
	4	德　国	36782	7.0	5.5	4	10.5
	5	中　国	27767	5.3	1.1	11	23
	6	英　国	25589	4.9	7.1	3	4.9
	7	荷　兰	25065	4.8	—	—	—
	8	法　国	18311	3.5	—	—	1.5
	9	瑞　典	14305	2.7	1.9	9	11.3
	10	瑞　士	13193	2.5	2.8	6	7.3
进口	1	美　国	40221	7.6	7.9	1	8.0
	2	德　国	32953	6.2	6.1	2	8.5
	3	中　国	19176	3.6	1.1	10	19.7
	4	法　国	17807	3.4	—	—	2.8
	5	荷　兰	17007	3.2	—	—	—
	6	瑞　士	16745	3.2	3.6	5	7.0
	7	英　国	14146	2.7	4.7	3	3.4
	8	日　本	13676	2.6	1.5	6	13.3
	9	新加坡	12643	2.4	0.6	17	22.2
	10	意大利	10312	2.0	3.8	4	2.4

资料来源：国家工业信息安全发展研究中心整理。

2016年，潜在数字服务贸易出口排名前10的国家和地区为美国、英国、爱尔兰、德国、荷兰、卢森堡、印度、瑞士、日本、法国；潜在数字服务贸易进口排名前10的国家和地区为美国、爱尔兰、荷兰、德国、中国、卢森堡、法国、日本、英国、新加坡。

表4　全球潜在数字服务贸易排名前10国家和地区（2016年）

单位：百万美元，%

	排名	国家和地区	2016年金额	2016年占比	2005年占比	2005年排名	年增长率
出口		世　界	1451372	100	100		7.2
	1	美　国	278711	19.2	20.3	1	6.6
	2	英　国	154366	10.6	16.1	2	3.2
	3	爱尔兰	105312	7.3	—	—	7.0
	4	德　国	85803	5.9	5.5	3	7.9
	5	荷　兰	74548	5.1	—	—	—
	6	卢森堡	69257	4.8	4.6	5	7.5
	7	印　度	63298	4.4	2.8	7	11.4
	8	瑞　士	63104	4.3	5.5	4	4.9
	9	日　本	57085	3.9	3.7	6	7.7
	10	法　国	55273	3.8	—	—	2.6
进口	1	美　国	157551	10.9	—	—	4.7
	2	爱尔兰	99047	6.8	—	—	7.5
	3	荷　兰	76029	5.2	—	—	—
	4	德　国	61012	4.2	5.0	2	5.6
	5	中　国	53645	3.7	2.2	8	12.2
	6	卢森堡	51752	3.6	2.9	5	9.2
	7	法　国	50147	3.5	—	—	4.3
	8	日　本	46907	3.2	3.5	3	6.5
	9	英　国	45790	3.2	5.9	1	1.3
	10	新加坡	42545	2.9	2.0	9	10.9

资料来源：国家工业信息安全发展研究中心整理。

（三）全球跨境电子商务

全球跨境电子商务是指，只面向国外的电子商务（B2C）。根据阿里巴巴和埃森哲的预测，全球 B2C 跨境电子商务市场规模由 2014 年的 2360 亿美元扩大到 2017 年的 5300 亿美元，增长 1.2 倍。

根据 UNCTAD 的数据，比较 2015 年全球商品进口排名前 10 国家的跨境电子商务额，发现美国、中国、英国、德国、加拿大等国基于跨境电子商务的进口额相对较高。

表 5　全球各国跨境电子商务进口占总进口比重

单位：%

国家	跨境电子商务占总进口的比重	国家	跨境电子商务占总进口的比重
美　国	21.2	法　国	2.1
中　国	20.6	韩　国	1.6
英　国	6.3	意大利	1.6
德　国	4.8	日　本	1.1
加拿大	3.7	荷　兰	0.2

资料来源：国家工业信息安全发展研究中心整理。

随着智能手机的普及和接入互联网设备的普及，跨境电子商务市场会持续扩大。根据 Paypal 的研究，中国在过去一年内的跨境电子商务 35% 是由智能手机完成的，含智能手机在内的非 PC 机器的跨境电子商务购入比重达 52%，中国也是基于调研的 32 个国家中比重最高的。泰国、阿联酋、印度、埃及等其他国家，非 PC 机器的使用比重也超过四成。

（四）全球跨境数据流动

全球跨境数据流动，是指跨越国境的数据操作等内容。与跨境数据流动量相近似的是跨境互联网带宽的扩量，从 2001 年的 1608 吉比特/秒扩大到 2016 年的 264968 吉比特/秒，增幅达到 164 倍。亚洲整体占全体的 36.8%，欧洲占 31.4%。

表 6　全球跨境互联网带宽幅度（2016 年）

排名	国家和地区	跨境互联网带宽（吉比特/秒）	2016 年占比(%)	2001 年占比(%)	2001 年排名	2016 年/2015 年(倍)	2016 年/2001 年(倍)
	世　界	264968	100	100	—	1.4	165
1	中国香港	37927	14.3	0.4	21	1.3	5288
2	美　国	31589	11.9	17.0	1	1.3	115
3	英　国	27328	10.3	14.8	2	1.2	115
4	中国台湾	13428	5.1	0.4	20	8.9	1858
5	中　国	11017	4.2	0.5	19	2.4	1450
6	日　本	9668	3.6	1.4	13	1.3	426
7	巴　西	8106	3.1	0.4	24	1.5	1336
8	德　国	7945	3.0	12.9	3	1.2	38
9	印　度	6115	2.3	0.1	35	3.2	4146
10	俄罗斯	5461	2.1	0.2	27	2.0	1437

资料来源：国家工业信息安全发展研究中心整理。

根据美国 TeleGeography 的数据，从 2017 年各地区的区域内、区域外的跨境通信容量来看，欧洲区域内的通信量占到全球的一半多，其次是北美与中南美之间、亚洲区域内为一成左右，北美与欧洲间、北美与亚洲间、欧洲

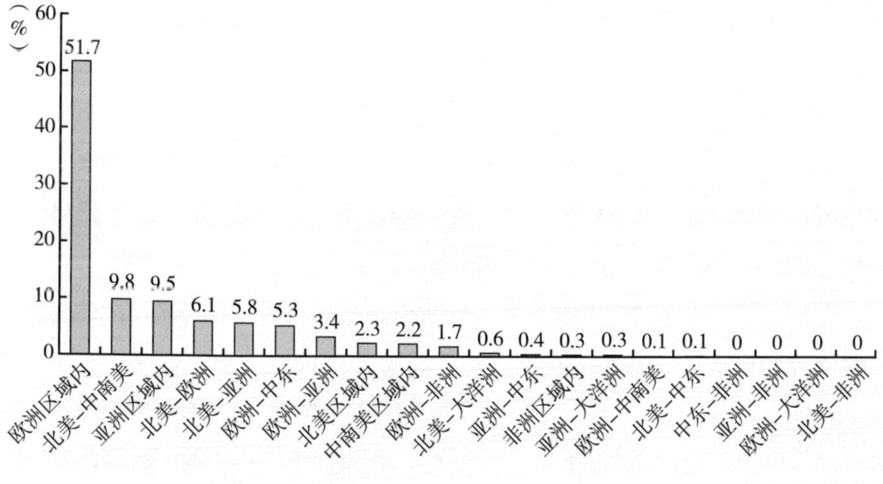

图 1　各区域内、区域外通信占全球的比重

资料来源：国家工业信息安全发展研究中心整理。

与中东间占5.3%～6.1%。

结合主要国家和地区的通信情况来看，跨境互联网带宽幅度最大的中国香港在亚洲区域内的通信量占据了80%，成为亚洲的互联网枢纽。日本、中国台湾正在成为亚洲与美国之间的通信中转地点。美国除中东及非洲以外，基本与全球都具备通信条件，并且还是中南美与其他地区通信的中转站。

三　各国发展数字贸易的侧重点

数字贸易作为一种新型贸易方式，其主要依托互联网体现出自由化和开放性等特点，不同的国家对于数字贸易的态度各不相同。

（一）美国

美国是最积极推动世界数字贸易自由化的国家之一。促进美国自由化的立场是由于其自身公司的强大竞争力，可能成为数字贸易障碍的法规，例如，对电子传输征收关税和建立数据服务器，阻碍了全球竞争激烈的美国公司进入新市场。对于国内公司而言，重要的是要向海外扩张，以确保美国政府通过建立自由贸易协定和其他国际规则来确保其他国家的市场准入。

美国通过自由贸易协定推进了电子商务规则。与约旦签署的自由贸易协定于2001年生效（《自由贸易协定》第7条），成为全球首个关于电子商务的自贸协定，此后，2004年1月生效的新加坡自由贸易协定和智利自由贸易协定均将电子商务作为一个独立的章节。

资料显示，截至2017年5月向世贸组织报告的有275个自由贸易协定，美国已成为仅次于新加坡的拥有自贸协定最多的国家。根据该研究，美国和澳大利亚之间的自由贸易协定中有许多其他自由贸易协定共同的项目。美国签订的FTA中，把电子商务作为独自章的11项FTA，与TPP的条款作比较发现从2004年智利或者新加坡FTA以后，其规则范围在不断扩大。对于在WTO中被广泛议论的电子传输的关税，美国在2004年签署的FTA中，都是以不附加关税的立场一以贯之。加之，对于视频、音乐文件等电子内容，给予与物理物品一样的待遇，也就是说，对于电子内容无差别对待。与澳大利亚、秘鲁、韩国以及哥伦比亚签订的 FTA 中除了上述条款外，还加入电子认证及电子证照、贸易文书电子化等规定，在线交易的消费者保护的条款也被记录。与韩国签订的 FTA，还加入在保护个人隐私的前提下，不设置阻碍的条款等内容。

从美国提交 WTO 的议案可以明显看出美国极力促进数字贸易自由化的趋势。2016 年 7 月（JOB/GC/94）、2018 年 4 月（JOB/GC/178）的提案，电子传输的不附加关税、电子内容无差别待遇、自由登录网站的网络环境、不妨碍数据自由流动等在传统 FTA 里未曾出现的项目，也成为美国在国际上的主张。此外在 TPP 里明文化的数据本地留存的禁止、技术转移的禁止也被提及。

美国促进数字贸易自由化的举措，并不单停留在 FTA 和 WTO，美国与欧盟达成“隐私盾”协议，截至 2018 年 6 月，已有 3215 家美国企业进行了符合该协议的登录。此外，美国还参加了跨境隐私保护规则（CBPR），CBPR 官方网站显示，目前有八个国家和地区加入 CBPR，分别是美国、墨西哥、日本、加拿大、新加坡、韩国、澳大利亚和中国台湾。

（二）欧盟

比起在国际上高度推崇数字贸易自由化的美国，欧盟更加考虑本区域内的数字贸易自由化。欧盟委员会于 2015 年 5 月提出了设立电子单一市场（DSM）的构想，旨在消除区域内的电子贸易壁垒，促使区域内的商业活动更加广泛。

在 DSM 构想这一背景下，欧盟认为其自身数字经济发展存在危机。2015 年，欧盟认为其线下的单一市场具有较强的壁垒，严重阻碍了其数字贸易发展。例如，中小型企业在欧盟范围内从事跨境电子商务的比例为 7%，与此相对的是，美国公司占据该地区 54% 的数字市场，这是推行 DSM 的重要原因。实际上，美国主要的互联网企业都在欧洲开展业务，大多数的欧盟居民、企业都在利用美国企业的服务。欧盟委员会为了避免在欧盟内被创造出的研究和产业数据在域外分析这种问题发展，也提出了需要发展“欧盟科学开放云”的必要性。

欧盟在FTA和WTO上对于数字贸易而言，不像美国这么积极。回溯欧盟签订的FTA，涉及电子商务的FTA基本上是于2008年EU·CARIFORUM·FTA开始较多出现的。虽然在与他国签订的FTA中电子商务也会被当作其中一章，但整体上而言，欧盟还是将电子商务作为“服务贸易、设立、电子商务”章。此外，欧盟在推进进入他国市场的数字贸易自由化上，也采取了较为慎重的姿势。如，在2017年9月暂定适用的欧盟加拿大FTA，对于个人信息保护尚未形成“关联国际机关的国际水平”的规则。关于数字贸易环境整备而言，电子署名、垃圾邮件的对话虽然也有所涉及，但是整体依然还是在稳步推进过程中。总体上，欧盟的FTA虽然设立的重点很多，但是很少见如TPP中所提及的促进数字贸易自由化的表述。

参考2018年5月欧盟向WTO所提出的议案（JOB/GC/188），欧盟的诉求是电子契约、电子认证、消费者保护、垃圾邮件、事前认证禁止以及不附加电子传输关税。

2018年5月开始适用的《通用数据保护条例》（GDPR）被认为是推进数字单一市场构想中最大的支柱。此外，对于欧洲经济领域外（EEA）没有达成十分认证水平的国家和企业，将有严格的限制。GDPR的前身《数据保护指令》对于其他国家和地区的影响都非常大。根据UNCTAD的研究，毛里求斯和南非等实行的数据保护规则一般是参照欧盟标准来制定的。除此以外，2010年达成的东非共同体的数据保护条例的框架、西非共同体个人数据保护法令、2014年非盟网络空间安全和个人数据保护的法律框架等，都受到欧盟数据保护条例的影响。

（三）中国

中国对比西欧来说，互联网利用率还不算太高，基础设施整备也未达到发达国家的水准。不过从2016年以后，中国的互联网利用人数已经超过全国人口的一半，从国家来看，中国已经成为全球互联网人口最多的国家，互联网企业数量也成为仅次于美国的世界第二多。

中国与澳大利亚达成的 FTA 触及消费者保护和数据保护。但无论是消费者保护还是数据保护，都强调了满足自己所需的“合适”的权利。

中国对外的姿态与对 WTO 的姿态始终较为一贯。分析 MC11 上中国向 WTO 提出的提案（WTO/GC/142）发现，主张最强烈的是加强发展跨境电子商务的保税区及保税仓库的导入。除此之外，贸易文件的电子化、电子认证、电子商务规则透明化、促进电子商务便利化发展的项目相关内容均被提及。但对于各国、各地区的市场开放等问题倾向于保守。

（四）非洲国家

在数字贸易上落后于发达国家、发展中国家，非洲几乎大多数国家都不认同数字贸易全面自由化。根据欧洲国际政治经济研究中心（ECIPE）关于数字贸易规则的研究，俄罗斯、巴西、南非等金砖国家对数字贸易均有着较为严格的限制。一般来说，通过执行数字保护主义来实现发展本国企业的国家并不在少数。经济数字化带来的不仅仅是通信业和电子商务的发展，通过提高各类产业效率，进一步增强国家竞争力，较多发展中国家将数字贸易视作数字开发路径之一。

非洲国家与其他地区相比，在互联网环境等基础设施上的差距依然较大。2017 年 7 月非洲国家举办的小组讨论报告（JOB/GC/133），提出了其他国家在发展数字经济上所采取的数据本地化措施、互联网过滤、技术转移等国家积极作为的相关政策。在 WTO 框架下，非洲国家也主张保有一定的“政策执行余地”（Policy Space）。非洲国家在 2017 年 11 月向 WTO 提交的议案（JOB/GC/155）中，主张提出应承认赋予相关国家在发展数字化企业保留相关规则制定的权利。对于电子传输以及商品或者数字化服务导入关税也一并纳入讨论范围。

2017 年 9 月，在 WTO 上举办的公开讨论也听到了类似的声音。推进数字贸易自由化与数字贸易自由化妨碍了发展中国家产业发展的声音同时被议论。如，南非 WTO 代表认为，数字贸易自由化的规则是反开发的（Anti-development），并且妨碍本地企业的发展。对于数字贸易而言，就目前而言，全球整体需要一个具有广泛认同的国际框架这一基本认识，已形成了广泛共识；但就规则制定而言，国家与国家之间仍然存在较大的分歧和隔阂。

四 全球贸易规则框架下数字贸易规则发展新动态

2017 年 12 月，布宜诺斯艾利斯举行的第 11 次 WTO 领导人会议（MC11），没有发布领导人宣言，这为今后数字贸易规则在 WTO 下展开谈判埋下了伏笔。在一些领域，部分国家已经展开了讨论，电子商务规则的讨论是其中之一。美国、日本、欧盟等 71 个国家和地区，将在电子商务贸易关联领域展开面向 WTO 规则重塑的谈论。

在 WTO 框架下讨论电子商务已经不是第一次了。1998 年 5 月，在瑞士召开的第二次领导人会议就发表了《关于全球电子商务的领导人宣言》。基于这一宣言，一般理事会、服务贸易理事会、货物贸易理事会、与贸易有关的知识产权协议（TRIPS）理事会提出了关于各自领域的规则如何适用于电子商务的讨论。另外，直到第三次领导人会议的这一段时间，各成员就电子传输不附加关税事项达成一致。至此以来，基于领导人宣言和部长宣言，上述 4 个理事会和委员除继续推进相关工作以及确定电子传输不附加关税以外，关于其他电子商务规则制定的事项仍然还是探索状态。为打破这种局面，WTO 的 71 个国家和地区着手准备讨论关于电子商务的相关事项。

MC11 所发布的共同声明提出，第一次相关国家的会议于 2018 年第一季度召开。基于此，2018 年 3 月召开了第一次会议，除上述 71 个国家和地区外，加上中国在内的 80 个国家和地区也参与进来。

表 7　发起电子商务会议的国家和地区

地域	国家和地区
亚洲	文莱、柬埔寨、日本、韩国、中国香港、老挝、马来西亚、缅甸、新加坡、中国台湾、卡塔尔、哈萨克斯坦、土耳其、以色列、科威特、巴林
美洲	阿根廷、巴西、加拿大、智利、哥伦比亚、哥斯达黎加、危地马拉、墨西哥、巴拿马、乌拉圭、秘鲁、美国、巴拉圭
欧洲	阿尔巴尼亚、欧盟、冰岛、列支敦士登、马其顿、摩尔多瓦、黑山、挪威、俄罗斯、瑞士、乌克兰
非洲	尼日利亚
大洋洲	澳大利亚、新西兰

资料来源：国家工业信息安全发展研究中心整理。

MC11 以后，2018 年 6 月末，相关国家均提出了基于各自领域的关心点和议案。特别是在网络基础设施以及提高在线交易安全的规则制定上，所提出的诉求较多。除此之外，更好数字贸易发展环境的议案也比较多。

表 8　MC11 以后 WTO 所提出的关于电子商务讨论的议案

项目	主要内容
隐私保护	通过整备各国各地区的个人信息保护相关的规则，为电子商务创造更好的环境
消费者保护	在各国各地区整备在线商务相关的消费者保护法
垃圾邮件	正式被定义为“没有被要求的商业电子信息”。基于构筑消费者更为安心的在线交易环境，整顿更好的网络氛围
电子签名	不限于电子签名更好地推进贸易，也被寄予更好地扩大交易规模
电子支付	为了进一步拓宽数字贸易范围，希望整备更安全的电子支付环境
电子传输的加税	讨论现行对于电子传输不附加关税的事宜
电子信息的跨境流动	数据的跨境流动是数字贸易的根本。美国的提案主张，贸易规则不应该对数据流动加以限制
公共政策的使用范围	为推进数字贸易，讨论数据能够自由移动的度是多少，为保障地区安全，政府可以设置的政策宽容度
贸易关联文书的电子化	满足电子通关所需的电子信息和文书
市场准入	GATT 和 GATS 等已有的 WTO 贸易相关规则怎么更好地推进贸易自由化，以及现有规定如何更好地适用于数字贸易发展
开发与协助	数字贸易的发展与发展中国家的开发有着密切的关系，从开发的观点来看，怎么展开更好的国际议论

资料来源：国家工业信息安全发展研究中心整理。

除了上述能够看到的各国各地区都关心的领域外，关于数字贸易的规则制定方面，也有着不同的声音，存在一定的对立。例如，关于数字贸易中数据、信息如何移动，各国各地区都制定了与之相对应的规则。

表9　相关国家在WTO的诉求

国家和地区	特征
美　国	为了更好地支援本国企业,推进容易进入他国市场的数字贸易自由化措施 通过与第三国签订FTA的形式,推进跨境数据流动高度自由化,借此督促WTO的改革 与主要国家加强数据流动的合作,如与欧盟签订协议
欧　盟	以解决欧盟内部企业竞争力低下问题,发表了数字单一市场(DSM)的构想,撤销阻碍内部市场的贸易壁垒 虽然签订了较多关于电子商务的FTA协议,但对于数字贸易自由化整体仍然比较慎重
中　国	被认为是数字贸易保护主义,制定了诸多贸易规则,妨碍外国市场进入 与韩国和澳大利亚签订了关于推进电子商务的FTA,但对于市场准入和扩大数字贸易自由化仍然谨慎
非洲等国	为了扶持当地数字化企业及发展本国数字经济,强调需要实行产业政策。各国关于推进自由化的数字贸易,对于本国产业政策造成挤压,持反对意见
日　本	借助于参与TPP谈判,整体上倾向于形成自由化程度较高的规则

资料来源：国家工业信息安全发展研究中心整理。

参考文献

张茉楠：《全球数字贸易战略：新规则与新挑战》，《区域经济评论》2018年第5期。

徐苑琳、孟繁芸：《全球数字贸易规则制定面临的问题与发展趋势》，《价格月刊》2018年第4期。

周念利、陈寰琦、王涛：《特朗普任内中美关于数字贸易治理的主要分歧研究》，《世界经济研究》2018年第10期。

周念利、李玉昊、刘东：《多边数字贸易规制的发展趋向探究——基于WTO主要成员的最新提案》，《亚太经济》2018年第2期。

徐翔：《美国数字贸易发展分析》，吉林大学硕士学位论文，2017年4月。

李忠民、周维颖：《美国数字贸易发展态势及我国的对策思考》，《全球化》2014 年第 11 期。

周念利、李玉昊：《多边数字贸易治理现状、进展和中国的角色定位》，《国家治理》2018 年第 29 期。

张茉楠：《数字贸易与新型全球贸易规则发展及对策》，载中国国际经济交流中心编著《国际经济分析与展望（2017～2018）》，社会科学文献出版社，2018。

周念利、陈寰琦：《数字贸易规则的谈判与制订：中国 VS 美国》，《世界知识》2017 年第 16 期。

B.14
我国政务信息资源开发利用研究

殷利梅*

摘　要： 本文分析了政务信息资源开发利用的主要进展，公共信息资源开发成效显著，政府信息资源整合共享取得重大突破，增值开发利用仍处于探索阶段。同时本文梳理了其中存在的权属不清、分级分类不明确等问题，有针对性地提出加强我国政务信息资源开发利用的对策建议。

关键词： 政务　信息资源　资源权属　增值开发利用

《关于加强信息资源开发利用工作的若干意见》（中办发〔2004〕34号）出台以来，我国政务信息资源无差别开发和内部共享工作取得显著成效，但是政务信息资源社会化增值开发利用仍处于探索阶段，开发利用的主体、流程、数据授权、数据定价等问题亟待规范解决。为深入贯彻落实“数字中国”“网络强国”战略部署，充分激发政务信息资源价值，本文进行了相关研究，有针对性地提出加强我国政务信息资源开发利用的对策建议。

一　我国政务信息资源开发利用的主要进展

（一）公共信息资源开发取得的显著进展

1. 国家高度重视公共信息资源开发

近年来，国家发布了一系列政策文件，推动公共信息资源开放。2017

* 殷利梅，国家工业信息安全发展研究中心高级工程师，硕士，研究方向为电子政务、产业信息化、数据治理。

年中央全面深化改革领导小组第三十二次会议审议通过了《关于推进公共信息资源开放的若干意见》，要求推进公共信息资源开放，要加强规划布局，进一步强化信息资源深度整合，进一步促进信息惠民，进一步发挥数据大国、大市场优势，促进信息资源规模化创新应用，着力推进重点领域公共信息资源开放，释放经济价值和社会效应。要坚持全面部署和试点带动相结合，依法有序推进改革。此外，《促进大数据发展行动纲要》《“十三五”国家信息化规划》《关于促进云计算创新发展培育信息产业新业态的意见》《关于积极推进“互联网+”行动的指导意见》等文件也都对公共数据资源开放做出了明确的部署和要求。

2. 地方公共信息资源开放亮点突出

2018 年 1 月，中央网信办、国家发改委、工业和信息化部联合印发《公共信息资源开放试点工作方案》，确定在北京、上海、浙江、福建、贵州开展公共信息资源开放试点。北京市是较早开展公共信息资源开放的地方，2017 年 12 月，北京市出台了《北京市政务信息资源管理办法（试行）》。在北京市政务数据资源网上已经开放 51 个部门的 1204 类数据集，共计 7731 万条数据。其中，全面开放 1140 类数据集，数据记录共 260 万余条；定向开放 64 类数据集，数据记录共计 7471 万余条。上海市政府数据服务网于 2012 年 6 月上线，成为我国大陆地区首个政府数据开放平台。2018 年 4 月，上海市公布《上海市公共数据资源开放 2018 年度工作计划》，重点打造统一的市区联动数据开放平台，积极探索具有上海特色的开放创新模式。浙江省以统一的浙江政务服务网提供公共数据开放目录。福建省公共信息资源统一开放平台目前已经开放 10620.56 万条数据，并根据平台已梳理并开放的各政府部门数据计算出部门的数据开放指数和使用指数，以及领域的开放指数。从领域看，市场监管的开放指数最高。贵州省积极推动公共数据资源开放，企业和开发者在平台注册后可直接调用数据进行数据开发，通过开展大数据创新竞赛的方式充分激发数据活力。

（二）政务信息整合共享取得重要突破

1. 国家建章立制强力推进

多年来，以“金字工程”为代表，各级政府部门建立了各自的业务系统，形成了众多数据烟筒和信息孤岛，严重阻碍了政府职能充分发挥，不利于深化放管服改革和推进治理体系和治理能力现代化。信息共享是打破信息孤岛的有效手段，近年来，国家强力推进政务信息整合共享，成效非常显著。2016 年的《政务信息资源共享管理暂行办法》和 2017 年的《政务信息资源目录编制指南（试行）》出台，明确信息共享的原则，界定了信息共享的范围和责任，为政务信息系统整合共享提供制度依据和操作准则。2017 年 5 月，《政务信息系统整合共享实施方案》计划用一年左右的时间，实现国务院各部门整合后的政务信息系统接入国家数据共享交换平台，各地区结合实际统筹推进本地区政务信息系统整合共享工作，初步实现国务院部门和地方政府信息系统互联互通。完善项目建设运维统一备案制度，加强信息共享审计、监督和评价，推动政务信息化建设模式优化，政务数据共享和开放在重点领域取得突破性进展。2017 年 8 月，国家发改委、中央网信办、中央编办、财政部、审计署五部门制定《加快推进落实〈政务信息系统整合共享实施方案〉工作方案》，进一步提速整合共享工作，将阶段性四个目标的任务提前到 2017 年底前完成，按照“先联通，后提高”的原则分解为两个阶段十一项任务，确保按时完成“自查、编目、清理、整合、接入、共享、协同”等 7 个方面工作，整合共享当年要取得明显成效。

2. 全国政务信息共享的大动脉已经基本打通

目前 71 个部门、31 个省级政府和新疆建设兵团都已经全面接入电子政务的外网和国家数据共享的交换平台，“网络通”的工作基本实现。基于“网络通”，基本建成了全国一体化的数据共享交换平台体系，构建了包含 53 万条目录的政务数据资源体系，这为支撑跨部门、跨地区的政务服务提供了一个基本保障，目前交换量达到 340 亿条。同时，还发布了国务院有关部门第一批数据共享责任清单，共享了 694 项数据，其中涵盖了常用的企业身份校验、失信惩戒、纳税证明、企业基础信息、企业信用信息等，为优化商事服务提供了有力的支撑，“数据通”也初见成效。2018 年 4 月中旬以来，国家发改委、新华社、政府网启动了“群众办事百项堵点疏解行动”，分批分领域向社会征集群众办事遇到的堵点问题。截至目前，共征集了 60 项堵点问题，涉及教育、身份证明、商事服务、社保医疗、居住出行等多个领域。在此基础上，各地区加强业务协同，主动减免办事材料，优化服务流程，疏通了一些企业和群众办事的堵点。河南省通过数据共享，优化企业登记流程，实现了全流程无纸化网上办理，提升了企业的获得感；山东省通过国省两地数据共享平台对接国家发改委、税务总局、市场监管总局的信用、纳税、工商登记等信息，让金融机构主动牵手中小微企业，也取得了积极成效。

（三）政务信息资源增值开发利用仍处于探索阶段

各部门各地方正在逐步探索政务信息资源社会化增值开发利用的方法、路径，初步取得了一些成效，总体上还正在起步探索阶段。

1. 政企合作采用 PPP 模式开发利用

政府部门采用 PPP 模式通过公开招标引入社会资本共同出资成立合作公司对政务信息资源进行开发利用，政府授予合作公司一定期限的特许数据运营权，待特许期满合作公司将数据运营权转交给政府。鉴于政务数据资源的敏感性、公益性，政府掌握核心数据资源，合作公司不触碰原始数据，可获得数据使用的权利。政府对合作公司进行强监管，对合作公司有关事项具有禁止、事前审核、备案、一票否决、主动介入等监管权力。同时，政府方对合作公司的最高收益率做出限制。如人力资源和社会保障部采取 PPP 模式建立全国社会保障卡线上身份认证与支付结算服务平台。

2. 政府授权国资控股企业开发利用

政府作为数据管理者和所有者，统一授权唯一国资控股企业进行政务数据运营管理。国资控股企业一般由政府数据管理机构派驻董事长，采取市场化经营方式，由政府数据管理机构会同国有资产管理部门进行考核。政府授权国资控股企业统筹建设统一运营数据共享交换平台、数据开放开发平台。

各行业主管部门掌握原始数据、通过平台提供的数据共享交换、开放开发供需对接服务，实现多部门业务协同，为政府管理、服务企业和公众提供数据资源和数据技术支撑。如贵州省大数据局授权云上贵州大数据集团对全省数据资源开发利用进行统一管理，陕西省政府授权陕西大数据集团有限公司对全省政务数据资源进行开发利用。

3. 政府授权企业运营全量数据

在这种模式下，数据所有权归政府，数据开发利用权归企业，企业能够触碰到原始数据，有些企业经政府授权获得全量原始数据。如福州市将全市37家市级医疗机构医疗数据授权给中电（福建）健康医疗大数据运营服务有限公司运营，汇聚结构化存量数据总大小8.5TB，数据总量165亿条。山东省将全省的健康数据授权给浪潮集团运营。

4. 政府通过购买服务开发利用

政府通过购买服务的方式，委托企业对政务数据资源进行开发利用。如腾讯、联通、电信、移动共同出资成立数字广东网络建设有限公司，承担广东省一体化大数据中心建设运营，开展政务数据互联互通和共享，支撑政府部门面向公众企业提供一站式政务服务。如最高人民法院信息中心、中国电子科技集团、新浪公司和华宇公司四家单位联合成立中国司法大数据研究院，负责对最高人民法院大数据管理和服务平台的数据进行运营、加工和增值。

5. 政府委托企业构建开发利用生态体系

以政务数据运营企业为主体，建立了政府主导、企业参与、多方协作的政务数据开发利用生态体系。政府作为数据拥有方负责提供数据和对数据进行安全监管，数据运营企业提供租用资源服务、工具服务、模型和算法服务，数据开发利用企业进行数据的增值开发利用，共同提升数据价值。如阿里云为政府建设的政务云及数据为政府所有，为政府提供包括不限于云、大数据及各类算法以帮助政府实现数据增值。福州市授权中电（福建）健康医疗大数据运营服务有限公司对福州市健康医疗大数据平台上37家市级医疗机构的医疗数据进行运营，服务于中国东南大数据产业园范围内的企事业单位的数据开发利用。

二 我国政务信息资源开发利用存在的主要问题

（一）政务信息资源权属不清晰

数据权不同于传统物权，政务信息资源开发利用过程中涉及政府、企业、个人等多个主体对数据进行支配，每个主体在各自环节都赋予了数据不同价值，导致数据权属不清晰。如果进行政务信息资源增值开发利用，产生的价值归属不确定。出了数据安全问题，责任也难以划分。因此，政务部门不敢轻易开展政务信息资源开发利用，阻碍了政务信息资源价值的激发。

（二）政务信息资源分级分类不明确

政务信息资源分级分类是政务信息资源开发利用的基础，一定程度上决定了能够进行开发利用的数据范围和内容。一方面，许多政府部门缺乏有效的分级分类标准规范。另一方面，有些地方出台了相应标准规范，但是各部门对数据家底不清楚，分级分类执行难度较大，价值密度高，可持续提供的数据不多。

（三）政务信息资源安全管理能力不足

对于数据运营方，特别是掌握政府全量原始数据、健康医疗等敏感数据，以及在数据运营过程中沉淀的非运营范围内数据，目前还缺乏有效的数据安全管理制度和机制。对于数据开发利用方，“缓库存”等问题导致日益横行的电信诈骗事件，以及公民数据的外泄和滥用，“黑产数据”倒逼完善规则规范政务信息资源开发利用。

（四）政务信息资源定价和利益分配机制尚未形成

数据只有在具体的应用场景中才能体现价值，个别部门进行了探索。但是当前整体上看政务信息资源开发利用还没有形成有效的定价机制，相应的利益分配机制也无从谈起。政务信息资源开发利用相关的运营方、开发利用方主要以政府信息化项目或者政府购买服务的方式获得政府部门的资金支持，合理收益难以保障，在一定程度上也会影响企业的安全投入。

（五）政务信息资源开发利用相关技术还不完善

技术是政务信息资源开发利用的有效工具。数据算法模型、脱敏脱密、隐私保护等政务信息资源开发利用技术还亟待突破。数据算法方面，“数据黑盒”、人工智能等技术如何训练数据建立较好的算法模型还需要深入研究。数据脱敏脱密方面，有效的去标识化技术尚未得到共识。隐私保护方面，区块链、差分隐私等隐私保护技术也亟须研究。

三　对策建议

（一）开展政务信息资源权属问题前瞻性研究

持续跟踪监测国内外政务信息资源权属问题的研究和实践进展，开展政务信息资源权属的基础理论、政策制度、法律法规、管理机制、技术保障等课题研究，探索制定政务信息资源权属的政策文件，明确政务信息资源所有权、使用权、管理权、监督权、处理权的定义以及相关性；明确政务信息资源各种权属的主体；明确政务信息资源权属的授权原则等，充分协调政府信息资源开放共享与个人隐私之间的冲突。

（二）促进政务信息资源分级分类管理

研究制定国家层面政务信息资源分级分类标准规范，针对政务信息资源中的重要信息、敏感信息、隐私信息等进行分级分类，梳理政府数据资源，明确数据的元数据、来源业务、类别、共享开放属性、级别、使用要求、更新周期等内容，及时编制政府数据资源目录、共享目录和开放目录等。

（三）构建政务信息资源价值评估体系

研究分析政务信息资源的价值属性，分析价值评估的成本、效益等影响因素，从数据质量、数据规模、数据新鲜度、价值密度等维度构建政务信息资源价值评估体系，充分挖掘数据价值，促进政务信息资源流通和开发利用。

（四）加强政务信息资源安全管理

完善政务信息资源采集存储、质量控制、互联互通、隐私保护等方面的管理制度和机制建设，加强政务信息资源安全管理的评估考核和风险防控。制定政务信息资源安全预案。构建信息安全管理制度，全方位保障政务信息资源的安全。加强技术保障，建立信息安全技术保障体系。

（五）集中攻关政务信息资源开发利用关键技术

充分投入和有效整合各种创新资源，对影响政务信息资源开发利用的核心关键技术进行集中攻关，着力补齐短板。打造完整的创新链条和良好的生态环境，激发政务信息资源价值，促进政务信息资源开发利用。

参考文献

《关于加强信息资源开发利用工作的若干意见》（中办发〔2004〕34 号），2004 年 12 月。

张勇进、章美林：《政务信息系统整合共享：历程、经验与方向》，《中国行政管理》2018 年第 3 期。

国家信息中心：《全力推进政务信息系统整合共享　打通“放管服”改革“经脉”》，2018 年 9 月。

B.15
人工智能和制造业融合发展研究

李 端*

摘 要： 随着新一代信息技术与制造业的深度融合，人工智能在工业领域的融合应用是促进实体经济发展的重点方向，人工智能与制造业融合成为推进制造强国和网络强国建设的重要路径。近年来，我国高度重视人工智能在制造业的应用和发展，19.3%的制造业企业开始应用人工智能技术。本文在分析国内制造企业应用人工智能技术的现状和问题的基础上，提出了下一步促进我国人工智能与制造业融合的相关举措。

关键词： 工业企业 制造业 人工智能 融合应用

制造业是实体经济的主体，在新时代中国特色社会主义建设中承担着重要的历史使命。党的十九大报告提出，“推动互联网、大数据、人工智能和实体经济深度融合”。习近平总书记在2018年全国网络安全和信息化工作会议上再次强调，要推动互联网、大数据、人工智能和实体经济深度融合，加快制造业、农业、服务业的数字化、网络化、智能化。人工智能在制造业的融合应用是促进实体经济发展的重点方向，是制造业数字化、网络化、智能化转型发展的关键领域。

---

* 李端，国家工业信息安全发展研究中心助理工程师，硕士，研究方向为数字产业、工业信息安全、工业互联网安全等。

一　我国制造业企业应用人工智能技术处于探索阶段，应用程度日趋加深

两化融合是长期坚持的重要战略。在政策引导下，信息技术已广泛融入制造业企业的研发、生产、经营、管理等环节，为我国制造企业应用人工智能技术奠定了良好的数字化基础。

国家工业信息安全发展研究中心开展的关于人工智能与制造业融合发展情况的调研发现，63.69%的受访制造业企业探索性地在产品设计研发、生产制造、供应链管理等不同场景进行了人工智能的应用①。这些受访企业代表了我国制造业前19.3%的企业的水平（即已达到两化融合“集成提升”及以上阶段的企业比重），也就是说，我国仅有约13%的制造业企业应用人工智能技术，应用规模有待提高。并且相较于86.25%的企业应用数据分析技术，人工智能的普及程度更显得不足，实现人工智能与制造业的深度融合还有很长的路要走。

通过对比企业生产经营各环节应用数据分析与人工智能的情况可以发现，在产品设计、生产计划、生产流程管理、质量管理等数据分析条件较好的环节，企业应用人工智能技术的差距较大，如企业在生产计划与控制环节应用数据分析技术和人工智能技术的比重相差近30个百分点。有些先进企业已经走在产业、行业前沿，积极开展智能化改造，利用新技术改造原有生产经营流程，提升产品生产、企业经营能力和竞争力；而另一些企业仍在寻找转型升级道路或继续保持观望，利用自身已有的信息化技术、数据分析能力维持现有的生产模式，但其市场领先优势正在被慢慢消耗殆尽。

通过对比企业应用人工智能比例与各环节应用比例可以发现，各个环节

① 企业应用人工智能的比例是指，在至少一个生产经营环节使用人工智能技术的企业数量占样本总数的比重，其中生产经营环节可分为销售预测与需求管理、产品设计与开发、生产计划与排程、生产流程优化、产品质量管理与分析、故障诊断与预测、供应链分析和优化、工业污染与环保检测预警等。

应用比例与总体比例差距较大，例如，生产流程优化环节为各环节中应用比例最高，达42.66%，但仍与总体比例的63.69%相差21个百分点，差距极为明显。这说明目前制造业企业应用人工智能技术的环节较为分散，仅仅产品设计、生产计划等单个环节单独应用，较少有企业能实现贯穿生产制造全流程、产品全生命周期的人工智能技术集成式应用。

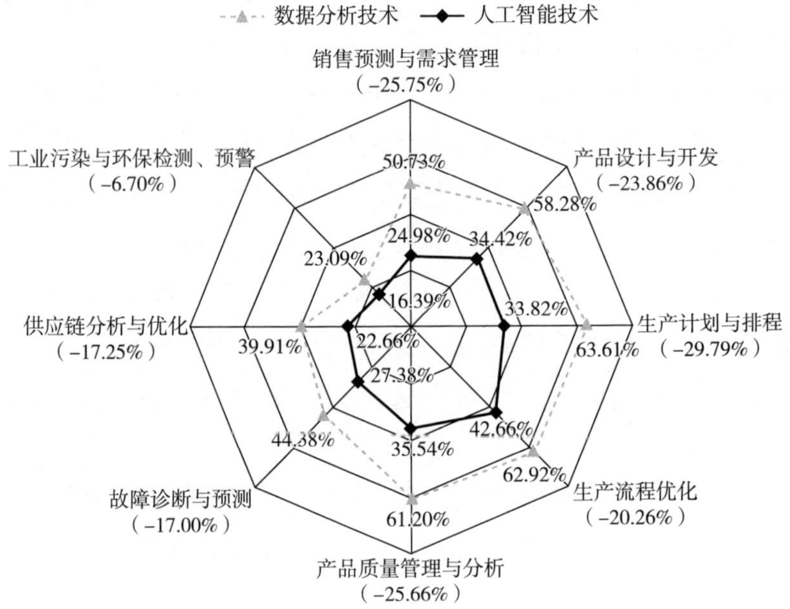

图1 我国制造业企业人工智能应用情况

资料来源：制造企业智能化评价调查，两化融合服务平台。

（一）从行业角度来看，电子信息行业对于应用新技术的需求强烈

处于电子信息行业的生产企业应用人工智能技术的比例最高，达到80.25%，领先其他行业14个百分点以上。电子信息行业的生产流程精细化程度较高，需要利用机器来高效、准确地完成相应的工序作业，因此其制造过程、质量控制等厂内业务环节的人工智能使用比例高达76.43%；而需求

预测、供应链管理等场外业务环节的使用比例也因电子信息产品高迭代速率的原因，达到63.69%。

装备行业应用人工智能的比例为66.08%，在厂内和厂外业务环节的应用比例分别为59.55%和56.53%，对生产制造和企业运营的智能化需求同样强烈。装备行业的生产流程相对复杂，产品结构尺寸相对较大，需要机器辅助生产、装配、搬运，因而对于机器人（机械手）的需求较高，需要智能化的方法来管控生产过程。同时，装备行业的产品复杂，不仅需要工厂内生产效率和质量的管理，通常产品生产还涉及多个零部件供应商，需要跨企业协同制造，企业对于厂内、厂外的业务环节都有较高的智能化需求。

消费品行业、原材料行业的人工智能应用比例分别为62.48%和56.83%，相较于其他两个行业偏低。消费品行业、原材料行业的生产流程相对简单，自动化、数字化转型已经能较好地满足现有生产自动化需求，对于智能化的转型动力不如装备、电子信息行业强烈。

（二）从企业规模角度来看，中型企业具备应用新技术的优势

与大型企业因工业经验积累丰富、转型资金充足、智能化比例和水平理应较好的固有观念不同，中型企业的人工智能应用比例反而最高，达到69.85%。中型制造企业既具备一定资本和技术积累，转型阻力又较小，利于人工智能等新技术的落地应用和单点突破，可能是未来推进人工智能与制造业融合的突破口。

大型企业的人工智能应用比例为69.59%，略低于中型企业的比例。大型企业，特别是上市企业，智能化动力虽足，但由于现有业务繁杂、组织机构复杂、封闭利益生态难以打破，其转型难度反而较大。不过，大型企业在产业链上掌握着大量生产资源，也具有生产基础和资源优势，其智能化过程经过时间积累，能够产生比中型、小型企业更瞩目的成果。

而小型企业资产积累较轻，转型阻力较小，但往往缺乏相应的资金支持，较难兼顾企业盈利和信息化成本投入，因而企业智能化改造的程度相对较低，但应用比例也达到了59.07%。

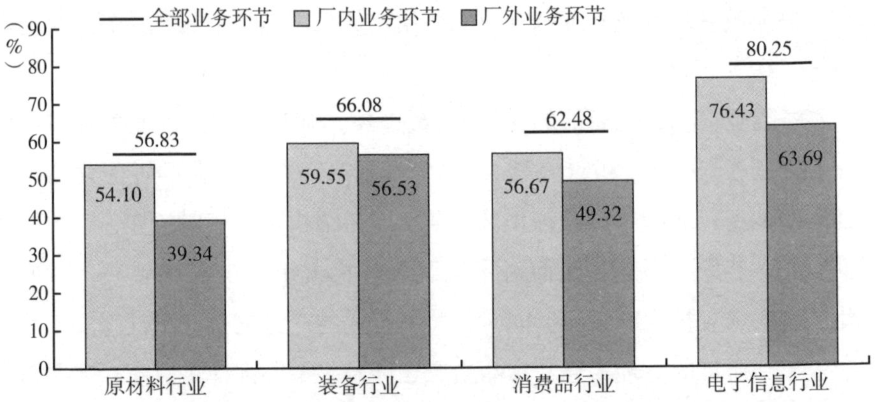

图2　按行业分类的制造业企业人工智能应用情况

注：厂内业务环节包含生产计划与排程、生产流程优化、产品质量管理与分析、故障诊断与预测等；厂外业务环节包含销售预测与需求管理、产品设计与开发、供应链分析和优化、工业污染与环保检测预警等。下同。

资料来源：制造企业智能化评价调查，两化融合服务平台。

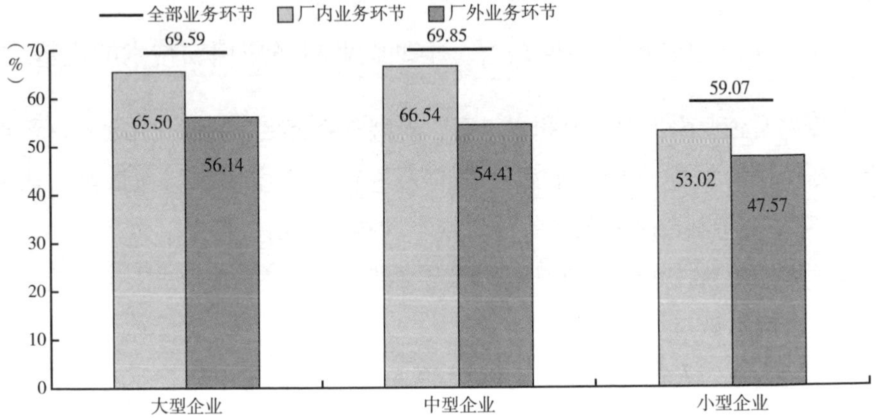

图3　按规模分类的制造业企业人工智能应用情况

资料来源：制造企业智能化评价调查，两化融合服务平台。

（三）从地域分布角度来看，东部沿海地区是新技术应用的试验田

各省、各地区均积极推动“制造强国”建设，结合地区产业特点，制定适合地区发展的策略。华东、华北、中南地区依靠北京、上海、广州、

深圳等特大城市的人才聚集效应，其制造业企业更有能力也更愿意探索性应用人工智能等新技术，应用人工智能的企业比例分别为69.81%、66.32%和62.29%，显著高于其他地区的60%左右。并且，应用比例越高的地区，其厂外环节的应用比例明显高于厂内业务环节的应用比例，在生产制造环节充分优化改善的基础上，探索产供销协同、产业链协同的智能化管理。

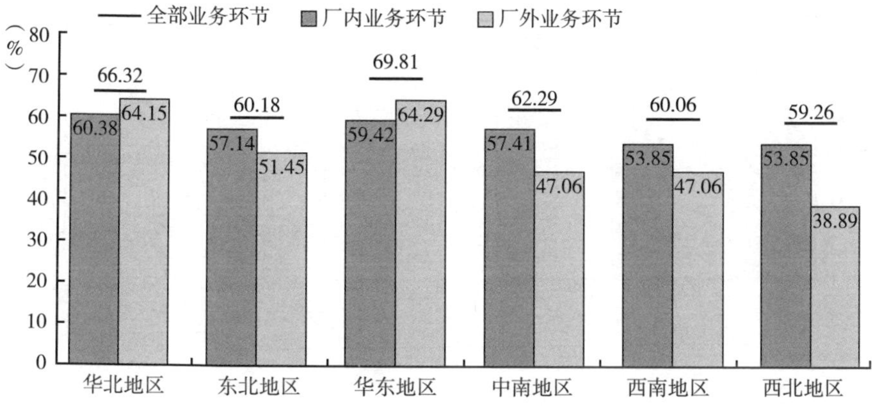

图4 按地域分类的制造业企业人工智能应用情况

注：华北地区包含北京、天津、河北、山西、内蒙古；东北地区包含辽宁、吉林、黑龙江；华东地区包含上海、江苏、浙江、江西、安徽、福建、山东；中南地区包含河南、湖北、湖南、广东、广西、海南；西南地区包含重庆、四川、贵州、云南、西藏；西北地区包含陕西、甘肃、青海、宁夏、新疆；香港、澳门、台湾的数据暂未统计。

资料来源：制造企业智能化评价调查，两化融合服务平台。

（四）从应用技术角度来看，企业对于不同的人工智能技术应用热情和应用程度不同

对比制造企业总体人工智能应用比例的63.69%，可以发现，企业应用人工智能技术分成了两派，一派主张应用深度学习、增强学习算法等通用技术，应用比例达到35.63%，利用新型分析方法提升数据分析效率和准确性，内化改造其生产经营流程，使决策变得更加精准，提高企业生产运营效率。另一派主张使用运动控制、机器视觉等场景技术，应用比例达到

35.70%，针对生产制造环节中的特定场景进行优化和改进，提高生产效率，降低产品不良率或降低生产成本，实现产品生产过程的高效、稳定。但总体而言，目前制造企业应用的人工智能技术多为弱人工智能，需要依靠特定而具体的场景应用才能发挥独特作用，智能化改造后的系统尚没有成熟到具备独立应对和处理制造业复杂场景的能力。

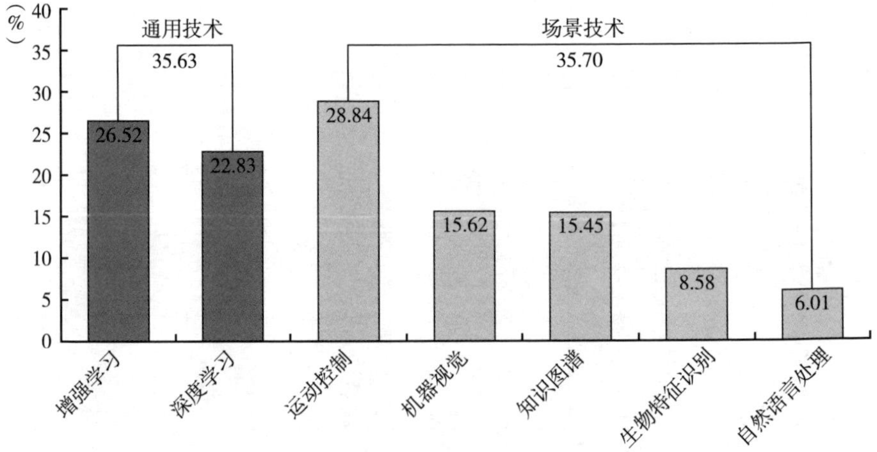

图5　按应用技术分类的制造业企业人工智能应用情况

资料来源：制造企业智能化评价调查，两化融合服务平台。

综上所述，不同行业、不同规模、不同地域的企业应用人工智能技术的水平不均衡，并且在应用技术选择上也有差异。我国"人工智能+制造业"仍然处于起步阶段，仍然需要进一步深入发展。

二　高投入、缺人才、低数据开发利用水平成为制造业企业应用人工智能技术的三大瓶颈

根据"专题调研"，制造业企业认为推进人工智能与制造业融合的首要前提条件是实现生产线的全面自动化，其次为数据的集中汇聚与分析，再者为关键设备的联网和互联互通。其中，37.89%的制造业企业认为上述三项前提条件都必须满足，才能推行人工智能的落地应用。研发设计、生产制

造、经营管理等场景应用人工智能技术仍存在很多问题，而其中最突出的是智能化改造投入成本较高、相关领域人才缺乏等问题。

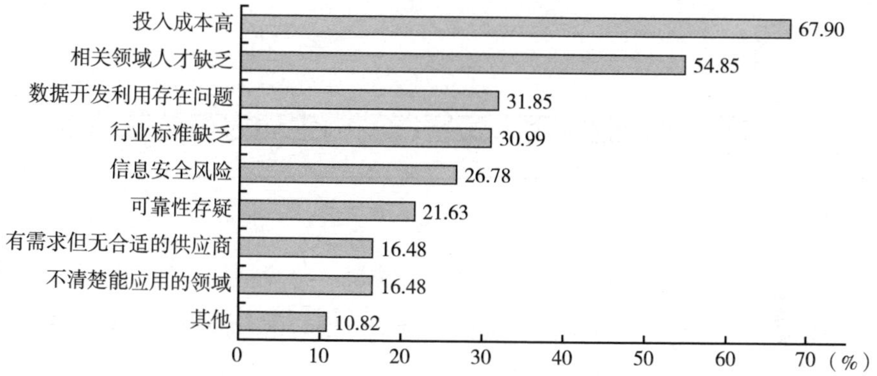

图6　制造业企业使用人工智能技术面临的主要困难

资料来源：制造企业智能化评价调查，两化融合服务平台。

（一）高转型成本成为人工智能落地的掣肘

67.9%的企业认为进行智能化改造的同时也要补足数字化、网络化建设，智能化改造投入较大。加之人工智能的商业化、规模化进程仍处于探索阶段，企业因难以预测投入产出效果，难以下决心大规模投入资本进行智能化改造。

（二）缺少复合型人才是制造业企业共同面临的问题

推动人工智能与企业各环节业务融合是一项系统性创新工作，需要工业技术、信息技术等方面专业型人才，更需要“既懂工业又懂ICT”的复合型人才。但54.85%的企业认为自身缺少相关的技术人才，无法深刻理解、切实发挥人工智能等新技术的作用。

（三）较低的数据开发利用水平制约智能技术的应用

相较于互联网、大数据等技术，人工智能技术使原来无法分析或难以破译的数据产生新的利用价值。从目前来看，仍有 31.85% 的企业在数据采集准确性、通信协议、数据清洗和修复、数据安全等方面，以及挖掘生产数据特征与生产经营过程的关联和因果关系方面存在困难，无法进行更高级的智能技术应用。

三　制造业企业应用人工智能的内生动力和意愿凸显

我国制造业企业应用人工智能技术的需求旺盛、内生动力强劲，但由于原材料、装备、消费品等行业所处产业链位置、行业结构、生产特征、发展需求各有不同，各行业推动人工智能与制造业融合的发展模式具有鲜明的差异化特征。原材料、装备、消费品等行业的发展方向各有侧重。而生产流程优化是制造业企业首要关注智能化的关键环节，有 69.44% 的企业希望在生产流程优化上使用人工智能技术。生产制造环节是制造业企业重要的价值创

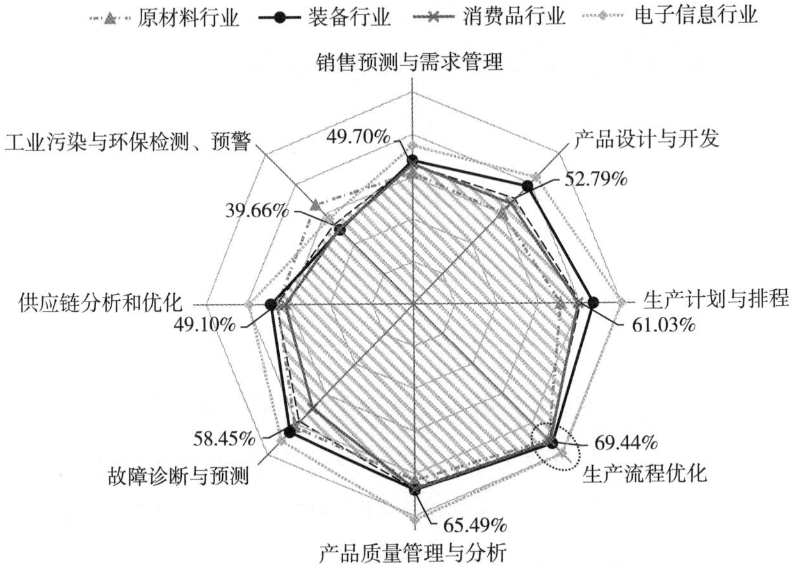

图 7　各行业企业未来希望使用人工智能的业务环节

注：阴影部分、数字标注所示为制造业样本平均值。

资料来源：制造企业智能化评价调查，两化融合服务平台。

造环节，生产流程的智能化转型则直接关系到企业的效率和效益提升，通过人工智能方法对原有生产流程进行优化，能够实现企业提质降本增效的目的。因此，各行业企业在生产流程优化方面应用人工智能技术意愿都处于较高水平，表现出各行业都非常重视的现象。

（一）原材料行业希望围绕生产过程进行智能管控

原材料行业的企业有较强的应用人工智能意愿，36.61%的企业希望应用深度学习算法，通过嵌入生产装备的智能算法模型，将自动控制技术与生产过程、工艺操作结合，实现生产线的动态实时管控、生产关键工序的智能化，提升产品质量和原材料产品生产稳定性。

（二）装备行业希望以智能化实现产品全生命周期服务

装备制造企业表现“系统性”的智能化需求，未来希望在生产计划控制、流程优化、质量管理、设备故障预测等环节应用人工智能的比重均超过

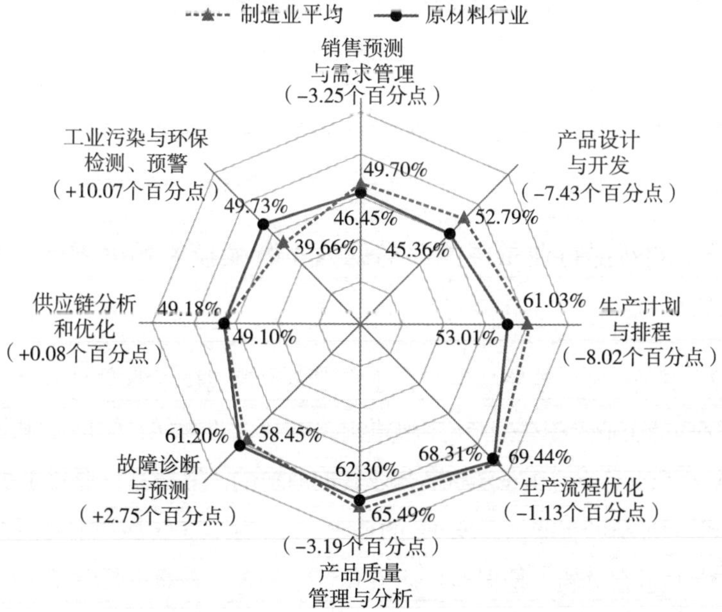

（a）

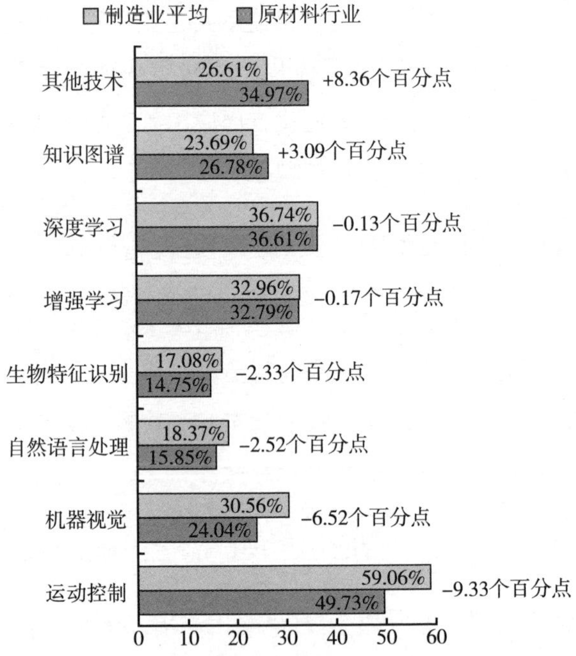

（b）

图8　（a）未来原材料行业希望应用人工智能的环节
（b）未来原材料行业希望应用的人工智能技术

资料来源：制造企业智能化评价调查，两化融合服务平台。

60%，表现出强烈的应用意愿。65.83%的企业未来希望使用运动控制技术，利用智能化机器人改善和优化生产制造流程，消除不必要的浪费。

（三）消费品行业希望能够借助人工智能技术精准发掘和快速响应用户需求

相较于其他行业，消费品生产企业应用人工智能技术的意向偏低。虽然有高达69.05%的企业希望在生产流程优化环节应用人工智能，但仍比制造企业平均值低0.39个百分点。由于消费品行业贴近消费端，消费品行业更重视销售预测与需求管理环节的智能化，49.9%的企业希望应用人工智能技术对多种渠道获取的客户信息进行分析，挖掘客户痛点和潜在需求，不断进行营销模式创新和产品差异化服务，以快速响应和精准匹配用户个性化、定制化、层次化的需求。

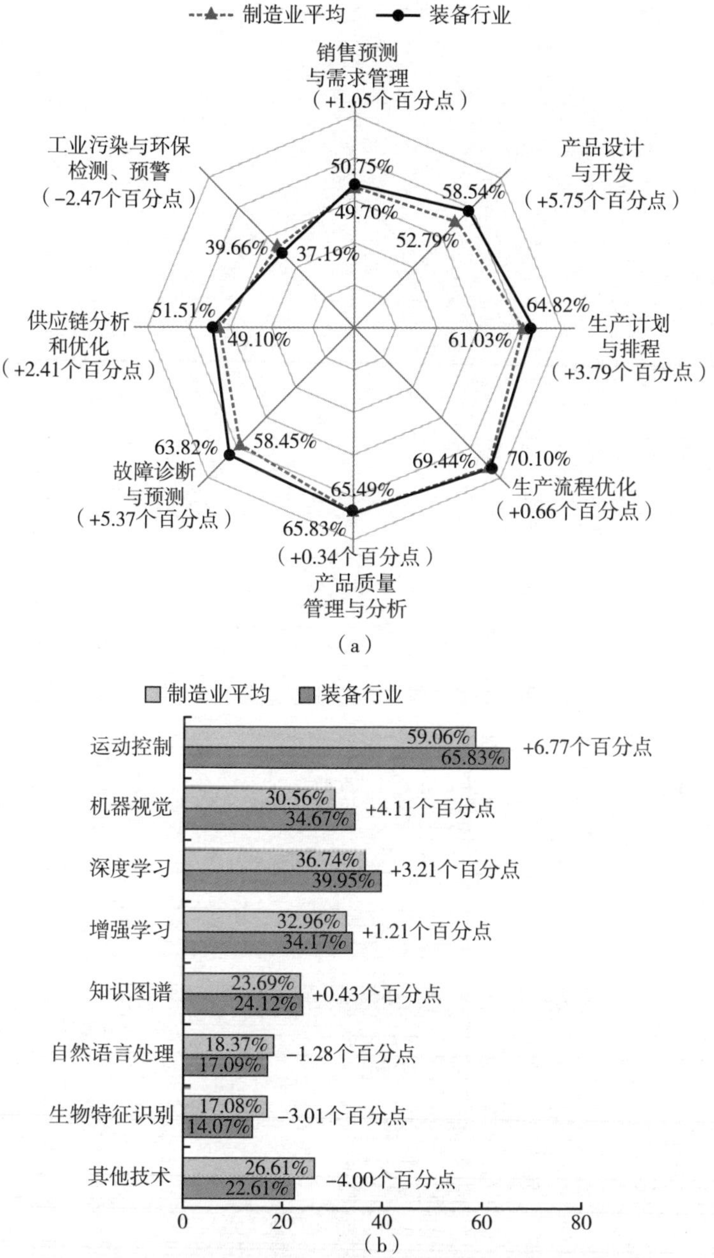

图 9　（a）未来装备行业希望应用人工智能的环节
（b）未来装备行业希望应用的人工智能技术

资料来源：制造企业智能化评价调查，两化融合服务平台。

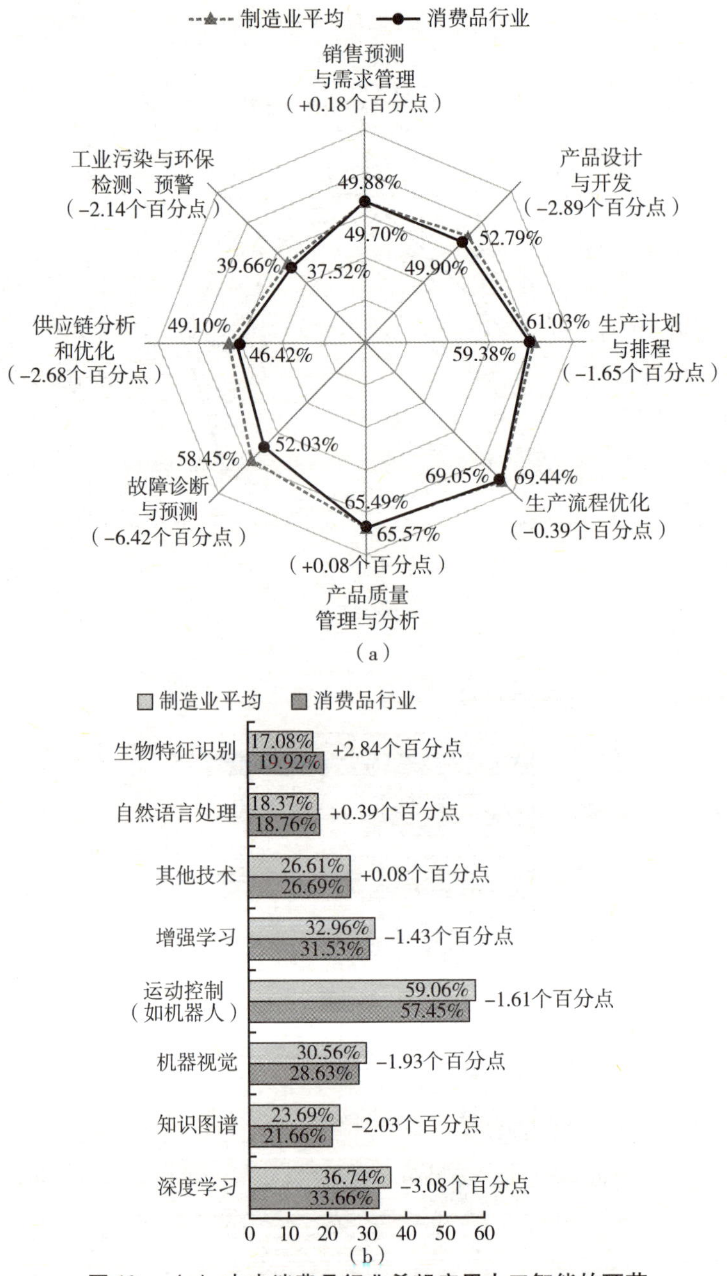

图 10　（a）未来消费品行业希望应用人工智能的环节
（b）未来消费品行业希望应用的人工智能技术

资料来源：制造企业智能化评价调查，两化融合服务平台。

（四）电子信息行业希望以场景定制应用推动产品智能化

电子信息行业也具有较高的人工智能应用意愿，75.19%的电子信息行业企业希望通过利用智能化技术提升生产过程的管控精准度，保证产品的生产效率和质量。另外，企业也更愿意尝试自然语言处理、生物特征识别等新兴技术，这些方面的应用意愿高出平均水平5个百分点以上，通过在产品中综合运用传感器、集成电路等元器件，以及嵌入场景相关的应用规则，来适应用户和市场的变化。

四 把握机遇，加快制造业数字化网络化智能化转型

我国工业机械化、电气化、自动化、信息化并存，推进制造业数字化、网络化、智能化转型面临的形势比其他国家要更加复杂，也更具有挑战性。我们必须清醒地认识到，人工智能与制造业融合是一个动态优化、迭代创

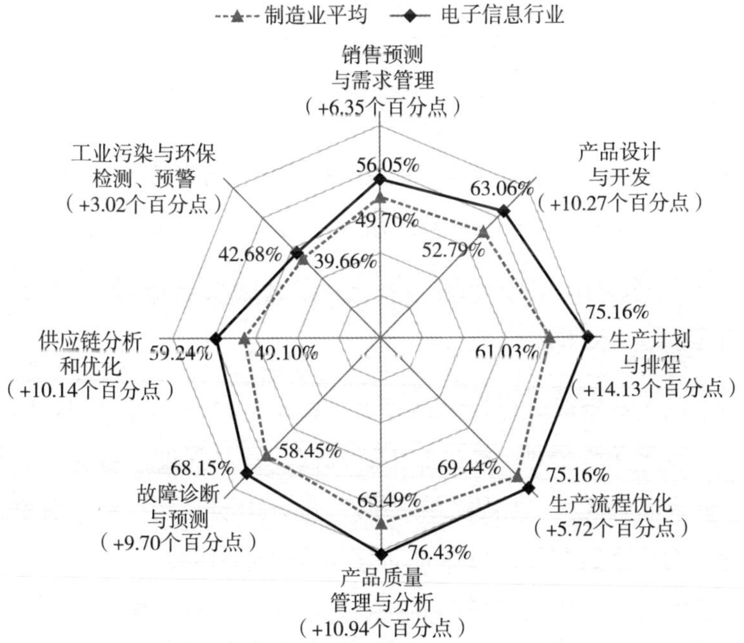

（a）

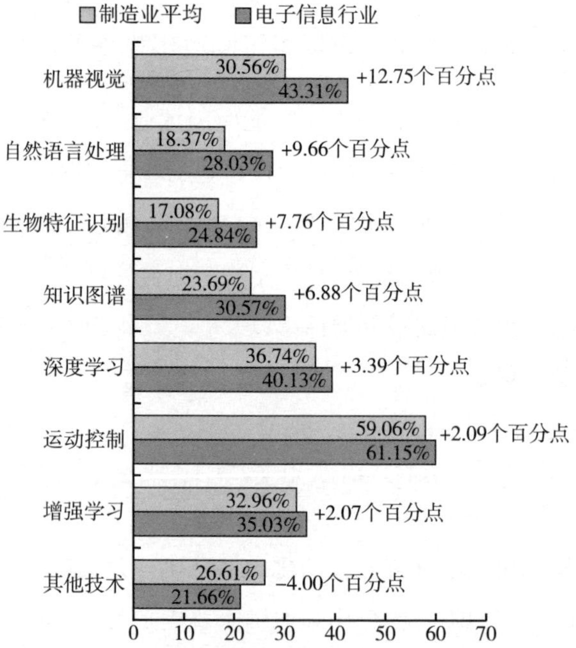

（b）

图11 （a）未来电子信息行业希望应用人工智能的环节
（b）未来电子信息行业希望应用的人工智能技术

资料来源：制造企业智能化评价调查，两化融合服务平台。

新、长期演进的过程，需要政府、企业、科研机构等各方密切合作，集中解决制造业智能化发展的关键共性技术瓶颈问题，实现产业转型升级。

（一）发挥应用需求优势，进一步促进底层基础技术突破，建立我国人工智能技术体系

面向我国各领域的迫切智能化需求，设立长周期支持专项，引导资本加大投入，鼓励龙头企业与高校、科研机构等针对深度学习算法、开源系统框架等开展联合攻关，加快发展面向行业应用的开放平台，研发支持神经网络计算的高效能芯片，加强自动驾驶、图像识别、语音识别、人机交互等应用技术研发，建立我国人工智能技术体系，加快推进人工智能技术的产业化。

（二）推动终端上网与企业上云，促进数据资源开放，构筑制造业智能化发展新基础

全面引导、鼓励和帮助企业加速提升设备设施的自动化、数字化、网络化水平，加快终端设备设施上网，消除我国数据终端连接不足的瓶颈。对于企业新建设备设施，应将数据采集、传递、共享和使用作为重要指标；对于已有设备设施，通过采集已有控制系统数据或加装传感器等方式实现数据连接。推动数据资源开放，打通技术和行业壁垒，打造能够带动发展的“杀手锏”规模化应用，创新商业模式，使智能技术真正为企业带来效益。

（三）提升智能化时代的劳动者素养，挖掘产业新的工作分工，实现人与机器的良好协作

自动化生产、无人工厂的出现，在提高生产效率和产品质量的同时，也使工作被新技术所改变。我们需要把握人工智能变革的机遇，充分考虑和平衡先进技术与人之间的关系，构建新的工业秩序，促进人与机器的良好协作。探索和建设产学研相结合的培养机制和培训基地，使工作者具备智能时代所需要的新知识和新技能，适应智能时代的生产制造需要。挖掘产业新的工作分工，让机器完成人不想做和做不到的事情，让人更多地从事创造性、定制性的工作，通过人与机器的协同，实现社会真正持续的发展。

参考文献

鲁淑、陈琛：《解读〈制造繁荣〉》，《装备制造》2015 年第 Z1 期。

中国信息化百人会：《2017 年中国数字经济发展报告》，2018 年 3 月。

赵敏之：《见人见智　智能制造》，OFweek 公众平台，2016 年 7 月 21 日。

胡权：《关于中国 CPS 发展方向及趋势的建议》，http：//www. innobase. cn/？ cat =7，2018 年 5 月 17 日。

两化融合服务联盟：《中国两化融合发展数据地图（2017）》，2017 年 8 月。

附　　录

Appendices

B.16
数字经济领域相关政策及指数

附录一　国际数字经济政策

序号	政策文件
一	**美　国**
01	National Information Infrastructure, NII《信息高速公路计划》〔1993. 03〕美国商务部
02	The Emerging Digital Economy Ⅰ《新兴数字经济(一)》〔1998. 05〕美国商务部
03	The Emerging Digital Economy Ⅱ《新兴数字经济(二)》〔1999. 06〕美国商务部
04	Digital Economy 2000《数字经济 2000》〔2000. 06〕美国商务部
05	Digital Economy 2002《数字经济 2002》〔2002. 02〕美国商务部
06	Digital Economy《数字经济》〔2003. 12〕美国商务部
07	National Broadband Plan《国家宽带计划》〔2010. 04〕美国联邦通信委员会
08	The Big Data Research and Development Initiative《大数据研究和发展倡议》〔2012. 03〕美国白宫
09	Digital Government Strategy《美国数字政府战略》〔2012. 05〕美国国务院
10	U. S. Open Data Action Plan《美国开放数据行动计划》〔2014. 05〕美国白宫
11	Digital Economy Agenda 2015《数字经济议程 2015》〔2015. 11〕美国商务部

续表

序号	政策文件
12	Digital Economy Agenda 2016《数字经济议程 2016》〔2016. 05〕美国商务部
13	The Federal Big Data Research and Development Strategic Plan《联邦大数据研究与开发战略计划》〔2016. 05〕美国网络和信息技术研究与发展分委会
14	Enabling Growth and Innovation in the Digital Economy《在数字经济中实现增长与创新》〔2016. 06〕美国商务部
15	The National Broadband Research Agenda《国家宽带研究议程》〔2017. 01〕美国国家电信与信息管理局、国家科学基金会
16	Clarify Lawful Overseas Use of Data Act《澄清域外合法使用数据法案》〔2018. 03〕美国国会
17	2017 Report to Congress on China's WTO Compliance《关于中国 WTO 承诺的 2017 年国会报告》〔2018. 01〕美国贸易代表办公室
18	Advancing Innovation and Reinvigorating Widespread Access to Viable Electromagnetic Spectrum Act"or the"AIRWAVES Act《无线电波法案》〔2018. 02〕美国国会
19	2018 Trade Policy Agenda and 2017 Annual Report《2018 年美国贸易政策议程和 2017 年年度报告》〔2018. 02〕美国贸易代表办公室
20	2018 National Trade Estimate Report《2018 年国家贸易评估报告》on foreign trade barriers〔2018. 03〕美国贸易代表办公室
21	The 2018 Joint Economic Report《2018 联合经济报告》〔2018. 03〕美国国会联合经济委员会
22	Defining and Measuring the Digital Economy《数字经济定义与测度》〔2018. 03〕美国经济分析局
23	Summary of the 2018 White House Summit on Artificial Intelligence for American Industry《2018 年美国工业人工智能白宫峰会综述》〔2018. 05〕
24	Digital Trade and US Trade Policy《数字贸易和美国贸易政策》〔2018. 05〕国会研究服务(CRS)
25	The Need for U. S. Leadership on Digital Trade《美国数字贸易领导力构建要素》〔2018. 06〕美国经济分析局
26	Recent Trend in U. S. Service Trade:2018 Annual Report《美国服务贸易近期趋势:2018 年度报告》〔2018. 06〕美国国际贸易委员会
27	Streamlining the Rapid Evolution and Modernization of Leading-Edge Infrastructure Necessary to Enhance Small Cell Deployment Act《简化快速发展和现代化前沿基础设施以加快小基站部署法》〔2018. 06〕参议院商务委员会、通讯小组委员会
28	SMART IoT Act《SMART 物联网法案》〔2018. 06〕美国众议院能源和商业委员会数字商业和消费者保护小组
29	《数据科学战略计划》〔2018. 06〕美国国立卫生研究院

续表

序号	政策文件
30	《美国国家网络战略》〔2018.09〕美国白宫
31	《美国先进制造业领导力战略》〔2018.10〕美国白宫
32	Cloud Smart Proposal《云智能建议》〔2018.09〕行政管理与预算办公室
33	A Survey on Industrial Internet of Things:A Cyber-Physical Systems Perspective《工业物联网调查:网络物理系统视角》〔2018.12〕美国国家标准与技术研究院
二	**欧　盟**
01	Digital Agenda for Europe《欧洲数字议程》〔2010〕欧盟委员会
02	Communication on Data-Driven Economy《数据驱动经济战略》〔2014〕欧盟委员会
03	Digital Single Market Strategy for Europe《数字单一市场战略》〔2015〕
04	Digitising European Industry《欧洲产业数字化》〔2015〕
05	Online Platforms and the Digital Single Market Opportunities and Challenges for Europe《网络平台与数字单一市场欧洲面临的机遇与挑战》〔2016〕
06	Definition and Analysis of Relevant Markets《相关市场的定义与分析》〔2016〕
07	Building a European Data Economy《建立欧洲数据经济》〔2017〕欧盟委员会
08	Report Towards a Digital Trade Strategy《迈向数字贸易战略报告》〔2017.12〕
09	Horizon 2020 Work Programme 2018 - 2020《面向 2018 ~ 2020 年的 H2020 ICT 工作计划》(2017.11)欧盟委员会
10	Work Programme for 2018 and Beyond《2018 年及以后的工作计划》〔2018.02〕无线电频谱政策小组
11	2018 Rolling Plan for ICT Standardisation《2018 年 ICT 标准化滚动计划》〔2018.03〕欧盟委员会
12	Communication Artificial Intelligence for Europe《人工智能通讯》〔2018.04〕欧盟委员会
13	Towards a Common European Data Space《建立一个共同的欧盟数据空间》〔2018.04〕欧盟委员会
14	Horizon Europe《地平线欧洲》〔2018.06〕欧盟委员会
15	Draft for Public Consultation——STRATEGIC SPECTRUM ROADMAP TOWARDS 5G FOR EUROPE《公众咨询草案——欧洲 5G 战略光谱路线图》〔2018.10〕无线电频谱政策小组
16	General Data Protection Regulation,GDPR《通用数据保护条例》〔2018.05〕欧盟委员会
17	Industrial Internet of Things:Digitisation,Value Networks and Changes in Work《工业物联网:数字化、价值网络和工作变化》〔2018.08〕欧盟委员会
18	Progress Report of the RSPG Working Group on 5G《RSPG 5G 工作组进度报告》〔2018.10〕无线电频谱政策小组
19	Regulation "on a Framework for the Free Flow of Non-Personal data in the European Union"《非个人数据在欧盟境内自由流动框架条例》〔2018.10〕欧洲议会

续表

序号	政策文件	
20	eGovernment Benchmark 2018《欧盟电子政务基准报告 2018》〔2018. 11〕欧盟委员会	
21	Draft Ethics Guidelines for Trustworthy AI《可信赖 AI 的道德准则草案》〔2018. 12〕欧盟委员会	
22	《促进人工智能在欧洲发展和应用的协调行动计划》〔2018. 12〕欧盟委员会	
三	**欧盟国家**	
01	爱尔兰	Ireland's National Digital Strategy〔2015〕
02	丹麦	Denmark's ICT Growth Plan〔2014〕
03	德国	Germany's Digital Agenda 2014 – 2017〔2014〕
04		Frequenzvergabe und Mobilfunkstandard 5G《频率指配和移动通信标准 5G》〔2018〕
05		Strategy Paper about Its Goals in Artificial Intelligence《联邦政府人工智能战略要点》〔2018. 07〕德国联邦政府
06		《高技术战略 2025》〔2018. 09〕德国联邦内阁
07		The Digital Strategy of the German Government《德国政府的数字战略》〔2018. 11〕
08		《人工智能德国制造》〔2018. 11〕德国联邦政府
09	意大利	Italy's Strategy for the Digital Agenda 2014 – 2020〔2014〕
10	法国	Plan France Numérique《数字法国计划》〔2014〕
11		For a Meaningful Artificial Intelligence: Towards a French and European Strategy《有意义的人工智能:走向法国和欧洲战略》〔2018. 03〕
12		《法国人工智能发展战略》〔2018. 03〕法国政府
13		《5G 发展路线图》〔2018. 07〕法国政府
14		《利用数字技术促进工业转型的方案》〔2018. 09〕法国政府
15	葡萄牙	Agenda Portugal Digital(APD)《葡萄牙数字议程》〔2012〕
16	捷克	Digital Czech v 2. 0—The Way to the Digital Economy《数字捷克 v 2. 0——数字经济之路》〔2013〕
四	**英　国**	
01	Data Protection Act 1998《数据保护法令 1998》〔1998. 07〕	
02	Digital Britain《数字英国》〔2009. 06〕	
03	Digital Economy Act 2010《数字经济法》〔2010. 04〕	
04	Information Economy Strategy of the United Kingdom〔2013. 10〕	
05	Government Digital Inclusion Strategy《政府数字包容战略》〔2014. 12〕	
06	Government Digital Strategy: Reports and Research《政府数字战略》〔2013. 12 发布,2015. 03 最后更新〕	

续表

序号	政策文件
07	Digital Economy Strategy 2015 - 2018《数字经济战略(2015 ~ 2018)》〔2015.02〕
08	UK Digital Strategy《英国数字战略》〔2017.03〕
09	Digital Economy Act 2017《数字经济法案 2017》〔2017.04〕
10	《数字宪章》〔2018.01〕数字、文化、媒体和体育部
11	Industrial Strategy: Artificial Intelligence Sector Deal《产业战略:人工智能领域行动》〔2018.04〕商业、能源和工业战略部,数字、文化、媒体和体育部
12	5G Urban Connected Communities Project《5G 城市互联社区项目》〔2018.05〕数字、文化、媒体和体育部
13	《国家计量战略实施计划》〔2018.06〕商业、能源和工业战略部
14	G - Cloud 10《政务云 10 框架》〔2018.06〕英国政府数字服务小组
15	Intelligent Leadership, How Government Strategy Can Unlock the Potential of Smart Cities in the UK《智能领导——政府战略如何释放英国智慧城市的潜力》〔2018.06〕英国全党议会团体
16	5G Testbeds and Trials Programme《5G 试验台和试验计划》〔2018.07〕数字、文化、媒体和体育部
17	5G Testbeds & Trials Programme Update《5G 试验台和试验计划更新》〔2018.09〕数字、文化、媒体和体育部
18	ICT Activity of UK Businesses: 2017《英国企业的 ICT 活动:2017 年》〔2018.11〕国家统计局
19	E-commerce and ICT Activity, UK: 2018《英国电子商务和 ICT 活动:2018》〔2018.11〕国家统计局
20	Acceptable Use Policy (AUP) for Information and Communications Technology (ICT)《ICT 可接受使用政策》〔2018.12〕国防部
五	日　本
01	《e-Japan 战略》〔2001〕IT 战略本部
02	《u-Japan 战略》〔2004.12〕日本总务省
03	Declaration to be the World's Most Advanced IT Nation《成为世界最先进 IT 国家宣言》〔2014〕
04	《数字安全基本法案》〔2014〕
05	《i-Japan 战略》〔2015〕IT 战略本部
06	《日本制造业白皮书》〔2018.06〕经济产业省
07	《科技创新综合战略 2017》〔2017.06〕

续表

序号	政策文件
08	《综合创新战略》〔2018.06〕日本综合科学技术创新会议
09	《集成创新战略》〔2018.06〕日本政府
10	《第2期战略性创新推进计划(SIP)》〔2018.07〕日本综合科学技术创新会议
11	New Establishment and Revision of the Japanese Industrial Standards《日本工业标准的新制定和修订》〔2018.08〕经济产业省
12	Partial Amendment of the Industrial Standardization Act《工业标准化法的部分修正案》〔2018.11〕经济产业省
六	**俄罗斯**
01	《俄罗斯联邦数字经济计划》〔2017.07〕
02	《国情咨文》〔2018.03〕俄罗斯总统
03	《2024年前俄联邦发展国家目标和战略任务》总统令〔2018.05〕俄罗斯总统
七	**韩　国**
01	Korea's National Informatization Master Plan《韩国国家信息化总体规划》〔2013〕
02	《第四期科学技术基本计划(2018~2022)》〔2018.02〕韩国政府
03	《创新增长引擎五年计划》〔2018.04〕韩国未来创造科学部
04	2018 ICT Industry Outlook of Korea《2018年韩国信息和通信技术(ICT)行业报告》〔2018.07〕
05	《人工智能研发战略》〔2018.07〕韩国第四次工业革命委员会
八	**加拿大**
01	Digital Canada 150《数字加拿大150》〔2014〕
九	**澳大利亚**
01	Government's 2011 National Digital Economy Strategy《政府2011国家数字经济战略》〔2011〕宽带、通信和数字经济部
02	Digital Transformation Strategy《数字化转型战略》〔2018.11〕澳大利亚数字化转型管理局
十	**印　度**
01	National Strategy for Artificial Intelligence《国家人工智能战略》〔2018.06〕
02	The 2018 Personal Data Protection Bill《2018年个人数据保护法草案》〔2018.07〕印度政府高级别委员会
十一	**南　非**
01	《科学技术与创新白皮书草案》〔2018.09〕南非科技部

资料来源：国家工业信息安全发展研究中心整理。

附录二 中国数字经济政策

序号	数字经济相关政策
一	**宏观政策**
01	2013 年 8 月 8 日,国务院印发《关于促进信息消费扩大内需的若干意见》国发〔2013〕32 号
02	国务院《关于积极推进“互联网 +”行动的指导意见》国发〔2015〕40 号
03	2016 年 7 月,中共中央办公厅、国务院办公厅印发《国家信息化发展战略纲要》
04	2016 年 9 月 5 日,G20 杭州峰会正式发布《二十国集团数字经济发展与合作倡议》
05	国务院 2016 年 12 月 15 日印发并实施《“十三五”国家信息化规划》国发〔2016〕73 号
06	2017 年 12 月 3 日,在第四届世界互联网大会上,中国、老挝、沙特阿拉伯、塞尔维亚、泰国、土耳其、阿联酋等国家相关部门共同发起《“一带一路”数字经济国际合作倡议》
07	2018 年 8 月,工信部、国家发改委印发《扩大和升级信息消费三年行动计划(2018 ~ 2020 年)》
二	**信息基础设施篇**
01	2013 年 8 月 1 日,《国务院关于印发“宽带中国”战略及实施方案的通知》国发〔2013〕31 号
02	2014 年 2 月 1 日,工信部《中华人民共和国无线电频率划分规定》
03	2015 年,国务院办公厅印发《关于加快高速宽带网络建设推进网络提速降费的指导意见》国办发〔2015〕41 号
04	工业和信息化部关于印发《信息通信行业发展规划(2016 ~ 2020 年)》的通知,工信部规〔2016〕424 号
05	国家发展改革委、工业和信息化部《信息基础设施重大工程建设三年行动方案》发改高技〔2016〕2763 号
06	国家发展改革委办公厅《关于组织实施 2018 年新一代信息基础设施建设工程的通知》发改办高技〔2017〕1891 号
07	2017 年 6 月 16 日,工业和信息化部办公厅《关于全面推进移动物联网(NB - IoT)建设发展的通知》工信厅通信函〔2017〕351 号
08	2017 年 7 月,工信部发布《电信业务经营许可管理办法》
09	2017 年 8 月 7 日,工业和信息化部办公厅关于印发《移动互联网综合标准化体系建设指南》的通知,工信厅科〔2017〕72 号
10	2017 年 11 月 15 日,工业和信息化部《关于第五代移动通信系统使用 3300 ~ 3600MHz 和 4800 ~ 5000MHz 频段相关事宜的通知》工信部无〔2017〕276 号
11	2017 年 11 月 23 日,工业和信息化部关于印发《无线电监测设施测试验证工作规定(试行)》的通知,工信部无〔2017〕283 号

续表

序号	数字经济相关政策
12	2017 年 11 月 26 日，中共中央办公厅、国务院办公厅印发《推进互联网协议第六版（IPv6）规模部署行动计划》厅字〔2017〕47 号
13	2017 年 12 月 27 日，工业和信息化部关于印发《无线电频率使用率要求及核查管理暂行规定》的通知，工信部无〔2017〕322 号
14	2018 年 5 月 2 日，工业和信息化部关于贯彻落实《推进互联网协议第六版（IPv6）规模部署行动计划》工信部通信〔2018〕77 号
15	2018 年 4 月 2 日，工业和信息化部办公厅关于印发《2018 年工业通信业标准化工作要点》的通知，工信厅科函〔2018〕99 号
16	2018 年 4 月 11 日，工业和信息化部、住房和城乡建设部、交通运输部、农业农村部、国家能源局、国务院扶贫办关于印发《智能光伏产业发展行动计划（2018 ~ 2020 年）》的通知，工信部联电子〔2018〕68 号
17	2018 年 4 月 19 日，国家发改委、财政部联合发布《关于降低部分无线电频率占用费标准等有关问题的通知》发改价格〔2018〕601 号
18	2018 年 6 月 26 日，工业和信息化部关于印发《深化宽带接入网业务开放试点》的通告，工信部通信函〔2018〕220 号
19	2019 年 1 月 10 日，工信部关于印发《无线电发射设备销售备案实施办法（暂行）》的通知，工信部无〔2018〕285 号
三	**IT 技术产业篇**
01	2015 年 1 月 30 日，《国务院关于促进云计算创新发展培育信息产业新业态的意见》国发〔2015〕5 号
02	《国务院关于印发促进大数据发展行动纲要的通知》国发〔2015〕50 号
03	工业和信息化部关于印发大数据产业发展规划（2016 ~ 2020 年）的通知——工信部规〔2016〕412 号
04	2016 年 11 月，国务院发布《“十三五”国家战略性新兴产业发展规划》国发〔2016〕67 号
05	2017 年 1 月，工信部正式发布《软件和信息技术服务业发展规划（2016 ~ 2020 年）》
06	2017 年 4 月 10 日，工业和信息化部关于印发《云计算发展三年行动计划（2017 ~ 2019 年）》的通知，工信部信软〔2017〕49 号
07	2017 年 7 月 13 日，工业和信息化部关于印发《工业机器人行业规范管理实施办法》的通知，工信部装〔2017〕161 号
08	2017 年 7 月 20 日，国务院关于印发《新一代人工智能发展规划》的通知，国发〔2017〕35 号
09	2017 年 12 月 24 日，工业和信息化部关于印发《促进新一代人工智能产业发展三年行动计划（2018 ~ 2020 年）》的通知，工信部科〔2017〕315 号

续表

序号	数字经济相关政策
10	2018年8月10日,工业和信息化部关于印发《推动企业上云实施指南(2018～2020年)》的通知,工信部信软〔2018〕135号
四	**产业融合发展篇**
01	2015年12月30日,《国务院办公厅关于推进农村一二三产业融合发展的指导意见》国办发〔2015〕93号
02	国务院关于深化制造业与互联网融合发展的指导意见——国发〔2016〕28号
03	工业和信息化部关于印发信息化和工业化融合发展规划(2016～2020年)的通知——工信部规〔2016〕333号
04	2016年8月,工信部、国家发改委、科技部以及财政部下发《智能制造工程实施指南(2016～2020)》
05	2016年12月8日,工业和信息化部、财政部关于印发《智能制造发展规划(2016～2020年)》的通知,工信部联规〔2016〕349号
06	2017年4月14日,科技部印发《"十三五"先进制造技术领域科技创新专项规划》,国科发高〔2017〕89号
07	2017年11月27日,《国务院关于深化"互联网+先进制造业"发展工业互联网的指导意见》
08	2017年12月29日,工业和信息化部、国家标准化管理委员会关于印发《国家车联网产业标准体系建设指南(智能网联汽车)》的通知,工信部联科〔2017〕332号
09	2018年7月19日,工信部关于印发《工业互联网平台建设及推广指南》和《工业互联网平台评价方法》的通知,工信部信软〔2018〕126号
10	2018年8月10日,工信部关于印发《推动企业上云实施指南(2018～2020年)》的通知,工信部信软〔2018〕135号
11	2018年11月13日,工信部关于印发《车联网(智能网联汽车)直连通信使用5905～5925MHz频段管理规定(暂行)》的通知,工信部无〔2018〕203号
12	2018年12月27日,工信部关于印发《车联网(智能网联汽车)产业发展行动计划》的通知,工信部科〔2018〕283号
五	**电子政务/智慧城市篇**
01	2012年5月5日,国家发展改革委《"十二五"国家政务信息化工程建设规划》发改高技〔2012〕1202号
02	2014年3月16日,国务院印发《国家新型城镇化规划(2014～2020年)》
03	2014年8月,国家发展改革委、工业和信息化部、科学技术部、公安部、财政部、国土资源部、住房和城乡建设部、交通运输部印发《关于促进智慧城市健康发展的指导意见》发改高技〔2014〕1770号
04	2015年1月10日,国家旅游局印发《关于促进智慧旅游发展的指导意见》

续表

序号	数字经济相关政策
05	2015年10月，国家标准委、中央网信办、国家发展改革委《关于开展智慧城市标准体系和评价指标体系建设及应用实施的指导意见》
06	2016年2月，国务院发布《关于进一步加强城市规划建设管理工作的若干意见》
07	2016年8月，国家发展改革委、中央网信办联合印发《新型智慧城市建设部际协调工作组2016～2018年任务分工》
08	2016年11月22日，国家发展改革委办公厅、中央网信办秘书局、国家标准委办公室《关于组织开展新型智慧城市评价工作务实推动新型智慧城市健康快速发展的通知》发改办高技〔2016〕2476号
09	2016年12月，国家发展改革委发布《新型智慧城市评价指标（2016年）》
10	2017年1月22日，交通运输部办公厅发布《推进指挥交通发展行动计划（2017～2020年）》交办规划〔2017〕11号
11	2017年9月21日，国家测绘地理信息局国土测绘司《智慧城市时空大数据与云平台建设技术大纲》测办发〔2017〕29号
12	2018年6月22日，国务院办公厅印发《进一步深化“互联网＋政务服务”推进政务服务“一网、一门、一次”改革实施方案》国办发〔2018〕45号
13	2018年7月31日，国务院发布《关于加快推进全国一体化在线政务服务平台建设的指导意见》国发〔2018〕27号
14	2018年11月9日，国务院办公厅关于印发《政府网站集约化试点工作方案》国办函〔2018〕71号
六	**电子商务篇**
01	2014年1月，国家工商管理总局发布《网络交易管理办法》国家工商行政管理总局令第60号
02	2014年3月，全国人大常委会发布《消费者权益保护法》（2013修正版）
03	中华人民共和国第十届全国人民代表大会常务委员会第十一次会议于2004年8月28日通过，自2005年4月1日起施行，2015年4月24日修正《电子签名法》
04	2014年12月24日，商务部发布《网络零售第三方平台交易规则制定程序规定（试行）》商务部令2014年第7号
05	2015年3月10日，国家发改委、商务部发布《外商投资产业指导目录（2015年修订）》2015年22号令
06	2015年5月，商务部发布《“互联网＋流通”行动计划》
07	2015年6月，工信部发布《工业和信息化部关于放开在线数据处理与交易处理业务（经营类电子商务）外资股比限制的通告》
08	2015年11月9日，国务院办公厅发布《关于促进农村电子商务加快发展的指导意见》国办发〔2015〕78号

续表

序号	数字经济相关政策
09	2016年12月24日,商务部、中央网信办、国家发展改革委三部门联合发布《电子商务"十三五"发展规划》
10	2017年6月28日,国家发改委、商务部发布《外商投资产业指导目录(2017年修订)》2017年第4号令
11	2017年9月25日,工业和信息化部关于印发《工业电子商务发展三年行动计划》的通知,工信部信软〔2017〕227号
12	2018年1月23日,国务院办公厅发布《关于推进电子商务与快递物流协同发展的意见》国办发〔2018〕1号
13	中华人民共和国第十三届全国人民代表大会常务委员会第五次会议于2018年8月31日通过,2019年1月1日正式生效的《中华人民共和国电子商务法》

资料来源:国家工业信息安全发展研究中心整理。

附录三 全球信息通信技术发展指数(IDI)排名(2009~2017年)

国家/地区	排名								
	2009年	2010年	2011年	2012年	2013年	2014年	2015年	2016年	2017年
冰 岛	5	6	3	4	4	4	3	2	1
韩 国	2	3	1	1	1	2	1	1	2
瑞 士	8	7	8	10	13	13	5	4	3
丹 麦	3	4	4	3	2	1	2	3	4
英 国	10	10	10	9	7	5	4	5	5
中国香港	11	11	6	11	11	9	7	6	6
荷 兰	4	5	9	6	5	7	8	8	7
挪 威	6	9	11	13	6	6	9	9	8
卢 森 堡	7	2	7	7	9	10	10	11	9
日 本	12	8	13	8	10	11	11	10	10
瑞 典	1	1	2	2	3	3	6	7	11
德 国	13	13	15	16	18	17	13	12	12
新 西 兰	16	16	12	17	19	19	16	13	13
澳大利亚	14	15	14	21	12	12	12	14	14

续表

国家/地区	排名								
	2009 年	2010 年	2011 年	2012 年	2013 年	2014 年	2015 年	2016 年	2017 年
法　国	23	18	18	18	16	18	17	16	15
美　国	17	19	17	15	14	14	15	15	16
爱沙尼亚	26	22	33	24	21	21	18	18	17
新加坡	15	14	19	12	15	16	19	20	18
摩纳哥	—	—	—	—	17	15	20	19	19
爱尔兰	18	20	23	20	22	26	21	21	20
奥地利	20	17	16	19	23	24	24	23	21
芬　兰	9	12	5	5	8	8	14	17	22
以色列	29	27	20	27	27	29	30	30	23
马耳他	30	31	29	26	30	30	25	24	24
比利时	24	23	22	23	26	25	22	22	25
中国澳门	21	24	21	14	20	22	26	28	26
西班牙	27	25	25	28	29	28	27	26	27
塞浦路斯	37	39	36	44	48	51	53	54	28
加拿大	19	21	26	22	25	23	23	25	29
安道尔	—	—	—	—	24	20	29	27	30
巴　林	42	33	45	40	28	27	28	29	31
白俄罗斯	54	55	52	46	43	38	33	31	32
斯洛文尼亚	28	26	24	25	31	31	32	33	33
巴巴多斯	—	—	41	34	32	35	39	35	34
拉脱维亚	36	41	40	36	33	33	37	40	35
克罗地亚	43	36	31	42	34	37	41	41	36
圣基茨岛和尼维斯	—	—	—	—	52	54	54	34	37
希　腊	34	30	30	33	35	39	40	36	38
卡塔尔	44	45	44	30	42	34	43	46	39
阿联酋	32	29	32	45	46	32	35	38	40
立陶宛	33	35	35	35	40	40	34	39	41
乌拉圭	49	50	54	50	51	48	49	47	42
捷　克	40	37	37	32	38	41	31	32	43
葡萄牙	31	32	27	37	39	43	45	44	44

资料来源：国际电信联盟《衡量信息社会报告 2018》，2018 年 12 月。

附录四　全球电子政务发展指数（EGDI）排名（2008 ~2018年）

经济体	排名					
	2008 年	2010 年	2012 年	2014 年	2016 年	2018 年
丹　　麦	2	7	4	16	9	1
澳大利亚	8	8	12	2	2	2
韩　　国	6	1	1	1	3	3
英　　国	10	4	3	8	1	4
瑞　　典	1	12	7	14	6	5
芬　　兰	15	19	9	10	5	6
新 加 坡	23	11	10	3	4	7
新 西 兰	18	14	13	9	8	8
法　　国	9	10	6	4	10	9
日　　本	11	17	18	6	11	10
美　　国	4	2	5	7	12	11
德　　国	22	15	17	21	15	12
荷　　兰	5	5	2	5	7	13
挪　　威	3	6	8	13	18	14
瑞　　士	12	18	15	30	28	15
爱沙尼亚	13	20	20	15	13	16
西 班 牙	30	9	23	12	17	17
卢 森 堡	14	25	19	24	25	18
冰　　岛	21	22	22	19	27	19
奥 地 利	16	24	21	20	16	20
阿 联 酋	32	49	28	32	29	21
爱 尔 兰	19	21	34	22	26	22
加 拿 大	7	3	11	11	14	23
意 大 利	27	38	32	23	22	24
列支敦士登	49	23	14	35	32	25
巴　　林	42	13	36	18	24	26

续表

经济体	排名					
	2008 年	2010 年	2012 年	2014 年	2016 年	2018 年
比利时	24	16	24	25	19	27
摩纳哥	—	—	26	38	31	28
葡萄牙	31	39	33	37	38	29
马耳他	29	30	35	40	30	30
以色列	17	26	16	17	20	31
俄罗斯	60	59	27	27	35	32
波兰	33	45	47	42	36	33
乌拉圭	48	36	50	26	34	34
希腊	44	41	37	34	43	35
塞浦路斯	35	42	45	58	64	36
斯洛文尼亚	26	29	25	41	21	37
白俄罗斯	56	64	61	55	49	38
哈萨克斯坦	81	46	38	28	33	39
立陶宛	28	28	29	29	23	40
科威特	57	50	63	49	40	41
智利	40	34	39	33	42	42
阿根廷	39	48	56	46	41	43
巴西	45	61	59	57	51	44
匈牙利	30	27	31	39	46	45
巴巴多斯	46	40	44	59	54	46
保加利亚	43	44	60	73	52	47
马来西亚	34	32	40	52	60	48
塞尔维亚	77	81	51	69	39	49
斯洛伐克	38	43	53	51	67	50
卡塔尔	53	62	48	44	48	51
沙特	70	58	41	36	44	52
土耳其	76	69	80	71	68	53
捷克	25	33	46	53	50	54
克罗地亚	47	35	30	47	37	55
哥斯达黎加	59	71	77	54	53	56
拉脱维亚	36	37	42	31	45	57
黑山	100	60	57	45	47	58
文莱	87	68	54	86	83	59
格鲁吉亚	90	—	72	56	61	60

续表

经济体	排名					
	2008 年	2010 年	2012 年	2014 年	2016 年	2018 年
哥伦比亚	52	31	43	50	57	61
安道尔	58	57	58	43	55	62
阿曼	84	82	64	48	66	63
墨西哥	37	56	55	63	59	64
中国	65	72	78	70	63	65
毛里求斯	63	77	93	76	58	66
罗马尼亚	51	47	62	64	75	67
南非	61	97	101	93	76	68
摩尔多瓦	93	80	69	66	65	69
阿塞拜疆	89	83	96	68	56	70
圣基茨和尼维斯	78	75	81	90	94	71
巴哈马	71	65	65	92	93	72
泰国	64	76	92	102	77	73
阿尔巴尼亚	86	85	86	84	82	74
菲律宾	66	78	88	95	71	75
圣马力诺	—	—	52	62	78	76
秘鲁	55	63	82	72	81	77
特立尼达和多巴哥	54	67	67	91	70	78
马其顿	73	52	70	96	69	79
突尼斯	124	66	103	75	72	80
乌兹别克斯坦	109	87	91	100	80	81
乌克兰	41	54	68	87	62	82
塞舌尔	69	104	84	81	86	83
厄瓜多尔	75	95	102	83	74	84
巴拿马	83	79	66	77	99	85
伊朗	108	102	100	105	106	86
亚美尼亚	103	110	94	61	87	87
越南	91	90	83	99	89	88
格林纳达	92	99	75	78	88	89
安提瓜和巴布达	96	55	49	60	100	90
吉尔吉斯斯坦	102	91	99	101	97	91
蒙古国	82	53	76	65	84	92
多米尼克	116	105	73	107	98	93
斯里兰卡	101	111	115	74	79	94

续表

经济体	排名					
	2008 年	2010 年	2012 年	2014 年	2016 年	2018 年
多米尼加	68	84	89	110	109	95
印　度	113	119	125	118	107	96
马尔代夫	95	92	95	94	117	97
约　旦	50	51	98	79	91	98
黎巴嫩	74	93	87	89	73	99
萨尔瓦多	67	73	74	88	104	100
加　纳	138	147	145	123	120	101
斐　济	105	113	105	85	96	102
玻利维亚	72	98	106	103	101	103
圣文森特和格林纳丁	98	94	85	113	115	104
波　黑	94	74	79	97	92	105
委内瑞拉	62	70	71	67	90	106
印度尼西亚	106	109	97	106	116	107
巴拉圭	88	101	104	122	95	108
汤　加	112	116	111	98	105	109
摩洛哥	140	126	120	82	85	110
帕　劳	—	103	113	108	111	111
佛得角	104	108	118	127	103	112
危地马拉	99	112	112	133	102	113
埃　及	79	86	107	80	108	114
孟加拉国	142	134	150	148	124	115
苏里南	123	127	116	115	110	116
尼泊尔	150	153	164	165	135	117
牙买加	85	89	108	109	112	118
圣卢西亚	80	88	90	104	114	119
卢旺达	141	148	140	125	138	120
纳米比亚	126	125	123	117	125	121
肯尼亚	122	124	119	119	119	122
洪都拉斯	110	107	117	114	127	123
圭亚那	97	106	109	124	126	124
加　蓬	129	123	129	131	129	125
不　丹	134	152	152	143	133	126
博茨瓦纳	118	117	121	112	113	127
萨摩亚	115	115	114	111	121	128

续表

经济体	排名					
	2008 年	2010 年	2012 年	2014 年	2016 年	2018 年
尼加拉瓜	117	118	130	147	123	129
阿尔及利亚	121	131	132	136	150	130
塔吉克斯坦	132	122	122	129	139	131
伯利兹	107	120	124	120	122	132
赞比亚	158	143	154	163	132	133
古巴	111	96	110	116	131	134
乌干达	133	142	143	156	128	135
喀麦隆	149	149	147	144	155	136
瓦努阿图	154	155	135	159	149	137
多哥	160	165	178	162	147	138
坦桑尼亚	143	137	139	146	130	139
利比亚	120	114	—	121	118	140
斯威士兰	125	145	144	138	136	141
东帝汶	155	162	170	161	160	142
尼日利亚	136	150	162	141	143	143
图瓦卢	—	—	134	137	151	144
柬埔寨	139	140	155	139	158	145
津巴布韦	137	129	133	126	134	146
土库曼斯坦	128	130	126	128	140	147
巴基斯坦	131	146	156	158	159	148
马绍尔群岛	—	—	146	142	156	149
塞内加尔	153	163	163	151	144	150
埃塞俄比亚	172	172	172	157	157	151
叙利亚	119	133	128	135	137	152
基里巴斯	—	—	149	132	145	153
圣多美和普林西比	130	128	138	169	168	154
伊拉克	151	136	137	134	141	155
安哥拉	127	132	142	140	142	156
缅甸	144	141	160	175	169	157
瑙鲁	—	—	141	145	152	158
贝宁	171	173	179	180	177	159
莫桑比克	152	161	158	164	172	160
密克罗尼西亚	—	—	127	130	146	161
老挝	156	151	153	152	148	162

续表

经济体	排名					
	2008 年	2010 年	2012 年	2014 年	2016 年	2018 年
海　　地	165	169	187	176	178	163
刚　　果	148	135	157	160	162	164
布基纳法索	176	178	185	178	185	165
布 隆 迪	174	174	173	172	173	166
莱 索 托	114	121	136	153	154	167
冈 比 亚	159	167	161	167	167	168
所罗门群岛	147	156	168	170	164	169
马达加斯加	135	139	148	155	163	170
巴布亚新几内亚	166	171	177	188	179	171
科特迪瓦	173	144	166	171	175	172
利比里亚	163	166	169	179	170	173
塞拉利昂	178	177	186	186	186	174
马 拉 维	146	159	159	166	166	175
刚果民主共和国	162	158	174	183	180	176
阿 富 汗	167	168	184	173	171	177
马　　里	175	176	183	181	182	178
吉 布 提	157	170	176	184	187	179
苏　　丹	161	154	165	154	161	180
赤道几内亚	145	138	151	168	165	181
科 摩 罗	170	160	171	177	176	182
毛里塔尼亚	168	157	181	174	184	183
几 内 亚	180	180	—	190	189	184
朝　　鲜	—	—	131	149	153	185
也　　门	164	164	167	150	174	186
几内亚比绍	177	179	182	182	181	187
中　　非	179	181	—	187	191	188
厄立特里亚	169	175	180	192	190	189
乍　　得	182	182	189	189	188	190
南 苏 丹	—	—	175	185	183	191
尼 日 尔	181	183	188	191	192	192
索 马 里	—	—	190	193	193	193

资料来源：联合国《电子政务调查报告》。

附录五　全球网络就绪指数（NRI）排名（2008～2016年）

经济体	排名								
	2008 年	2009 年	2010 年	2011 年	2012 年	2013 年	2014 年	2015 年	2016 年
新加坡	5	4	2	2	2	2	2	1	1
芬兰	6	6	6	3	3	1	1	2	2
瑞典	2	2	1	1	1	3	3	3	3
挪威	10	8	10	9	7	5	5	5	4
美国	4	3	5	5	8	9	7	7	5
荷兰	7	9	9	11	6	4	4	4	6
瑞士	3	5	4	4	5	6	6	6	7
英国	12	15	13	15	10	7	9	8	8
卢森堡	24	21	17	14	21	16	11	9	9
日本	19	17	21	19	18	21	16	10	10
丹麦	1	1	3	7	4	8	13	15	11
中国香港	11	12	8	12	13	14	8	14	12
韩国	9	11	15	10	12	11	10	12	13
加拿大	13	10	7	8	9	12	17	11	14
德国	16	20	14	13	16	13	12	13	15
冰岛	8	7	12	16	15	17	19	19	16
新西兰	22	22	19	18	14	20	20	17	17
澳大利亚	14	14	16	17	17	18	18	16	18
中国台湾	17	13	11	6	11	10	14	18	19
奥地利	15	16	20	21	19	19	22	20	20
以色列	18	25	28	22	20	15	15	21	21
爱沙尼亚	20	18	25	26	24	22	21	22	22
比利时	25	24	22	23	22	24	27	24	23
法国	21	19	18	20	23	26	25	26	24
爱尔兰	23	23	24	29	25	27	26	25	25
阿联酋	29	27	23	24	30	25	24	23	26
卡塔尔	32	29	30	25	28	23	23	27	27
巴林	45	37	29	30	27	29	29	30	28
立陶宛	33	35	41	42	31	32	31	31	29
葡萄牙	28	30	33	32	33	33	33	28	30
马来西亚	26	28	27	28	29	30	30	32	31

续表

经济体	排名								
	2008 年	2009 年	2010 年	2011 年	2012 年	2013 年	2014 年	2015 年	2016 年
拉脱维亚	44	48	52	52	41	41	39	33	32
沙　特	48	40	38	33	34	31	32	35	33
马耳他	27	26	26	27	26	28	28	29	34
西班牙	31	34	34	37	38	38	34	34	35
捷　克	36	32	36	40	42	42	42	43	36
斯洛文尼亚	30	31	31	34	37	37	36	37	37
智　利	34	39	40	39	39	34	35	38	38
哈萨克斯坦	71	73	68	67	55	43	38	40	39
塞浦路斯	41	33	32	31	32	35	37	36	40
俄罗斯	72	74	80	77	56	54	50	41	41
波　兰	62	69	65	62	49	49	54	50	42
乌拉圭	65	65	57	45	44	52	56	46	43
哥斯达黎加	60	56	49	46	58	53	53	49	44
意大利	42	45	48	51	48	50	58	55	45
马其顿	83	79	73	72	66	67	57	47	46
斯洛伐克	43	43	55	69	64	61	59	59	47
土耳其	55	61	69	71	52	45	51	48	48
毛里求斯	54	51	53	47	53	55	48	45	49
匈牙利	37	41	46	49	43	44	47	53	50
黑　山	—	71	42	44	46	48	52	56	51
阿　曼	53	50	50	41	40	40	40	42	52
阿塞拜疆	67	60	64	70	61	56	49	57	53
克罗地亚	49	49	51	54	45	51	46	54	54
巴拿马	64	66	58	60	57	46	43	51	55
亚美尼亚	106	114	101	109	94	82	65	58	56
蒙古国	87	93	94	85	63	59	61	61	57
格鲁吉亚	91	88	93	98	88	65	60	60	58
中　国	57	46	37	36	51	58	62	62	59
约　旦	47	44	44	50	47	47	44	52	60
科威特	52	57	76	75	62	62	72	72	61
泰　国	40	47	47	59	77	74	67	67	62
斯里兰卡	79	72	72	66	71	69	76	65	63
乌克兰	70	62	82	90	75	73	81	71	64
南　非	51	52	62	61	72	70	70	75	65

续表

经济体	排名								
	2008 年	2009 年	2010 年	2011 年	2012 年	2013 年	2014 年	2015 年	2016 年
罗马尼亚	61	58	59	65	67	75	75	63	66
特立尼达和多巴哥	82	81	79	63	60	72	71	70	67
哥伦比亚	69	64	60	58	73	66	63	64	68
保加利亚	68	68	71	68	70	71	73	73	69
希　　腊	56	55	56	64	59	64	74	66	70
摩尔多瓦	96	99	—	97	78	77	77	68	71
巴　　西	59	59	61	56	65	60	69	84	72
印度尼西亚	76	83	67	53	80	76	64	79	73
塞 舌 尔	—	—	—	—	—	79	66	74	74
塞尔维亚	—	84	84	93	85	87	80	77	75
墨 西 哥	58	67	78	78	76	63	79	69	76
菲 律 宾	81	85	85	86	86	86	78	76	77
摩 洛 哥	74	86	88	83	91	89	99	78	78
越　　南	73	70	54	55	83	84	84	85	79
卢 旺 达	—	—	—	—	82	88	85	83	80
突 尼 斯	35	38	39	35	50	—	87	81	81
厄瓜多尔	107	116	114	108	96	91	82	—	82
牙 买 加	46	53	66	73	74	85	86	82	83
阿尔巴尼亚	108	105	95	87	68	83	95	92	84
佛 得 角	—	—	—	84	81	81	89	87	85
肯 尼 亚	92	97	90	81	93	92	92	86	86
不　　丹	—	—	—	—	—	—	94	88	87
黎 巴 嫩	—	—	—	95	95	94	97	99	88
阿 根 廷	77	87	91	96	92	99	100	91	89
秘　　鲁	84	89	92	89	106	103	90	90	90
印　　度	50	54	43	48	69	68	83	89	91
伊　　朗	—	—	—	101	104	101	104	96	92
萨尔瓦多	66	78	81	92	103	93	98	80	93
洪都拉斯	90	95	106	103	99	109	116	100	94
吉尔吉斯斯坦	114	115	123	116	115	118	118	98	95
埃　　及	63	76	70	74	79	80	91	94	96
波　　黑	95	106	110	110	84	78	68	—	97
多米尼加	75	75	74	79	87	90	93	95	98
纳米比亚	93	92	89	82	105	111	105	102	99

续表

经济体	排名								
	2008 年	2009 年	2010 年	2011 年	2012 年	2013 年	2014 年	2015 年	2016 年
圭亚那	102	100	100	100	90	100	88	93	100
博茨瓦纳	78	77	86	91	89	96	103	104	101
加纳	—	103	98	99	97	95	96	101	102
危地马拉	—	82	83	94	98	102	101	107	103
老挝	—	—	—	—	—	—	109	97	104
巴拉圭	120	122	127	127	111	104	102	105	105
科特迪瓦	—	111	104	113	122	120	122	115	106
塞内加尔	85	80	75	80	100	107	114	106	107
委内瑞拉	86	96	112	119	107	108	106	103	108
柬埔寨	115	126	117	111	108	106	108	110	109
巴基斯坦	89	98	87	88	102	105	111	112	110
玻利维亚	111	128	131	135	127	119	120	111	111
孟加拉国	124	130	118	115	113	114	119	109	112
冈比亚	101	91	77	76	101	98	107	108	113
塔吉克斯坦	98	104	109	112	114	—	—	117	114
莱索托	122	118	107	121	133	138	133	124	115
赞比亚	112	102	97	102	109	115	110	114	116
阿尔及利亚	88	108	113	117	118	131	129	120	117
尼泊尔	119	127	124	131	128	126	123	118	118
尼日利亚	94	90	99	104	112	113	112	119	119
埃塞俄比亚	123	129	122	123	130	128	130	130	120
乌干达	109	120	115	107	110	110	115	116	121
津巴布韦	125	132	132	132	124	116	117	121	122
莫桑比克	121	124	116	106	120	133	137	129	123
喀麦隆	118	123	128	125	125	124	131	126	124
加蓬	—	—	—	—	—	121	128	122	125
坦桑尼亚	100	119	120	118	123	127	125	123	126
马里	99	107	96	120	126	122	127	127	127
贝宁	113	121	111	114	117	123	135	—	128
斯威士兰	—	—	—	134	136	136	126	125	129
利比里亚	—	—	—	—	—	97	121	—	130
尼加拉瓜	116	125	125	128	131	125	124	128	131
马拉维	—	110	119	105	116	129	132	133	132
缅甸	—	—	—	—	—	—	146	139	133

续表

经济体	排名								
	2008 年	2009 年	2010 年	2011 年	2012 年	2013 年	2014 年	2015 年	2016 年
几内亚	—	—	—	—	—	140	145	142	134
马达加斯加	104	112	121	129	134	137	139	135	135
毛里塔尼亚	97	109	102	130	139	135	142	138	136
海　　地	—	—	—	—	142	141	143	137	137
布隆迪	126	131	129	137	137	144	147	141	138
乍　　得	127	134	133	138	138	142	148	143	139

资料来源：世界经济论坛《全球信息技术报告》。

附录六　2018年全球数字经济发展指数排名

排名	国家/地区	总指数	排名	国家/地区	总指数
1	美　国	0.837	21	阿联酋	0.490
2	中　国	0.718	22	中国香港	0.484
3	英　国	0.694	23	爱沙尼亚	0.479
4	韩　国	0.621	24	意大利	0.477
5	瑞　典	0.618	25	卢森堡	0.475
6	挪　威	0.617	26	爱尔兰	0.475
7	日　本	0.615	27	以色列	0.473
8	丹　麦	0.612	28	波　兰	0.468
9	新加坡	0.609	29	墨西哥	0.466
10	荷　兰	0.606	30	冰　岛	0.464
11	芬　兰	0.595	31	巴　西	0.459
12	加拿大	0.590	32	马来西亚	0.459
13	德　国	0.587	33	卡塔尔	0.455
14	新西兰	0.586	34	立陶宛	0.454
15	澳大利亚	0.584	35	马耳他	0.453
16	奥地利	0.567	36	葡萄牙	0.452
17	瑞　士	0.564	37	中国台湾	0.446
18	法　国	0.557	38	俄罗斯	0.446
19	比利时	0.536	39	斯洛文尼亚	0.440
20	西班牙	0.518	40	巴　林	0.435

续表

排名	国家/地区	总指数	排名	国家/地区	总指数
41	土 耳 其	0. 430	79	斯里兰卡	0. 332
42	阿 根 廷	0. 421	80	摩 洛 哥	0. 331
43	印　度	0. 420	81	巴 拿 马	0. 330
44	南　非	0. 418	82	特立尼达和多巴哥	0. 327
45	智　利	0. 413	83	突 尼 斯	0. 320
46	泰　国	0. 411	84	危地马拉	0. 318
47	匈 牙 利	0. 409	85	蒙 古 国	0. 317
48	捷　克	0. 407	86	塞 舌 尔	0. 316
49	拉脱维亚	0. 399	87	波　黑	0. 315
50	沙特阿拉伯	0. 398	88	多米尼加	0. 306
51	黑　山	0. 396	89	文　莱	0. 304
52	塞浦路斯	0. 395	90	黎 巴 嫩	0. 303
53	乌 拉 圭	0. 395	91	巴 拉 圭	0. 301
54	印度尼西亚	0. 391	92	萨尔瓦多	0. 297
55	斯洛伐克	0. 391	93	肯 尼 亚	0. 293
56	阿塞拜疆	0. 390	94	牙 买 加	0. 290
57	克罗地亚	0. 389	95	佛 得 角	0. 281
58	保加利亚	0. 389	96	孟加拉国	0. 280
59	秘　鲁	0. 387	97	玻利维亚	0. 280
60	塞尔维亚	0. 383	98	不　丹	0. 278
61	哥斯达黎加	0. 379	99	埃　及	0. 274
62	希　腊	0. 379	100	委内瑞拉	0. 270
63	菲 律 宾	0. 376	101	洪都拉斯	0. 268
64	格鲁吉亚	0. 374	102	伊　朗	0. 260
65	罗马尼亚	0. 373	103	加　纳	0. 255
66	哥伦比亚	0. 368	104	博茨瓦纳	0. 254
67	越　南	0. 367	105	巴巴多斯	0. 254
68	阿尔巴尼亚	0. 357	106	尼 泊 尔	0. 252
69	科 威 特	0. 355	107	老　挝	0. 251
70	马 其 顿	0. 353	108	卢 旺 达	0. 251
71	亚美尼亚	0. 349	109	圭 亚 那	0. 251
72	哈萨克斯坦	0. 349	110	巴基斯坦	0. 250
73	毛里塔尼亚	0. 347	111	塞内加尔	0. 250
74	乌 克 兰	0. 346	112	尼加拉瓜	0. 248
75	阿　曼	0. 346	113	柬 埔 寨	0. 247
76	厄瓜多尔	0. 343	114	吉尔吉斯斯坦	0. 245
77	约　旦	0. 340	115	纳米比亚	0. 244
78	摩尔多瓦	0. 339	116	坦桑尼亚	0. 235

续表

排名	国家/地区	总指数	排名	国家/地区	总指数
117	尼日利亚	0.232	134	津巴布韦	0.169
118	阿尔及利亚	0.226	135	几内亚	0.166
119	乌干达	0.222	136	贝宁	0.166
120	苏里南	0.222	137	海地	0.156
121	赞比亚	0.221	138	冈比亚	0.155
122	塔吉克斯坦	0.219	139	利比亚	0.153
123	缅甸	0.211	140	马达加斯加	0.150
124	埃塞俄比亚	0.205	141	毛里塔尼亚	0.148
125	伯利兹	0.202	142	马拉维	0.148
126	加蓬	0.202	143	利比里亚	0.145
127	喀麦隆	0.201	144	也门	0.134
128	科特迪瓦	0.195	145	安哥拉	0.128
129	莱索托	0.192	146	布隆迪	0.126
130	莫桑比克	0.182	147	乍得	0.124
131	斯威士兰	0.177	148	塞拉利昂	0.107
132	马里	0.176	149	布基纳法索	0.106
133	东帝汶	0.174	150	叙利亚	0.103

资料来源：数字经济论坛、阿里研究院、毕马威《2018 全球数字经济发展指数》，2018 年 9 月 18 日。

附录七　联合国贸易和发展会议 B2C 电子商务指数（2017～2018年）

2018 年排名	国家/地区	得分	2017 年排名
1	荷兰	96.1	4
2	新加坡	95.2	18
3	瑞士	95.0	2
4	英国	94.4	6
5	挪威	93.5	3
6	冰岛	93.5	11
7	爱尔兰	92.8	19
8	瑞典	92.7	7

续表

2018 年排名	国家/地区	得分	2017 年排名
9	新西兰	92.6	10
10	丹麦	91.8	13
11	澳大利亚	91.7	14
12	芬兰	91.4	12
13	美国	91.1	26
14	加拿大	90.8	15
15	中国香港	90.2	16
16	德国	90.1	9
17	拉脱维亚	89.5	24
18	斯洛文尼亚	89.5	25
19	卢森堡	89.3	1
20	爱沙尼亚	89.1	21
21	韩国	89.0	5
22	奥地利	89.0	17
23	法国	88.6	20
24	日本	88.2	8
25	斯洛伐克	85.1	30
26	塞浦路斯	85.0	27
27	以色列	84.7	31
28	比利时	84.5	22
29	立陶宛	83.8	36
30	马耳他	82.5	28
31	捷克共和国	82.2	29
32	克罗地亚	81.4	32
33	阿拉伯联合酋长国	81.2	23
34	马来西亚	80.8	39
35	波兰	78.9	38
36	保加利亚	77.3	50
37	白俄罗斯	77.0	44
38	西班牙	76.9	34
39	匈牙利	76.9	37
40	希腊	76.2	35
41	塞尔维亚	74.7	42
42	俄罗斯	74.3	43
43	泰国	73.2	49
44	意大利	73.1	41
45	罗马尼亚	72.9	45
46	格鲁吉亚	72.3	70

续表

2018 年排名	国家/地区	得分	2017 年排名
47	土耳其	71.1	60
48	马其顿	71.0	—
49	伊朗	70.9	47
50	智利	70.4	54
51	乌克兰	70.1	63
52	沙特阿拉伯	68.7	46
53	哈萨克斯坦	68.1	51
54	摩尔多瓦	67.2	66
55	毛里求斯	66.9	40
56	葡萄牙	66.8	48
57	波斯尼亚	66.7	51
58	蒙古国	66.1	55
59	科威特	65.2	57
60	卡塔尔	63.7	58
61	巴西	63.6	62
62	巴林	62.1	33
63	中国	61.7	65
64	黎巴嫩	61.3	56
65	阿尔及利亚	61.1	59
66	亚美尼亚	60.1	78
67	牙买加	59.8	53
68	阿塞拜疆	59.3	68
69	越南	58.0	74
70	特立尼达和多巴哥	58.0	—
71	哥斯达黎加	57.7	61
72	阿曼	57.2	64
73	约旦	55.9	75
74	哥伦比亚	55.9	71
75	尼日利亚	54.7	80
76	黑山	53.7	69
77	南非	52.9	72
78	乌拉圭	52.9	67
79	突尼斯	51.7	79
80	印度	51.5	83
81	摩洛哥	50.9	85
82	委内瑞拉	49.8	95
83	伯利兹	49.5	77
84	阿根廷	48.8	81

续表

2018 年排名	国家/地区	得分	2017 年排名
85	加　纳	48.8	105
86	乌兹别克斯坦	48.2	106
87	巴 拿 马	46.7	84
88	孟加拉国	46.3	103
89	肯 尼 亚	46.2	82
90	印度尼西亚	45.7	101
91	多米尼加	45.4	88
92	菲 律 宾	45.1	96
93	斯里兰卡	44.8	73
94	秘　鲁	44.8	94
95	墨 西 哥	44.1	90
96	萨尔瓦多	42.1	76
97	巴 拉 圭	41.7	93
98	老　挝	41.5	92
99	乌 干 达	41.5	86
100	博茨瓦纳	41.4	87
101	喀 麦 隆	40.3	107
102	厄瓜多尔	40.0	91
103	纳米比亚	39.5	89
104	加　蓬	38.9	110
105	玻利维亚	38.1	102
106	洪都拉斯	38.1	98
107	利 比 亚	37.6	—
108	塞内加尔	36.8	112
109	津巴布韦	36.7	109
110	坦桑尼亚	36.5	119
111	阿尔及利亚	36.3	97
112	不　丹	35.3	100
113	埃　及	34.4	116
114	吉尔吉斯斯坦	33.8	117
115	尼 泊 尔	33.4	108
116	卢 旺 达	32.7	99
117	巴基斯坦	32.3	120
118	柬 埔 寨	30.5	115

续表

2018 年排名	国家/地区	得分	2017 年排名
119	危地马拉	30.2	129
120	吉 布 提	30.2	—
121	多　　哥	29.6	111
122	伊斯瓦蒂尼	29.0	114
123	苏　　丹	28.7	137
124	科特迪瓦	27.6	104
125	缅　　甸	27.4	123
126	莱 索 托	27.2	125
127	赞 比 亚	27.0	121
128	尼加拉瓜	26.2	122
129	马达加斯加	25.6	118
130	伊 拉 克	24.6	139
131	马　　里	23.9	124
132	安 哥 拉	23.9	113
133	布基纳法索	23.4	128
134	马 拉 维	22.3	131
135	叙 利 亚	21.6	127
136	阿 富 汗	21.0	132
137	莫桑比克	20.8	—
138	内　　宁	20.1	138
139	毛里塔尼亚	19.6	126
140	也　　门	18.7	—
141	埃塞俄比亚	17.8	133
142	海　　地	16.3	134
143	塞拉利昂	15.9	136
144	利比里亚	15.6	130
145	刚　　果	14.3	135
146	科 摩 罗	12.5	141
147	布 隆 迪	11.8	140
148	刚果民主共和国	11.7	—
149	几 内 亚	11.4	142
150	乍　　得	7.4	143
151	尼 日 尔	6.6	144

资料来源：联合国贸易和发展会议。

附录八 2014 ~2018年全球领先互联网公司市值排名（TOP20）

公司名称	国别	市值(亿美元)					排名				
		2014 年	2015 年	2016 年	2017 年	2018 年	2014 年	2015 年	2016 年	2017 年	2018 年
苹果	美国	5290	7640	5470	8010	9240	1	1	1	1	1
亚马逊	美国	1440	1990	3410	4760	7830	4	5	3	3	2
微软	美国	—	—	—	—	7530	—	—	—	—	3
谷歌	美国	3770	3730	5100	6800	7390	2	2	2	2	4
Facebook	美国	1570	2260	3400	4410	5380	3	4	4	4	5
阿里巴巴	中国	—	2330	2050	3140	5090	—	3	6	6	6
腾讯	中国	1320	1900	2060	3350	4830	5	6	5	5	7
Netflix	美国	240	380	440	700	1520	13	13	14	9	8
蚂蚁金服	中国	—	—	600	600	1500	—	—	10	13	9
eBay + PalPay	美国	—	—	—	—	1300	—	—	—	—	10
其中：eBay		600	730	280	380	—	6	7	17	18	—
PalPay		—	—	460	610	—	—	—	13	12	—
Booking Holdings	美国	630	630	630	920	1000	7	9	7	7	11
Salesforce	美国	330	490	570	650	940	10	10	11	11	12
百度	中国	590	720	620	660	840	8	8	9	10	13
小米	中国	—	—	460	460	750	—	—	12	17	14
Uber	美国	—	—	630	700	720	—	—	8	8	15
滴滴	中国	—	—	250	500	560	—	—	20	15	16
京东	中国	290	480	340	580	520	11	11	16	14	17
爱彼迎	美国	—	—	260	310	310	—	—	18	19	18
美团点评	中国	—	—	—	—	300	—	—	—	—	19
头条	中国	—	—	—	—	300	—	—	—	—	20
雅虎	美国	350	410	360	490	—	9	12	15	16	—
雅虎日本	日本	250	230	260	260	—	12	16	19	20	—
LinkedIn	美国	190	250	—	—	—	15	14	—	—	—
Twitter	美国	180	240	—	—	—	16	15	—	—	—
乐天	日本	160	230	—	—	—	17	17	—	—	—
网易	中国	—	190	—	—	—	—	18	—	—	—
Naver 搜索	韩国	230	170	—	—	—	14	19	—	—	—
唯品会	中国	—	150	—	—	—	—	20	—	—	—
Liberty Interactive	美国	140	—	—	—	—	18	—	—	—	—
TripAdvsior	美国	130	—	—	—	—	19	—	—	—	—
奇虎 360	中国	110	—	—	—	—	20	—	—	—	—

附录九 2018年数字经济和社会指数（DESI）TOP20

排名	国家/地区	得分	排名	国家/地区	得分
1	韩 国	75.2	11	欧盟平均	58.9
2	欧盟前四国	74.0	12	以 色 列	55.6
3	挪 威	73.0	13	塞尔维亚	49.6
4	冰 岛	72.7	14	俄 罗 斯	47.5
5	瑞 士	70.8	15	欧盟后四国	47.0
6	日 本	68.5	16	中 国	45.3
7	澳大利亚	67.8	17	智 利	44.9
8	加 拿 大	67.0	18	墨 西 哥	43.1
9	美 国	66.7	19	土 耳 其	41.5
10	新 西 兰	65.8	20	巴 西	39.7

资料来源：欧盟委员会。

附录十 2018年福布斯全球数字经济100强

排名	公司名称	国家/地区	排名	公司名称	国家/地区
1	亚马逊	美 国	14	Match Group	美 国
2	Netflix	美 国	15	Tech Mahindra	印 度
3	NVIDIA Corporation	美 国	16	Workday	美 国
4	Salesforce	美 国	17	特许通讯	美 国
5	ServiceNow	美 国	18	腾讯控股	中国大陆
6	Square	美 国	19	美光科技	美 国
7	Analog Devices	美 国	20	SK 海力士	韩 国
8	Palo Alto Networks	美 国	21	Twitter	美 国
9	Splunk	美 国	22	Arista Networks	美 国
10	Adobe Systems	美 国	23	百度	中国大陆
11	博通公司	美 国	24	可成科技	中国台湾
12	Leidos Holdings	美 国	25	Constellation Software	加 拿 大
13	安森美半导体	美 国	26	Facebook	美 国

续表

排名	公司名称	国家/地区	排名	公司名称	国家/地区
27	海康威视	中国大陆	64	威瑞信	美国
28	东京电子	日本	65	Adyen	荷兰
29	阿斯麦控股	荷兰	66	Amphenol	美国
30	达索系统	法国	67	京东方	中国大陆
31	分众传媒	中国大陆	68	HCL Technologies	印度
32	英飞凌	德国	69	微软	美国
33	基恩士	日本	70	拼多多	中国大陆
34	NAVER	韩国	71	Spotify Technology	卢森堡
35	紫光股份	中国大陆	72	迪士尼	美国
36	VMware	美国	73	小米	中国大陆
37	Worldpay	美国	74	Zalando	德国
38	苹果	美国	75	应用材料公司	美国
39	CDW	美国	76	Microchip Technology	美国
40	戴尔科技	美国	77	南亚科技	中国台湾
41	诺基亚	芬兰	78	英国天空广播公司	英国
42	阿里巴巴集团	中国大陆	79	TCL	中国大陆
43	舜宇光学科技	中国大陆	80	Atos	法国
44	印孚瑟斯	印度	81	村田制作所	日本
45	财捷公司	美国	82	Naspers	南非
46	京东	中国大陆	83	恩智浦半导体	荷兰
47	NEXON	日本	84	SAP	德国
48	红帽公司	美国	85	意法半导体	瑞士
49	三星 SDS	韩国	86	Advanced Micro Devices	美国
50	瑞声科技	中国大陆	87	Cognizant Technology Solutions	美国
51	Alphabet	美国	88	DISH Network	美国
52	Discovery	美国	89	英业达	中国台湾
53	IPG Photonics	美国	90	联发科技	中国台湾
54	Lam Research	美国	91	NetApp	美国
55	唯品会	中国大陆	92	网易	中国大陆
56	埃森哲	爱尔兰	93	高通	美国
57	康卡斯特	美国	94	三星电子	韩国
58	Fortive	美国	95	Seagate Technology	爱尔兰
59	英特尔	美国	96	Skyworks Solutions	美国
60	Jabil	美国	97	Check Point Software Technologies	以色列
61	三安光电	中国大陆	98	思科系统	美国
62	台积电	中国台湾	99	慧与	美国
63	TDK	日本	100	大立光电	中国台湾

资料来源：福布斯。

B.17
2018年全球数字经济十大事件

1.2018 年 2 月 14 日，国家制造强国建设领导小组办公室发布《国家制造强国建设领导小组关于设立工业互联网专项工作组的通知》（工信部信管〔2018〕41 号）。

2.2018 年 3 月 17 日，美国《纽约时报》和英国《观察者报》联合曝光脸书（Facebook）上超过 5000 万用户信息数据被一家名为“剑桥分析”（Cambridge Analytica）的公司泄露，用于在 2016 年美国总统大选中针对目标受众推送广告，从而影响大选结果。

3.2018 年 3 月 23 日，美国通过《澄清域外合法使用数据法》（the Clarifying Lawful Overseas Use of Data Act，CLOUD Act），允许美国政府跨境调取数据。

4.2018 年 4 月 16 日，美国商务部发布公告称，美国政府在未来 7 年内禁止中兴通讯向美国企业购买敏感产品。7 月 12 日，《美国之音》消息指出，美国商务部表示，美国已经与中国中兴公司签署协议，取消近三个月来禁止美国供应商与中兴进行商业往来的禁令，中兴公司将能够恢复运营，禁令将在中兴向美国支付 4 亿保证金之后解除。

5.2018 年 4 月 21 日，首届数字中国建设峰会在福建省福州市举行。

6.2018 年 5 月 25 日，欧盟《通用数据保护条例》（General Data Protection Regulation，GDPR）正式生效。该条例于 2016 年获得批准，并设置了为期两年的“实施期”，以让所有企业和组织做好准备。

7.2018 年 8 月，美国通用电气（GE）宣布出售 Predix 工业互联网平台、MES 软件 Proficy、工业资产绩效管理软件 Meridium、基于云的现场服务管理软件 ServiceMax 等 GE Digital 工业数字资产。

8. 2018 年 8 月 31 日，《中华人民共和国电子商务法》经第十三届全国人民代表大会常务委员会第五次会议通过，将于 2019 年 1 月 1 日起正式生效。

9. 2018 年 10 月 31 日，中共中央政治局就人工智能发展现状和趋势举行第九次集体学习。中共中央总书记习近平在主持学习时强调，人工智能是新一轮科技革命和产业变革的重要驱动力量，加快发展新一代人工智能是事关我国能否抓住新一轮科技革命和产业变革机遇的战略问题。要深刻认识加快发展新一代人工智能的重大意义，加强领导、做好规划、明确任务、夯实基础，促进其同经济社会发展深度融合，推动我国新一代人工智能健康发展。

10. 2018 年 12 月 1 日起，韩国开启全球首个商用 5G 网络，通过路由器向韩国人民提供 5G 网络，而智能手机的 5G 服务将于 2019 年 3 月推出。

B.18
致　谢

由国家工业信息安全发展研究中心编写的工业和信息化蓝皮书已经在业界形成了一定的影响力,《数字经济发展报告（2018～2019)》是基于之前积累的经验首次推出的反映数字经济全球发展态势、未来趋势的报告，希望能给数据经济领域的主管领导、专家学者、研究人员参考借鉴，本报告在编写过程中得到了中国互联网协会高新民副理事长的悉心指导，提出了许多宝贵的建议，使得报告更加完善，在此，编写组表示由衷的感谢。由于我们的能力和水平有限，错误和疏漏之处在所难免，恳请读者批评指正。

Abstract

The digital economy is ushering in a major era of transformation, driving the transformation of human society's production methods, the reconstruction of production relations, the restructuring of economic structure, and the dramatic changes in lifestyle. It is a global consensus and a common opportunity for all countries to develop the digital economy. Since 2018, the world has accelerated the overall strategic layout of the digital economy, focusing on the digital transformation of manufacturing, digital transformation of public services, andthe new iteration of next - generation information technologies such as artificial intelligence. Significant progress has been made in important areas of digital economy such as digital infrastructure, digital transformation of industries, digital industrialization, new modes and new formats, digital government, and digital economic governance. Hot spots and highlights are frequent. At the same time, we also see that the digital divide still exists, people's digital literacy needs to be improved, and the digital economy tax reform has been heatedly debated. The data governance system is accelerating construction. In the future, digital spillover effects will continue to drive global economic growth. New infrastructure such as 5G, artificial intelligence, and the Internet of Things will be further integrated and developed, and the labor market in the digital age may be reshaped.

Since 2009, the China Industrial Control Systems Cyber Emergency Response Team has published the "Annual Report on World Informatization" every year, which has been well received. In 2019, in order to conform to the global consensus on developing the digital economic, we launched the "Annual Report on Digital Economy (2018 - 2019)" for the first time, based on previous experience. This report is a comprehensive study on the basis of integrated tracking of the digital economy development in various countries (regions). We focused on the progresses of strategies, technologies and industries related to the digital economy in 2018, analyzed the characteristics and highlights of digital economy development in key countries (regions), and composed monographic articles on hot issues. Generally speaking, this report is strongly comprehensive, systematic and forward-looking.

This report is divided into four parts, a total of 15 articles. The overall structure is as follows: the first part is the general report; the second part is the overview; the third part includes the national and regional articles; the fourth part is consist of the monographic articles. This report is a comprehensive annual study on the global digital economy, which can be useful to government and business leaders, as well as experts and researchers in related field.

Contents

I General Reports

Abstract: In 2018, developed and developing countries will have a more targeted strategic layout of digital economy, focusing on the digital transformation of manufacturing industry, the digital transformation of public services, the update iteration of new generation information technology such as artificial intelligence and so on. Specifically, information infrastructure continues to expand and increase. Around the acceleration of competition in 5G, Internet of Things, IPv6 and other fields, industrial robots and 5G technology have become new growth points in the development of digital industry. The digital transformation of manufacturing industry has become the focus of competition. The platform-based new model and new format lead to innovation-driven. The digital transformation promotes the government to be more intelligent and efficient, and the digital economic governance system. At the exploratory stage, new developments have been made in the formulation of rules for data and privacy protection. In 2019, with the continuous updating and iteration of digital technology and the integration of digital technology into their production processes, the spillover effect of digital economy will be more obvious, and the economic benefits will be improved accordingly. New infrastructures such as 5G, AI and Internet of Things will show a trend of convergence. The convergence of advanced manufacturing and modern service industries is the general trend. With the in-depth development of digital economy, it is very likely to catalyze the change of international tax rules, and the new digital divide will be widening day by day. In the digital era, the labor market will be reshaped.

Keywords: 5G; Digital Transformation of Manufacturing Industry; Data Governance; Spillover Effect

Abstract: This paper combs and analyses the definitions of digital economy by international organizations such as G20, OECD and developed countries such as the United States. On this basis, the underlying structure of digital economy is put forward. The focus of digital economy driving high-quality economic development is discussed from the perspectives of improving total factor labor productivity, fostering new markets and new industrial growth points, and promoting inclusive growth and sustainable growth. From the perspective of promoting lifestyle change, improving social operation efficiency and reducing social operation cost, this paper expounds that the digital economy penetrates all fields of social life in an all-round way, and finally summarizes the problems and challenges faced by the digital economy era.

Keywords: Digital Economy; Total Factor Labor Productivity; Sustainable Growth

Ⅱ Topical Reports

Abstract: Digital infrastructure is an important force supporting economic and social development. In 2018, countries around the world continue to vigorously promote digital infrastructure construction. The coverage of fixed broadband and mobile broadband in countries continues to rise steadily, and is popularized in less developed countries, remote areas and low-income people. The broadband network speed-up and fee-reduction work continues to deepen. 5G technology has entered a critical stage of commercial deployment, and competitions for the development and popularization of 5G networks in various countries have intensified, and technology research and related standards have been steadily developed. IPv6 continues to evolve and upgrade, and has entered the high speed development phase.

Keywords: Digital Infrastructure; Fixed Broadband; Mobile Broadband; 5G; IPv6

Abstract: In 2018, the global economic development slowed down, the digital industry developed steadily as a whole, and the industrial pattern, industrial investment and merger and acquisition continued to deepen. The competition for core technology in major countries became increasingly fierce. The digital industry showed remarkable characteristics in terms of development pattern, competitive situation, investment and merger and acquisition. The digital industry developed steadily in the competition.

Keywords: Digital Industry; Industry Layout; Big Data; Investment Mergers and Acquisitions

Abstract: The role of industrial digital transformation in economic and social development has become increasingly prominent, and the importance has reached a consensus on a global scale. From agriculture to industry to service industry, digital transformation has become an annual hot word. The digital transformation of agriculture has been widely concerned around the world, and traditional agricultural enterprises and information technology companies have accelerated the deployment of digital agriculture. The digital transformation of manufacturing has become the focus. Countries have formulated strategies to support them. Standards are the key to the success of countries' transformation. New technologies and new applications such as Internet of Things, artificial intelligence and industrial robots are important driving factors for transformation. The service industry is still the most dynamic field of digital transformation, and the development of e-commerce and financial technology is prosperous. Although the new model new business has exposed some problems in 2018, the global economy is still optimistic about the development of the sharing economy and cross-border e-commerce.

Keywords: Industry Digitalization; Agricultural Digitalization; Manufacturing Digitalization; Service Industry Digitization

B. 6 Digital Government has Become a New Stage in the Development of E-government *Yin Limei* / 107

Abstract: The government has played a pioneering role in the wave of digital transformation. E-government evaluations conducted by the United Nations, Waseda University of Japan-International CIO Society, and the European Union show that global e-government is moving toward a higher level of development. The application of digital technologies such as cloud computing, artificial intelligence, and blockchain in government departments is deepening, and the level of government intelligence is increasing. At the same time, governments attach more importance to data resources, but the traditional leading countries in open government data have declined. Some platformized and componentized tools are becoming more and more popular, promoting the steady development of global government digital services.

Keywords: E-government; Digital Government; Open Data; Digital Service

Ⅲ Reports on Countries and Regional

Abstract: In 2018, the digital economy of China is developing at a high speed under the strong promotion of national policies. The digital economy is playing an increasingly important role in national economy, entering a crucial period when the structure of the economy has been constantly optimized and the proportion of industries digitized has been continuously increased. To be specific, the digital industry of China is developing rapidly, while 5G and artificial intelligence have entered the forefront of the world. In the field of industry, the deep integration of cutting-edge information technology and manufacturing industry has become the key to the development of digital economy. The industrial internet begins to move from concept to reality. In the field of consumption, new business models and formats like cross-border e-commerce, new retail and short video keep emerging, which is of great significance for expanding domestic demand and promoting consumption upgrading. At the international level, opportunities and challenges coexist in the development of China's digital economy, and international cooperation in One Belt One Road and 5G has made positive progress.

Keywords: Industrial Internet; 5G; Consumption Upgrade; Artificial Intelligence; One Belt One Road

Abstract: The United States remains the largest economic power and one of the most important pioneers in the global digital economy. Today, it has continued to improve its strategic competitiveness in the digital economy, with a focus on digital innovation and digital transformation. In 2018, U. S. government released, for the first time, preliminary statistics and an accompanying report exploring the size and growth of the digital economy. As is known, the digital economy has been well-developed in the United States, with its large-scale Internet companies developing next generation information communications technologies technology, digital transformation and digital trade. Meanwhile, the US government has worked on negotiating new international rules to govern the U. S. trade practices, reducing barriers to U. S. exports, and protecting U. S. interests.

Keywords: Digital Economy Measurement; Digital Transformation; Digital Innovation; International Digital Trade Rules; Cross-border Data Flow

Abstract: The European Union is an important actor in the global digital economy, whose overall scale ranks among the top in the world. The EU leads the world in the fields of e-government and digital infrastructure, with a remarkable first-mover advantage. However, it lags behind its competitors in the development of Internet enterprises and the digital transformation of traditional industries. As for response, in 2018, EU implemented GDPR and proposed digital tax to restrict foreign technology companies from using the data of European citizens. Besides, EU and its major member states have actively issued digital economy related plans, accelerated the construction of the European digital single market, and regarded artificial intelligence as the main focus of the digital economy development. However, affected by the refugee crisis, the Brexit, the yellow vest and the debt crisis, EU has very limited energy to develop the digital economy.

Keywords: European Union; GDPR; Digital Tax; Data Governance; Artificial Intelligence

Abstract: Since the financial crisis in 2008, the global economy has been in a long recovery period, and old and new kinetic shifts are still the main factors plaguing the economic recovery. Since the relaunch of the US Information Highway in 2009, major global economies such as the European Union, Japan and Australia have successively launched national strategies for digital economic development for the digital economy. Japan's digital economy has developed earlier and the overall degree of socialization is higher. However, due to the aging of Japan's economy and society, the digital transformation is regarded by the Japanese government as one of the key factors to further enhance Japan's economic development. In recent years, the Japanese government has attached great importance to the development trend of the new generation of information technology, especially around the development and application of artificial intelligence, the construction of ultra-intelligent "Social 5.0" through the Internet of Things technology, the development of the interconnection industry plan to promote the comprehensive digital transformation of the manufacturing industry, and the promotion of cross-border The data is freely flowing, and many policy objectives have been formulated to build new momentum for Japan's economic growth.

Keywords: Digital Economy; Artificial Intelligence; Society 5.0; Interconnected Industry; Free Flow of Cross-Border Data

Abstract: At present, as an important emerging force of the international community, BRICS countries have significant space for development and cooperation in the field of digital economy. BRICS countries have deepened their development in the areas of digital infrastructure, e-commerce, digital industry and smart cities, and have gradually become an important level in the global digital economy, with huge potential for digital economic development.

Keywords: BRICS Country; Digital Economy; Smart City; Digital Industry

Ⅳ Special Reports

Abstract: Data resources are hailed as oil in the 21st century, and countries around the world are fighting for the maximum use of data resources. As the birthplace of the digital economy, the United States has the strongest demand for global data governance rules. Based on its advantages in cyberspace, the United States strongly dominates the free flow of cross-border data in order to expand its interests. In recent years, the European Union lacks large-scale Internet companies, so it is at a disadvantage in terms of data competition. Therefore, the EU mainly adopts a more conservative attitude of defense. It has introduced various laws and regulations to target other countries in the world including the United States. Data resources. China has begun some discussions on data governance, but it has not yet formed more authoritative rules. Relevant measures are urgently needed to change the passive position in international competition.

Keywords: Data Resource; Data Governance; Rulemaking; US; EU; China

Abstract: This paper studies the definition of digital trade, expounds the status quo of global digital trade development, systematically analyzes the focus and starting point of digital trade strategy in the United States, EU, China, Africa and other countries and region, and tracks the digital trade rules under the framework of global trade rules.

Keywords: Digital Trade; Service Trade; E-commerce; Rulemaking

Abstract: This paper analyzes the main progress of the development and utilization of government information resources. The public information resources have achieved remarkable results. The government information resources integration and sharing have made major breakthroughs. The value-added development and utilization of government information resources is still in the exploration stage, and the existing problems are sorted out. Suggestions and suggestions for strengthening the development and utilization of government information resources in China are proposed.

Keywords: Government; Information Resources; Resources Property Right; Value-added Development and Utilization;

Abstract: With the deepening integration of the new generation of information technology and manufacturing industry, the artificial intelligence application (in manufacturing) has become the important way for building a powerful nation on both manufacturing and internet. In recent years, China attaches great importance to the AI application in manufacturing, 19. 3% of manufacturing companies began to apply artificial intelligence technology. Given the present situation and problems of AI applications in China, this paper makes a number of proposals for further promoting the AI application in manufacturing.

Keywords: Industrial Enterprise; Manufacturing Artificial; Intelligence; Integration Application

S 基本子库
UB DATABASE

中国社会发展数据库（下设 12 个子库）

全面整合国内外中国社会发展研究成果，汇聚独家统计数据、深度分析报告，涉及社会、人口、政治、教育、法律等 12 个领域，为了解中国社会发展动态、跟踪社会核心热点、分析社会发展趋势提供一站式资源搜索和数据分析与挖掘服务。

中国经济发展数据库（下设 12 个子库）

基于"皮书系列"中涉及中国经济发展的研究资料构建，内容涵盖宏观经济、农业经济、工业经济、产业经济等 12 个重点经济领域，为实时掌控经济运行态势、把握经济发展规律、洞察经济形势、进行经济决策提供参考和依据。

中国行业发展数据库（下设 17 个子库）

以中国国民经济行业分类为依据，覆盖金融业、旅游、医疗卫生、交通运输、能源矿产等 100 多个行业，跟踪分析国民经济相关行业市场运行状况和政策导向，汇集行业发展前沿资讯，为投资、从业及各种经济决策提供理论基础和实践指导。

中国区域发展数据库（下设 6 个子库）

对中国特定区域内的经济、社会、文化等领域现状与发展情况进行深度分析和预测，研究层级至县及县以下行政区，涉及地区、区域经济体、城市、农村等不同维度。为地方经济社会宏观态势研究、发展经验研究、案例分析提供数据服务。

中国文化传媒数据库（下设 18 个子库）

汇聚文化传媒领域专家观点、热点资讯，梳理国内外中国文化发展相关学术研究成果、一手统计数据，涵盖文化产业、新闻传播、电影娱乐、文学艺术、群众文化等 18 个重点研究领域。为文化传媒研究提供相关数据、研究报告和综合分析服务。

世界经济与国际关系数据库（下设 6 个子库）

立足"皮书系列"世界经济、国际关系相关学术资源，整合世界经济、国际政治、世界文化与科技、全球性问题、国际组织与国际法、区域研究 6 大领域研究成果，为世界经济与国际关系研究提供全方位数据分析，为决策和形势研判提供参考。

法律声明